WESTEND

KAI SCHLIETER

KNASTREPORT

DAS LEBEN DER WEGGESPERRTEN

WESTEND

Mehr über unsere Autoren und Bücher:
www.westendverlag.de

Die Deutsche Nationalbibliothek verzeichnet diese Publikation in der Deutschen Nationalbibliografie; detaillierte bibliografische Daten sind im Internet über http://dnb.d-nb.de abrufbar.

ISBN 978-3-938060-67-4

Satz: Publikations Atelier, Dreieich
Druck und Bindung: CPI – Clausen & Bosse, Leck
Printed in Germany

Inhalt

Einleitung

Im Knast – da sitzen bestenfalls drahtige Jungs, unschuldig und den genialen Ausbruchsplan schon ausgearbeitet, Männer mit unerschütterlichem Willen, die dabei auch noch ziemlich gut aussehen. Das zumindest ist das Bild, das die US-Serie *Prison Break* erzeugt. Recht erfolgreich sogar: Fünf Staffeln wurden gedreht und die Fortsetzungsknaststory immerhin für einen Golden Globe nominiert. Unsere Vorstellungen vom Gefängnis prägen auch Filme wie *Flucht von Alcatraz, Papillon* oder *The Green Mile* – der Gefängnisfilm ist ein beliebtes Genre. Die Laborsituation eines abgeschlossenen Systems reizt Drehbuchautoren und Regisseure für besondere dramaturgische Kniffe, über das Machtgefälle in Gefängnissen bereiten sie ihren Helden spezifische Schwierigkeiten.

Nur in seltenen Fällen gelingt es einem Knastfilm jedoch, den Alltag realistisch darzustellen – Jacques Audiards *Ein Prophet* (2009) ist so ein Beispiel. Der Gefängnisalltag wäre in der Regel auch eine Zumutung für den Zuschauer, denn der ist grau und eintönig: Lebendkontrolle, Frühstück, Aufschluss, Hofgang, Arbeit, Einschluss, Schlafen. Jede Minute ist im Gefängnis durchstrukturiert. »Langstrafer« – Häftlinge, die lange einsitzen – wissen exakt, was sie um eine bestimmte Uhrzeit an einem bestimmten Tag tun werden, auch wenn dieser Tag in ferner Zukunft liegt. So etwas aber langweilt ein größeres Publikum.

Weniger gelangweilt sind die Menschen, wenn es um das Verbrechen geht, wenn Mord und Totschlag ins Spiel kommen, wenn Gangster und Geiselnehmer die Bühne betreten. Krimis im Fernsehen oder als Schmöker – das zieht, denn Menschen suchen ja gerade das nicht Alltägliche, den Alltag haben sie schließlich selbst. Sie wollen sich gruseln. Je bizarrer die Tat, desto größer die Faszination am Grauen: Gerichtsmediziner haben Konjunktur, wie der Erfolg von Serien wie *CSI* oder die enormen Verkaufszahlen von Autoren wie Simon Beckett, Kathy Reichs oder Mo Hayder verdeutlichen.

Und auch in der Wirklichkeit finden Geschichten wie die über das »Inzest-Monster« (*Bild-Zeitung*) Josef Fritzl massenhaften Absatz. Das hinterlässt Spuren in der Gesellschaft. Die spezifische Darstellung und die Allgegenwart von Kriminalität in den Medien erzeugen Angst. Und diese Angst kommt manchen gelegen, sie wird aus politischem Kalkül sogar weiter angefacht. Das ist eine Erklärung dafür, warum die Furcht vor Verbrechen weiter steigt, obwohl die Zahl der Delikte wie Mord, Vergewaltigung oder Totschlag unverändert niedrig bleibt oder sogar zurückgeht. Das Phänomen Kriminalität ist anfällig für die Mythen und Legenden, mit denen manche Profit machen und andere ihre Macht sichern. Diesem »politisch-publizistischen Verstärkerkreislauf«, wie das der Strafverteidiger Sebastian Scharmer nennt, widmen sich vor allem die Kapitel 8 und 9 dieses Buches. Und bei genauerem Hinsehen entpuppt sich beispielsweise die vermeintlich immer gewalttätigere Jugend plötzlich als harmloser Scheinriese.

Um der Wirklichkeit zu begegnen, fahren wir in die kleine Stadt Wittlich in Rheinland-Pfalz. Dort wurde das erste Jugendgefängnis Deutschlands errichtet und heute steht dort einer der neuesten Knäste der Republik. Wir haben die Gelegenheit, uns den modernen Vollzug eingehend anzusehen. Später besuchen wir aber auch eines der ältesten Gefängnisgemäuer: die JVA Tegel in Berlin, Deutschlands größten Anstaltskomplex. Wir schauen uns mit einer kleinen »Reisegruppe« die Trakte und Zellen an (Kapitel 10), und in einem Interview erklärt ein Mann, was er in dieser Anstalt erlebt hat und wie er damit umgeht, seine Frau ermordet zu haben (Kapitel 12). In diesem Buch kommen Menschen zu Wort, die sonst oftmals das Objekt der Beschreibung bleiben. Hier sollen sie reden. Dabei entstehen Momentaufnahmen. Die Einblicke in die Frauenanstalt Pankow, in der wir eine Serientäterin treffen (Kapitel 11), sind eine solche Aufnahme. Es geht darum, die Menschen hinter Gittern schildern zu lassen, was sie tagtäglich erleben und sehen, denn das bleibt der großen Mehrheit verborgen – mit allen Problemen, die sich daraus ergeben.

Das ist ein wesentliches Ziel dieser Reise in Deutschlands Knäste: Mehr Klarheit zu schaffen über die Verhältnisse, die gerne als zu lasch dargestellt werden. Doch das sind sie nicht.

Wir lernen in diesem Buch einen Mann kennen, der seit fast 40 Jahren im Knast sitzt, ohne dass er je einen Menschen getötet oder missbraucht hat (Kapitel 19). Seit seinem 16. Lebensjahr durfte er die Freiheit nur auf der Flucht erleben. Sein Leben könnte letztlich im Gefängnis enden. Das ist möglich im deutschen Strafvollzug, auch wenn das im Widerspruch zum Bundesverfassungsgericht steht. Einer der drastischsten Fälle, den die Recherchen für dieses Buch zutage gefördert haben, ist das Leben von Günther Finneisen. Das Land Niedersachsen war es wohl endgültig leid, dass auch dieser Geiselnehmer aus der Haftanstalt entwichen war, und steckte den Mann in eine Isolierzelle – dort verbringt er schließlich 15 Jahre in völliger Einsamkeit. Das ist zwar unvorstellbar, aber möglich in Deutschland. Was so etwas mit einem Menschen macht, schildert das Treffen mit ihm. Es findet hinter Panzerglas in der JVA Celle statt, im ehemaligen Hochsicherheitstrakt, der für die Terroristen der RAF gebaut wurde (Kapitel 18).

Es geht hier nicht darum, Taten zu beurteilen, dazu sind die Gerichte da. Es geht auch nicht darum, Kriminalität zu verharmlosen oder womöglich Verbrecher als die eigentlichen Opfer darzustellen. Manche reagieren mit solchen Unterstellungen, wenn über Gefangene gesprochen wird. Das dient nicht selten dazu, sich vor Kritik zu schützen. So entstehen Tabus, die Schweigen auferlegen sollen. Wer aber nicht blind den gängigen

Erklärungsmustern folgt und andere Betrachtungswinkel zulässt, lässt sich nicht so leicht vor den Karren spannen. Das zu erreichen ist ein weiteres Ziel dieses Buches: zu zeigen, dass das Gefängnis ein Skandal ist, ein Relikt aus grauer Vorzeit, das in unserer scheinbar aufgeklärten Welt überwintern konnte.

Deswegen soll über die Einzelschicksale hinaus das Gefängnis mit Daten und Fakten auseinandergenommen werden; es soll von verschiedenen Seiten beleuchtet und aus seinem Schattendasein gezerrt werden. Viele, auch Anstaltsleiter selbst, haben in Gesprächen für dieses Buch genau das dringend empfohlen. Es soll daher vermeintlich Selbstverständliches hinterfragt werden. Zum Beispiel: Was heißt eigentlich »gefährlich«? Es gibt Menschen, die mit dieser Prognose, die ja auch ein Stigma ist, nicht mehr aus dem Gefängnis entlassen werden. Inhaftiert auf Basis einer scheinbar wissenschaftlichen Beurteilung. Doch wer genauer hinschaut, stellt fest, dass diejenigen, die als gefährlich be- und verurteilt werden, es in der überwiegenden Mehrheit gar nicht sind. Der Teil »Das Risiko des Bösen« handelt davon. Wir unterhalten uns mit einem der berühmtesten Gerichtspsychiater Deutschlands darüber, wie man einen Täter erkennt, der wirklich gefährlich ist (Kapitel 20). Es folgt ein Kapitel über das Geschäft mit Kriminalprognosen und warum sie eigentlich unmöglich sind, der Markt mit ihnen aber trotzdem boomt. Es zeigt sich, dass für uns eine Illusion von Sicherheit inszeniert wird. Das ist eine wesentliche Funktion des Gefängnisses, und dafür braucht es moderne Aussätzige: die Kriminellen.

Kriminelle sind vor dem Gesetz nicht gleich. Selbst offener Rechtsbruch innerhalb der Gefängnisse geschieht regelmäßig. Gefangene, die nicht um ihre Rechte gegen die Anstaltsleitung kämpfen, haben schlechte Karten. Und selbst wenn sie vor Gericht siegen, schert dies manchen Gefängnischef wenig. Wir lernen Fälle kennen, die an Episoden aus den Romanen von Franz Kafka erinnern. Selbst Richter – etwa beim Berliner Kammergericht (siehe Kapitel 24) – zeigen sich zunehmend erbost darüber, dass sich manche Anstalten dreist über das Recht stellen. Aber auch Gerichte beugen den Rechtsstaat. So wird ein Fall geschildert, in dem ein Richter dem Angeklagten damit droht, Sicherungsverwahrung anzuordnen, wenn dieser sich nicht einsichtig zeigt (siehe Kapitel 25).

Es wird deutlich: Das Gefängnis hat zwar einen zivilisierten Anstrich verpasst bekommen, doch der Reformeifer der Siebziger ist in den letzten Jahren unbemerkt zerbröselt. Wo die Öffentlichkeit fehlt, konnte sich Unzivilisiertheit im Umgang mit Verbrechern wieder ausbreiten. Insgesamt sind Gefängnisse eine Institution aus der finsteren Vergangenheit. Sie erfüllen ihre wichtigste Funktion nicht: Gefangene in die Gesellschaft wieder einzugliedern. Sie sperren vor allem weg. Sie schaden der Gesellschaft und dienen nur einer Minderheit. Dabei erweist sich der Umgang einer Gesellschaft mit ihren Verbrechern als Seismograf, der den Zustand des Rechtsstaats misst. Die vielen Beben werden bislang außer von den Beteiligten selbst kaum wahrgenommen. Sie bleiben unter der Oberfläche. Wer sich dafür interessiert, wie es in deutschen Gefängnissen tatsächlich aussieht, muss also bereit sein, gewohnte Trampelpfade zu verlassen; Wege, die Orientierung geben. Eine Reise in den Knast zu unternehmen erfordert daher, plausibel erscheinende Bilder neu zu bewerten. Denn Verbrecher haben keine Lobby, keine Interessenvertretung, die Zerrbilder auflösen könnte. Wer sich ein Bild von der tatsächlichen Lage machen möchte, der muss ins Gefängnis gehen. Doch wer will da schon freiwillig hin?

Wir tun es jetzt.

Der Knastkomplex

1 Wegsperren, und zwar für immer: Die Gier nach Strafe

Als Mario M. im November 2006 während eines Hofgangs auf das Dach der JVA Dresden klettert, wird er zu einem Symbol eines überforderten Rechtsapparats. Mit den Händen in den Hosentaschen schaut der stiernackige Glatzkopf in schwarzer Montur scheinbar unbeteiligt in die Objektive der Kameras. Der Prototyp eines Verbrechers: kalt und unberechenbar, die Welt der Rechtschaffenden verachtend. Polizisten werden auf einem Leiterwagen herangefahren, gerade so nah, damit der gefährliche Kriminelle sie hört. So sieht es aus: Das Bild einer machtlosen Justiz. »Warum kein Schuss aus einem Betäubungsgewehr, wie bei Tieren?«, fragt die *Bild-Zeitung* stellvertretend für ihre Millionenleserschaft.

Zehn Monate zuvor, am 11. Januar 2006, entführt Mario M. die 13-jährige Stephanie in einer Sperrholzkiste. Er vergewaltigt das Mädchen 105 Mal – während eines 36-tägigen Martyriums. Er filmt sich dabei und droht dem Kind, es zu köpfen und sie an seine Hunde zu verfüttern.

Fälle wie die von Mario M. sind für Boulevardmedien ein Sechser im Lotto. Sie sind ein Zündstoff, der die Gesellschaft entfachen kann und an dem Justizminister sich die Finger verbrennen. Und immer mehr Medien stillen den Hunger nach Verbrechen mit den Methoden des Boulevardjournalismus: mit einer reißerischen und undifferenzierten Darstellung von Kriminalität, denn das erhöht die Aufmerksamkeit der Leser oder Zuschauer.

Täter wie Mario M. belegen der Öffentlichkeit, dass die Justiz scheinbar viel zu lasch mit Verbrechern umgeht. Selbst wenn

Mario M. 15 Jahre mit anschließender Sicherungsverwahrung bekommt und Verbrecher seines Profils den Knast erst im Zinksarg verlassen – für die Mehrheit steht fest: Der Staat behandelt Kriminelle wie zerbrechliche Fracht. Deswegen werden nach jeder Schandtat härtere Strafen gefordert. Die Diskussionen in den Internetforen werden mehrheitlich von Meinungen bestimmt, die in ihrem Hass und ihrer Einseitigkeit an die Stimmungslage einer Diktatur erinnern.

Als Mario M. später vor dem Gericht steht, rollt ein Demonstrant ein Transparent aus. »Dieser Mensch muss ins Gefängnis, für immer«, fordert er. Das klingt, als seien hier in Deutschland keine harten Strafen zu erwarten, als sei die Gesetzgebung für diese Täter weichgespült. Kaum einer bemerkt, dass das Strafrecht in Deutschland keineswegs liberaler oder gar gnädiger geworden ist. Juristen und Kriminologen beklagen sogar das genaue Gegenteil: Deutschland ist schleichend immer restriktiver geworden, schärfere Gesetze verlängern die Haftstrafen und füllen die Gefängnisse. Bundesweit gesehen steigt die Zahl der Gefangenen seit 1990. Darauf weist der Kriminologe Frieder Dünkel hin, der den Strafvollzug seit Jahren wie kein anderer statistisch vermisst. Im Jahr 2000 lag die Gefangenenrate bei 98 Gefangenen je 100 000 Bürger, 80 717 Menschen saßen demnach in Haft. Bis 2005 blieb die Rate nahezu konstant und seitdem ist sie bis heute leicht rückläufig. Dies ist vor allem auf den Rückgang der Anzahl der Untersuchungshäftlinge – von 21 000 (1995) auf 12 600 (2007) – zurückzuführen, den Forscher mit dem geänderten Asylrecht erklären. Allerdings ist die Belegung im geschlossenen Vollzug seit 1995 von 47 000 auf rund 60 000 Häftlinge angestiegen und hat sich dort eingependelt. 2009 gab es 195 Haftanstalten mit 80 000 Haftplätzen, die mit rund 75 000 Gefangenen zu 93 Prozent ausgelastet waren. Der Auslastungsstand war in Hamburg (65 Prozent) am niedrigsten und in Bayern (109 Prozent) am höchsten. Die Gefangenenrate lag damit bundesweit bei rund 91 Häftlingen auf 100 000 Einwohner. Das ist EU-weit bestenfalls Mittelmaß, in Skandinavien sitzen viel weniger Menschen ein – ohne ein Hort des Schreckens zu sein, im Gegenteil.

In den vergangenen zehn Jahren fuhren in Deutschland Legislative und Exekutive je nach Bundesland auch die Haftlockerungen massiv zurück. Bei einer Tagung im Mai 2010 betont der Bremer Rechtswissenschaftler Johannes Feest: »So ist seit 1999 in Hessen und Hamburg die Zahl der Beurlaubungen im Strafvollzug um je 70 Prozent zurückgegangen, in Bremen um knapp 60 Prozent, aber auch in Berlin um immerhin mehr als 30 Prozent.«[1] Ein scheinbar nicht zu stillender Durst nach immer härteren Strafen hat das Land erreicht. Nicht nur der deutsche Rechtsstaat hat von diesen Wellen der Strafverschärfung Schlagseite bekommen. Das Phänomen hat von Amerika ausgehend große Teile Europas erfasst. Für seine Ausbreitung benötigt es einen neoliberalen Zeitgeist, soziale Schieflagen und eine Gesellschaft, in der für Solidarität die Grundlage fehlt, wo jeder für sich kämpft.

Diese Entwicklung führt dazu, dass immer mehr Gefangene in Deutschland in Sicherungsverwahrung kommen. Diese so genannte Maßregel schließt sich nach dem Haftende an. Das heißt, die Täter werden für etwas bestraft, was sie noch gar nicht getan haben, also für eine Tat, die sie in der Zukunft einmal begehen *könnten*. Es sind potenzielle Täter. Menschen, die in Sicherungsverwahrung sitzen, werden nicht ohne Grund in den Gefängnissen »lebende Tote« genannt. Wer mit Sicherungsverwahrung belegt ist, weiß nicht, wann oder ob er überhaupt je wieder ein Leben in Freiheit führen wird. Sicherungsverwahrte sind die Zombies der deutschen Justiz. Das heißt nicht, dass sie alle arme Opfer sind. Mario M. zeigte auch keine Anteilnahme, als er im Baumarkt die Spanplatten für Stephanies Folterkiste kaufte. Es gibt Täter, vor denen die Gesellschaft dauerhaft – vor einigen möglicherweise für immer – geschützt werden muss. Doch über die tatsächliche Anzahl dieser Täter herrscht in der Bevölkerung eine eklatante Fehleinschätzung vor. Denn Fälle wie der von Mario M. stellen eine Ausnahme dar. Es ist keineswegs so, dass die Gefängnisse voll wären mit Leuten wie ihm. Solche Täter bleiben selbst im Knast abgesondert. Aber nicht nur dem Stammtisch dienen sie als Blaupause für die Meinungsbildung. Auch die Medien springen an bei diesen unfassbaren Taten und prägen so ein einseitiges Bild von Kriminalität.

Politiker wissen das. Doch für sie ist Mario M. ein nützlicher Verbrecher. Mit ihm verschaffen sie sich Wählerstimmen. Denn es kommt seit Jahren gut an, härtere Strafen zu fordern, und deswegen doktern Volksvertreter am Strafrecht herum. Unmerklich wurde die Justiz dabei immer restriktiver. »Seit einem Jahrzehnt scheinen rechtsstaatliche Schamgrenzen zu schwinden«, schreibt der Gießener Kriminologe und Rechtsprofessor Arthur Kreuzer frustriert.[2] Mit seiner immer restriktiveren Rechtslage verstößt Deutschland gegen international gültige Normen und musste sich bereits vor dem Europäischen Gerichtshof für Menschenrechte verantworten.

Ins Gefängnis zu kommen ist dabei nicht die logische Konsequenz einer Straftat. Es ist leider oft viel komplizierter: Allein der Vergleich verschiedener Bundesländer zeigt, dass selbst bei strukturellen Ähnlichkeiten und Kriminalitätsraten die Zahl der Häftlinge oft erheblich schwankt – teilweise sitzen in dem einen Land doppelt so viele Menschen im Knast wie im anderen. Der Kriminologe Frieder Dünkel schreibt, »dass die Stadtstaaten wie Berlin [rund 150] bis zu dreimal höhere Gefangenenraten als Schleswig-Holstein aufweisen, mag mit der Kriminalitätsbelastung und -struktur erklärbar sein, jedoch gilt dies nicht für Bayern (97 Gefangene pro 100 000), Hessen (86) oder Rheinland-Pfalz (87).«[3]

Kriminalität kann also politisch gesteuert werden. Wir werden schon manipuliert in unserem Urteil darüber, welche Bedeutung Kriminalität überhaupt spielt. Die Aussage »Deutschland ist so sicher wie nie« ist ebenso selten wie richtig.

Ein Ausflug in die Randzone der Gesellschaft zeigt Erstaunliches. Diese Reise beginnt mit einem Abstecher in die Vergangenheit.

2 Die Erfindung des Gefängnisses: Sind die Protestanten schuld?

Auch wenn wir uns heute eine Welt ohne Gefängnisse kaum mehr vorstellen können: Auf die Idee, Verbrecher aufgrund ihrer Taten einzusperren, muss der Mensch erst einmal kommen. Das Gefängnis muss, mit anderen Worten, erfunden werden. Ebenso hat die Vorstellung davon zu reifen, wer in ein Gefängnis gehört und welche Kriterien hierfür anzulegen sind. Denn der Blick in die Vergangenheit zeigt, dass sich hier nicht nur Verbrecher nach unserem heutigen Verständnis, sondern auch ganz andere Personengruppen wiederfinden können.

Die Erfindung des Gefängnisses, so wie wir es heute kennen – oder besser: wie wir es glauben zu kennen –, führt uns gut 200 Jahre zurück in der Geschichte. Vor dem 18. Jahrhundert war für die Menschen überhaupt nicht einzusehen, warum für Kriminelle oder Ketzer auch noch Geld von der Allgemeinheit bezahlt werden sollte: Geld für Wasser und Brot, für den Bau von Zuchthäusern. Warum so kompliziert? Die Idee war damals so abwegig, wie uns heute die Hexenprozesse des Mittelalters als geistige Verwirrung vorkommen.

Damals dachten die Menschen: Wie soll eine Strafe wirken, die nicht auch wehtut? Es ist zu der Zeit selbstverständlich, dass Bestrafungen bis hin zum Tod verbunden sein müssen mit unermesslichen Qualen und Pein: Daumenschrauben, Rädern, Vierteilen, Verbrennen, Köpfen oder Hängen. Das ist Strafe! Es sind diese Rechtspraktiken, die das Mittelalter später so in Verruf gebracht haben.

Mittelalter steht heute für das Unzivilisierte. Das muss aber nicht auf eine Epoche begrenzt bleiben. Die Bürger aus Arizona etwa führen uns vor Augen, dass mittelalterliche Vorstellungen über die Wirksamkeit von Strafen auch heute noch ihren Platz haben. In Arizona gelten wie in vier weiteren Bundesstaaten der USA Schwefelsäure und Kaliumcyanid als legitime Ingredienzien der Strafe. In Kombination verbinden sich die beiden Substanzen zu Cyanwasserstoffgas. Es wird in einer Kammer eingesetzt, die an eine Taucherglocke erinnert. Wenn der Todeskandidat in der Gaskammer nicht sofort tief einatmet – das Vorhandensein eines Überlebensreflexes wird hier aus praktischen Gründen außer Acht gelassen –, erstickt er langsam und qualvoll, im besten Falle auch schuldig. Manchmal dauert der Todeskampf eine halbe Stunde. Bis zum letzten tödlichen Atemzug wird das Procedere von einem Mediziner kontrolliert. Ein Statist der Zivilisation.

Auch Barack Obama unterstützt die Todesstrafe, obwohl vor allem Schwarze in den USA kriminalisiert werden. Aber Obama findet sich in Übereinstimmung mit seinem Volk. Fast zwei Drittel aller Amerikaner befürworten Umfragen des Meinungsforschungsinstituts Gallup vom Oktober 2009 zufolge die Todesstrafe, 31 Prozent sind dagegen. Die Hälfte findet sogar, der Staat töte nicht oft genug, und das, obwohl die Mehrheit ebenfalls glaubt, dass in den vergangenen fünf Jahren Unschuldige hingerichtet wurden. 37 Prozent der Bürger nennen Rache und Vergeltung als Gründe für ihre Befürwortung der Todesstrafe.

Spätestens Abu Ghraib und Guantánamo haben der demokratischen Mission Amerikas einen herben Rückschlag versetzt. Es ist sehr aufschlussreich: Der amerikanische Demokratieexport wurde maßgeblich durch Verbrechen in US-Militärgefängnissen unglaubwürdig. Gefängnisse übrigens, die ihr Personal aus zivilen Knästen der USA rekrutierten. Personal, das dann gerichtlich abgeurteilt und eingesperrt wurde. Was in Abu Ghraib und Guantánamo passierte, ist demzufolge die Fortsetzung dessen, was in God's own Country geschieht: Tote durch Elektroschocks,

Folterung mit chemischen Pfeffersprays, die zu Verbrennungen dritten Grades führen, eine ganze Industrie, die von Produkten zur Disziplinierung existiert. Das sind keine Ausnahmen. Folter in amerikanischen Gefängnissen gehört zum Knastalltag.

Dabei hätten Afghanen, Iraner wie auch manche Afrikaner durchaus Bedarf an Moderne und demokratischen Prinzipien. Denn mitunter verhalten auch sie sich heute mittelalterlich und praktizieren einen »Klassiker« der Bestrafung: Vorzugsweise Frauen werden bis zur Brust eingegraben und dann von einer Meute zu Tode gesteinigt. Als Zivilisationsrüschen gilt in diesen islamischen Ländern, dass nur mittelgroße Steine zum Wurf verwendet werden sollen, die in eine hohle Hand passen. Bei Kieseln gilt die Qual als zu groß, bei Felsbrocken als zu klein. Je nach Land bestrafen die Richter dabei wahlweise Sex mit der falschen Person oder Hexerei. Ein unmenschliches Verhalten, die Beteiligten aber halten sich an gültige Normen.

Zurück in die Vergangenheit. Bevor bei uns die Freiheitsstrafe so plausibel werden kann, wie sie heute ist, existieren Übergangsformen. Die Redewendung, jemanden »einzulochen«, stammt von einer dieser Übergangsformen ab, vom »Lochgefängnis«. Das erste dieser Art bauen die Erfinder unter dem Nürnberger Rathaus. Körperliche Qualen lassen sich jetzt mit Freiheitsentzug verbinden. Auf zwei Quadratmetern und in völliger Dunkelheit kommen Untersuchungshäftlinge ins Lochgefängnis und warten auf ihre Strafe. Als Toilette dient ein Loch in der Mitte der Pritsche, die auch als Tisch genutzt wird. Darunter stellt der Häftling einen Kübel. Friedrich Nietzsche definiert Strafe als ein »Anrecht auf Grausamkeit«.[4] Das ist lange Zeit völlig logisch.

Diese Anschauung ändert sich allmählich, als die Städte größer werden, als die Zahl der Bettler plötzlich in ungekannte Höhen schießt und klar wird, dass die vermeintliche Abschreckung durch Folter und Qual keine Auswirkung auf die Anzahl der Vagabunden hat. Deswegen wird 1550 in London das erste Zuchthaus errichtet, 45 Jahre später entsteht eines in Amsterdam und

1609 die erste Anstalt dieser Art in Bremen. Die neue Zielgruppe sind nicht Kriminelle. Im Fadenkreuz befindet sich eine andere Klientel. Bettler sind in geringer Zahl willkommen, sogar nützlich. Kommt etwa ein Edelmann vorbei und wirft ein Almosen in den Hut, dann erweist er sich als Christenmensch dem Herrgott gefällig, denn er tut Gutes. Irgendwann aber geraten die »Taugenichtse« zur Plage und stören die öffentliche Ordnung. Das Zuchthaus wird in dem Moment erfunden, in dem das Handwerk dringend Arbeitskräfte benötigt. Die ersten Manufakturen schießen aus dem Boden, die Vorläufer der Fabriken, und die frei flottierenden Bettler erweisen sich nun als äußerst praktisch. Im Zuchthaus werden sie zur Arbeit gezwungen, das hilft der Wirtschaft und ermöglicht Fortschritt und Entwicklung. Plötzlich bekommt Strafe eine völlig neue Bedeutung. Sie soll nicht mehr quälen, sondern es geht offiziell um Zucht und Ordnung. Zudem handelt es sich auch um Ausläufer des Frühkapitalismus.

Max Weber schildert in einem berühmten Aufsatz[5], wie aus dem Geist der protestantischen Ethik irgendwann der Kapitalismus entsteht, als eine Art Abfallprodukt quasi. Die Vorstellung dieser Protestanten – genau genommen waren es Calvinisten – ist es, dass Menschen, die Gott auserwählt hat, auch zu erkennen sind. Diese Glücklichen pflegen beispielsweise eine besonders karge Lebensweise, sie sind fleißig und ein Beispiel an Bescheidenheit. Wer an diese Theorie glaubt, tut auf einmal alles, um so zu leben wie diejenigen, die der Herr erwählt hat – in der Hoffnung, dass dies ein Zeichen der eigenen Erwählung ist. Diese Lebensweise ist also ein natürlicher Gegner der Verschwendungssucht, zusammen mit seinem Fleiß und der strengen Pflichterfüllung häuft sich als Nebeneffekt das Geld in der Schatulle der Gottesfrommen. Von Gott erwählt zu sein und Reichtum sind zwei Seiten eines Dukaten. Hier entsteht die Geldwirtschaft, die Keimzelle des Kapitalismus, sagt Max Weber.

Glauben, Geld, Gefängnis: Zwischen diesen Erfindungen gibt es also enge Zusammenhänge. So entstehen auch die ersten Zellen in den Klöstern, wo in der Abkehr von der Welt der Herr gesucht und zugleich Disziplin geübt wird. Die Klosterhaft ist eine frühe Form des Freiheitsentzugs, die zunächst für Mönche zur Einhaltung der Ordnung verhängt wird, später aber auch gegen weltliche Kleriker und Laien ausgesprochen werden kann.

Auch in den Zuchthäusern weht der Wind klösterlicher Disziplin. Es herrscht der Arbeitszwang. »Aus der Strafe soll für dich ein Gutes hervorgehen. Du sollst lernen, deine Leidenschaften beherrschen, schlechte Gewohnheiten ablegen, pünktlich gehorchen, göttliches und menschliches Gesetz achten.« So steht es noch in einem juristischen Handbuch aus dem Jahr 1896.[6] Die Zuchthäuser dienen also dazu, den Inhaftierten zu formen, er soll sich bessern. Gleichzeitig werden die Zuchthäuser deswegen zu direkten Abbildern der Elendsquartiere. Denn sie sammeln Prostituierte, Bettler und herrenlose Frauen ein, Menschen, die ihr Geld auf eine Art verdienen, die als unsittlich verstanden wird. Die Zuchthäuser bündeln nicht die Verbrecher der Gesellschaft, sondern die »Unnützen«. Nützlich macht man sie durch Arbeitszwang. Aus den sozialstaatlichen Einrichtungen, die Bettler davon abhalten sollen, kriminell zu werden, entsteht der Gedanke der Besserung und Dressur. Die Arbeit soll vom Bösen abhalten und moralisch stärken. Es geht um die »Umwandlung des sozialen Schädlings in einen brauchbaren Menschen«, wie der Rechtswissenschaftler und Begründer des ersten deutschen Jugendgefängnisses in Wittlich, Berthold Freudenthal, 1914 schreibt.[7] Die Freiheitsstrafe entsteht später als eine Art Begleiterscheinung des disziplinierenden Zuchthauses.

»Wer das gesellschaftliche Zusammenleben der Bürger oder die öffentliche Ordnung dadurch gefährdet, daß er sich aus Arbeitsscheu einer geregelten Arbeit hartnäckig entzieht, obwohl er arbeitsfähig ist, oder wer der Prostitution nachgeht oder wer sich auf ändere unlautere Weise Mittel zum Unterhalt verschafft, wird mit Verurteilung auf Bewährung oder mit Haftstrafe, Arbeitserziehung oder mit Freiheitsstrafe bis zu zwei Jahren bestraft.« Dieser Satz ist keine 200 Jahre alt. Juristen schreiben ihn 1968 als Paragraph 249 ins Strafgesetzbuch der Deutschen Demokratischen Republik – protestantisch-kapitalistische Prinzipien, die sich als »Asozialen-Paragraph« in das Gesetzbuch der atheistisch-sozialistischen Planwirtschaft verirren und deren Verletzung ins Gefängnis führt.

Doch gehen wir in der Zeit noch einmal zurück. Die über Jahrhunderte hinweg probaten Leibstrafen werden also nicht aus ethischen Motiven verändert und dann abgeschafft, sondern auch aus wirtschaftlichen Erwägungen. Auch der Aspekt Auslastung spielt deswegen irgendwann eine Rolle: Die Zuchthäuser sind immer voll, entlassen wird erst, wenn Nachschub vorhanden ist. Doch weil die Zuchthausinsassen den Bewohnern der Ghettos zum Verwechseln ähnlich sehen, interessieren sie auch Literaten. Die Milieuschilderungen von Charles Dickens schrecken und faszinieren zugleich. Er bezeichnete die Gefängnisse auch als »Schulen des Lasters«. Doch schon davor besinnen sich nordamerikanische Quäker der keuschen Einsamkeit der Klostermauern. Sie entwickeln die Idee eines Zellenhauses – einzelne Zellen statt Großraumknast sollen das kriminelle Infektionsrisiko minimieren.

Das erste Gefängnis dieser Art in Philadelphia hat 30 Haftplätze und begründet 1790 das »Pennsylvanische System«. Die Verbrecher bleiben so von der sonst üblichen Todesstrafe verschont, »mit rücksichtsloser Schärfe [werden] die blutigen, grausamen Leibes- und Lebensstrafen, die entehrende Zurschaustellung der Verbrecher in Ketten und Banden und die zucht- und sittenlose Gemeinschaft der Gefangenen« bekämpft, schreibt der tschechische Strafrechtler Wilhelm Emil Wahlberg 1888.[8] Die Häftlinge dürfen keinen Kontakt mehr zu anderen Gefangenen haben. Ansprechpartner sind nur der Wärter und ein einziges Buch: die Bibel. Hier wird die Einzelhaft erfunden. Im Pennsylvanischen System waren die Gefangenen strikt voneinander getrennt, sie müssen den ganzen Tag in ihrer Zelle verbringen. Wenn die Gefangenen die Zelle verlassen, müssen sie

Gesichtsmasken tragen, damit kein Blickkontakt mit anderen Gefangenen entstehen kann. An der Kleidung heftet die Zellennummer, mit der ein Gefangener auch angesprochen wird. »Das Pennsylvania-System zielte auf eine völlige Entindividualisierung und Entpersönlichung des Delinquenten ab. Das Individuum wurde zugunsten des Haftprinzips ignoriert«, schreibt der Architekturhistoriker Arne Winkelmann.

Ende des 19. Jahrhunderts befinden sich etwa 60 Prozent der Gefangenen in Einzelhaft. Das Pennsylvanische System wurde in dieser Form 1913 jedoch aufgegeben. Es folgen verschiedene Mischformen, Gefängnisse, in denen die Inhaftierten nur zur Nacht getrennt werden, in denen ansonsten geschwiegen und gearbeitet werden muss. »Endgültig durchgesetzt hat sich der Erziehungsgedanke im Strafvollzug erst in der Weimarer Zeit«, schreibt Günther Kaiser, ehemaliger Direktor des Max-Planck-Instituts für ausländisches und internationales Strafrecht.[9]

Dem geht die Gründung des ersten deutschen Jugendgefängnisses in Wittlich voraus. Später schauen wir es uns genauer an. Vorher ein Blick auf die Architektur einiger Knäste.

3 Wie das Gefängnis sehen lernt: Die Architektur der Überwachung

Die Idee der Zelle und der räumlichen Trennung der Häftlinge ist in Gefängnissen auch heute noch maßgeblich – von heutigen Standards der Hygiene und des Umgangs mit den Häftlingen sowie juristischen Aspekten abgesehen. Im Mittelpunkt steht nun der Freiheitsentzug. Der französische Philosoph und Soziologe Michel Foucault, der die Idee der Anstalten tiefsinnig wie kein anderer erforschte, formuliert das so: »Die Züchtigung ist nicht mehr eine Kunst der unerträglichen Empfindungen, sondern eine Ökonomie der suspendierten Rechte.«[10] Die körperliche Bestrafung und die Qual verschwinden, weh tut jetzt allein das Leben ohne Freiheit und das Ende der Selbständigkeit. Doch das sind Schmerzen, die leichter zu kaschieren sind und besser zur Aufklärung passen.

Es ist nicht unbedingt offensichtlich, aber auch Strafe, Architektur und Zivilisation haben einiges miteinander zu tun. Klare Linien, einfache geometrische Formen, strenge Symmetrie und Übersichtlichkeit: »Das architektonische Ideal steht in Analogie zum moralischen Ideal«, schreibt der Historiker Arne Winkelmann.[11] Auch Jeremy Bentham macht sich Gedanken zur Architektur. Der Engländer, gestorben 1832 in London, ist einer der Vordenker des modernen Wohlfahrtsstaates. Als er seinen idealen Knast skizziert, will er die Moral der Insassen stärken und das Gefängnis zivilisieren. Er entwickelt deswegen eine neue Architektur, die als »Benthams Panoptikum« Furore macht. Ein runder Gefängnisbau, eine Rotunde. Im Zentrum sitzt der Wärter in seinem Turm. In einem konzentrischen Kreis um ihn herum gruppieren sich die Zellen. Deren vergitterte Fenster werden so konstruiert, dass die Zelle von Tageslicht durchflutet wird. Der Häftling sitzt also wie im Rampenlicht. Blenden an den Gittern machen es ihm unmöglich, den Wärter zu sehen; der jedoch hat alle Insassen im Blick. Jederzeit.

Bentham will eigentlich das raue Klima im Gefängnis zivilisieren. Gewaltanwendung und Eingriffe durch den Wärter sollen überflüssig werden. Bei seinem Modell kommen Ordnung und Disziplin deswegen nicht mehr von außen – das ist plötzlich barbarisch. Das Subtile seiner architektonischen Vorstellung besteht darin, dass sich die Kontrolle in den Kopf des Inhaftierten verpflanzt. Denn dieser weiß ja nicht, ob ihn der Wächter gerade beobachtet oder nicht. Auch wenn er ganz woanders hinschaut, hält der Zustand der Überwachung an. Früher oder später – das ist die Idee – soll die Kontrolle als unerbittliche Selbstkontrolle funktionieren. Eine Dressur, simpel aber genial: Nicht der einzelne Häftling wird so überwacht, sondern alles. Eine Architektur psychologischer Kontrolle, eine Psycho-Architektur.

Die Grundidee findet bis heute ihre Anhänger. Kein Land der Erde setzt Benthams Panoptikum so perfekt um wie das Königreich Großbritannien. Dort gibt es eine flächendeckende Kameraüberwachung. Schätzungen gehen von etwa 4,5 Millionen elektronischen Linsen aus. Laut eines Berichts der Londoner Polizei Scotland Yard allerdings helfen 1000 Kameras pro Jahr gerade mal ein Verbrechen aufzuklären. Mit der Aufklärung von Verbrechen haben die Kameras also weniger zu tun.

Im Gefängniswesen setzt sich Bentham mit seiner Idee allerdings nur indirekt durch. 1811 soll das erste Projekt zum Bau eines Panoptikum-Gefängnisses abgebrochen und Bentham entschädigt worden sein. Einige wenige dieser Rotunden entstehen in Kuba, den USA und in den Niederlanden. Viele Gefängnisse dieser Zeit setzen das Panoptikum allerdings in einer etwas abgewandelten, sternförmigen Bauweise um. Gebäude dieser Konstruktion stehen noch heute und verwahren Verbrecher, die JVA Moabit in Berlin etwa. Einem ähnlich alten Gemäuer, der JVA Tegel, wird später noch ein Besuch abgestattet. Diese Anstalt ist das größte eigenständige Gefängnis in Deutschland.

Was im Gefängnis ausprobiert wird, findet übrigens auch woanders Anhänger. Der erwähnte Anstaltskenner Michel Foucault bringt es auf den Punkt: »Die Disziplinen werden immer mehr zu Techniken, welche nutzbringende Individuen fabrizieren.«[12] Eingangs war bereits die Rede vom Zusammenhang zwischen Gefängnis und Kapitalismus. Auf Benthams Idee setzten zur Disziplinierung der Akkordarbeiter folgerichtig auch die Konstrukteure der Fabrikhallen. Und auch in den Schulen setzt sich der Gedanke fort. Dressur und Lernen sind auch in der Pädagogik anfangs Synonyme.

Warum diese breite Anwendung? Weil Benthams Panoptikum-Idee viel mehr als eine Technik zur Kontrolle ist. Darin spiegelt sich zugleich der Versuch wider, sich in den Menschen hineinzuversetzen. Dieser neue Gedanke ist das Interessante. Die Idee nämlich, in den Menschen zu kriechen, mehr über ihn zu erfahren, sein Inneres zu erforschen und zu analysieren. Durchaus nichts Schlechtes. Auch Bentham beispielsweise war von Hause aus Sozialreformer. Er setzt sich für Pressefreiheit ein, die Legalisierung von Homosexualität und fordert die Abschaffung der Todesstrafe. Kein »Bösewicht« tut so etwas.

Aber die Wirkungen von Erfindungen sind eben nicht planbar. Wenn man liest, was Michel Foucault in seinem Standardwerk *Überwachen und Strafen* schreibt, dann kann man auf die Idee kommen, dass sogar die empirische Wissenschaft ohne Kriminalität gar nicht existieren würde. So soll eine der ersten wissenschaftlich empirischen Untersuchungen die mittelalterliche Analyse von Tat und Täter in der Gerichtsuntersuchung gewesen sein. Nützliche Verbrecher! Es folgen später die empirische Psychologie und die Sozialwissenschaft. Das nur auf Kriminelle zurückzuführen wäre etwas zu einseitig. Aber, ob Zufall oder nicht: Hand in Hand mit der Entwicklung des Gefängnisses geht auch die der »Irrenanstalt«. Die Hospitäler sind ein Zwitter aus

Knast und Psychiatrie, dort werden sowohl psychisch Kranke als auch Waisenkinder und eben Zuchthäusler untergebracht. Daraus wiederum entsteht später das Krankenhaus. Schon Hippokrates geht davon aus, dass ein Verbrechen nichts anderes sei als die Tat eines Verrückten.

Die Entwicklungen überschneiden sich also, aus neuen Ideen werden neue Institutionen und manchmal führen die Wege auch wieder zurück. So ähneln sich die »Klienten« von Psychiatrie und Justizvollzugsanstalt heute wieder verblüffend, wie eine empirische Untersuchung aus Nordrhein-Westfalen zeigt. Demnach leiden 88 Prozent aller inhaftierten Straftäter in Deutschland an einer psychischen Erkrankung. Sind also die Verbrecher verrückt? Oder ist Verrücktsein vielleicht sogar kriminell? Fest steht jedoch, dass psychisch Kranke die einzige Gruppe von Menschen sind, die einen vergleichbar miesen Ruf haben wie Gefangene.

Nun jedoch führt die Reise in die Provinz. In kleinen Städten sind die Gefängnisse wichtige Arbeitgeber. Wie geht es den Gefangenen dort?

4 Das Gefängnis am Rande der Stadt: Strafvollzug in der Provinz

Zwischen Koblenz und Trier senkt sich die Erde und ein langgestrecktes Tal öffnet sich – wie ein überdimensioniertes Kajak. In diesem geologischen Becken in Rheinland-Pfalz liegt die Kreisstadt Wittlich, eingebettet zwischen Mosel und Südeifel. Die geschützte Lage macht es möglich, in dieser Gegend Tabak anzubauen – ein Wirtschaftszweig, der in noch gesundheitsbewussteren Zeiten vielleicht einmal kriminalisiert werden könnte. So geriete dann ein altehrwürdiger Beruf in Vergessenheit und über die Jahre wäre aus dem Tabakbauern plötzlich ein Verbrecher geworden. Für spätere Generationen wäre das Anbauen dieser gesundheitsgefährdenden Pflanze offensichtlich ungesetzlich. So wie es Bourbon-Brenner Anfang des letzten Jahrhunderts in den USA waren. Oder Frauen, die vor 1919 bei uns wählen wollten oder bis 1971 in der Schweiz oder bis 2006 im Emirat Kuwait. Was Recht und Unrecht ist, hängt ziemlich stark von Standpunkt und Geschichte ab.

Vielleicht wäre der Tabakbauer auch gar nicht kriminell geworden, sondern hätte sich einfach einen neuen Beruf gesucht. Das wäre in Wittlich kaum problematisch, denn hier herrscht Vollbeschäftigung. Knapp 850 Arbeitsplätze gibt es pro 1000 Wittlicher. Die Kreisstadt ist aufgrund der logistisch günstigen Lage ein ausgesuchter Standort für Industrieansiedlungen. Das macht die Stadt reich, manche sprechen vom rheinland-pfälzischen Las Vegas. Dennoch haben die Wittlicher schon seit Generationen ein Faible für Bestrafung. Das gehört zum Gründungsmythos, den die obrigkeitshörige Lehrerschaft ihren Schülern bereits in der

Grundschule ins Bewusstsein hämmert: die Säubrennersage. Die geht so: Im Mittelalter, 1397, belagert der Verbrecher und Raubritter Friedrich von Ehrenberg das schöne Wittlich (erste Nennung 1065). Weil der Pförtner eines Abends den Bolzen des Himmeroder Stadttors nicht auftreiben kann, verriegelt er das Tor mit einer Rübe. Diese allerdings frisst des nächtens eine Sau, und so plündert die Verbrecherbande das unglückliche Wittlich aus und brennt es nieder. Später haben dann die Wittlicher die Schweine zur Strafe in ein Feuer getrieben und verspeist. Der Saubraten ist nun eine Spezialität und die Säubrennerkirmes eines der größten Feste von Rheinland-Pfalz. Die Wittlicher – zwar tiefkatholisch – haben ein Händchen für Geschäfte.

Was innovative Strafen angeht, bleibt es nicht beim Saubraten. So wurde in Wittlich 1912 die erste Jugendstrafanstalt Deutschlands gebaut. Bereits 1902 ist hier das Männergefängnis in zeittypischer Strahlenbauweise entstanden. 14 Hektar groß ist das Gelände. Nach altem preußischem Bauwesen gibt es um die Anstalt einen Kreis von Dienstwohnungen, auch heute noch wohnen einige Beamte in direkter Nachbarschaft zum Knast.

Zu diesem pflegen die Wittlicher seit 100 Jahren eine innige Beziehung und nennen ihn »unser Kittchen«. Auch heute noch ist der Knast einer der zehn größten Arbeitgeber, wie der Chef der JVA, Franz Kohlhaas, stolz betont, der im Spätsommer 2010 sein Amt aus gesundheitlichen Gründen niedergelegt hat. 370 Beschäftigte arbeiten hier, zusammen mit der Vollzugsschule sind es etwa 500. Dabei geht es um die Sicherung von etwa 860 männlichen Straftätern im geschlossenen Vollzug und im Jugendvollzug. Mit dem Neubau, der im Herbst 2009 vollendet wurde, sind die Wittlicher wieder weit vorne: Sie haben jetzt eines der modernsten Gefängnisse in Deutschland und den größten Gefängniskomplex von Rheinland-Pfalz. Insgesamt gibt es in Helmut Kohls Heimatland zwölf Anstalten für rund 3600 Gefangene.

Rund 72 Millionen Euro investierte das Bundesland in den Neubau in Wittlich. Ein riesiges Projekt für eine Stadt, die einschließlich ihres Einzugsgebiets nicht einmal 18 000 Einwohner zählt. Und auch wenn den Wittlichern ein entspanntes Verhältnis zu ihrer JVA nachgesagt wird – damit das Gefängnis nicht allzu auffällig die Silhouette der Kreisstadt verändert, ließen die Bauherren 80 Kubikmeter Erde abtragen. Jetzt ragt der Betonklotz gerade so hoch wie das alte Gefängnis. Als Ministerpräsident Kurt Beck (SPD) die JVA im September 2009 einweihte, sagte er, es gehe mit diesem Neubau auch darum, »Humanität zu leben«. Geht das in einem modernen Knast?

Ein Tag Einschluss.

Die Pforte erinnert entfernt an die Leitzentrale eines Flughafentowers, nur das sie nicht auf einem Turm aufgepflanzt ist, sondern von einer fünfeinhalb Meter hohen Mauer und einem Stahltor eingefasst wird. Kein Blick in den Himmel ist möglich, keine Aussicht in die Ferne. Getönte und schräg nach innen verlaufende Panzerglasscheiben vermitteln zwar Flughafenatmosphäre, doch die Reiseerlaubnis bleibt streng limitiert. Wegen der getönten Scheiben muss man dicht heran, um die Beamten an der Pforte zu sehen. Drei sitzen dort und überwachen den Eingangsbereich. Sie müssen höflich wirken und zugleich Autorität ausstrahlen. Ein schwieriger Spagat. Die Kommunikation wird über Lautsprecher und Mikrofon abgewickelt. Drinnen läuft das regungslose Geschehen der Umgebung auf rund einem Dutzend Flachbildschirmen ein. Topmodern und öd. Die Beamten und auch die Anstaltsleitung tragen alle ein PNG. Das steht für »Personen-Notsignal-Gerät«. Ein Knopfdruck und der Anstaltsalarm wird ausgelöst. Ganz im Inneren der Anstalt, tief hinter Schlössern, Mauern und Stahltüren verkapselt, befindet sich die Sicherheitszentrale. Dort lässt sich ebenfalls über Monitore das Gefängnisgeschehen beobachten. Rund 200 Kameras sichern das Areal. Wenn ein PNG-Alarm ausgelöst wird, lässt sich von hier aus der exakte Ort lokalisieren. Die Zentrale ist eigens gesichert, ein Gefängnisaufstand könnte hier nichts ausrichten.

Auf Herzschlagdetektoren, die in Wittlich bereits erfolgreich getestet wurden, hat die Anstaltsleitung bislang verzichtet. Das Gerät spürt jedes versteckte Leben auf und wird gängigerweise in der Pkw-Schleuse einer JVA eingesetzt. Doch die Zahl der Ausbrüche beschränkt sich in Deutschland auf eine Maßzahl, in der gewöhnlich der Alkoholgehalt im Blut angegeben wird. In den neuen Knästen wie hier grenzt Flucht an eine Unmöglichkeit. Allein der innere und 900 Meter lange, feinmaschige, aber stahlharte Sicherheitszaun, der mit einem Abstand von sechs Metern parallel zur Mauer verläuft, wirkt unüberwindbar. Er kostete 1,2 Millionen Euro. Die Herstellerfirma Thomas rät zur »äußersten Vorsicht« bei der Montage der Mauerkronensicherung, bei der messerscharfe Sperrdrahtrollen Verwendung finden. Ein gleicher Zaun verläuft auch außen parallel zur Mauer. Die so beidseitig entstandenen Streifen sind vollständig »videodetektiert«, wie der Anstaltsleiter sagt. Wer den Zaun überwindet und über die Mauer will, löst unweigerlich Alarm aus. Vorher allerdings muss der Gefangene erst einmal aus seiner Zelle ausbrechen.

Die sind nun rund neun Quadratmeter groß, im alten Gefängnis waren es etwa sieben Quadratmeter. »Zwei Quadratmeter sind wenig, wenn man in einer großen Wohnung wohnt und jederzeit gehen kann, wohin man will. Zwei sind viel, wenn man im ›Knast‹ sitzt«, schreibt die Lokalzeitung. Die Inhaftierten und das Fachpersonal sprechen übrigens davon, im Knast zu »liegen«. Das kommt ihrem Alltag näher. Eine Schülerin, die bei der Einweihung der JVA Wittlich vom Fernsehen interviewt wird, sagt: »Nachdem ich jetzt alles gesehen habe, denke ich: Das ist schon ein gewisser Luxus hier und vielleicht denken sich schon welche, dass man hier eher leben könnte als auf der Straße.«

Die gesetzliche »Mindestbodenfläche« für deutsche Gefängniszellen beträgt sieben Quadratmeter. In der JVA Tegel klagte ein Gefangener erfolgreich vor dem Verfassungsgerichtshof des Landes Berlin gegen menschenunwürdige Unterbringung – seine Zelle ist nur 5,25 Quadratmeter groß. Dauerhaft ist das nicht nur ein juristisches Problem in der Hauptstadt. Später dazu mehr.

Die Zellen in Wittlich haben ein Bett, eine Schreibplatte, eine Blende, an der Fotos aufgehängt werden dürfen, die Bettwäsche ist knasttypisch blau-weiß-kariert, die Nasszelle durch eine Platte abgetrennt. Das wirkt nicht wie ein Verlies, aber sobald die Stahltür zu ist, neigen sich die Wände, und die Enge der Behausung wird auch körperlich spürbar. Wie sich das über Monate und Jahre anfühlt und welche Auswirkungen das hat, lässt sich bei einem Kurztrip in den Knast nur in gradueller Annäherung nachfühlen. Später berichtet ein vermeintlicher Verbrecher, welche psychologischen und auch körperlichen Veränderungen er bei sich feststellen konnte.

Knast als Kuraufenthalt? Die Meinung der interviewten Schülerin ist entgegen empirischer Befunde vermutlich repräsentativ für die deutsche Gemütslage. Ihre Mutmaßung hingegen, wer als Klientel für die Gefangenschaft in Frage kommt, trifft ziemlich ins Schwarze. In der Mehrzahl sind es Bildungsverlierer und Menschen mit Migrationshintergrund, die der Knast einsammelt.

»Die Farbauswahl«, sagt der Anstaltsleiter und zeigt auf die Tür der Nasszelle und die Holzleiste an der Wand, »wurde unter psychologischer Beratung getroffen.« Applikationen in Hellgrün. Hergestellt haben sie die Gefangenen selbst, in der Anstaltsschreinerei. Auf 1900 Quadratmetern gibt es auf dem Gelände der JVA außerdem eine Bäckerei, eine Gärtnerei, einen Holzhof, eine Schlosserei und eine Wäscherei. Zum Gefängnis gehören rund 80 Rinder, eine Farm mit 1200 Hühnern sowie 55 Hektar Land für den Gemüseanbau und Verkauf. Hergestellt werden Gartenmöbel, Holzspielwaren, Tischtennisplatten, Grille und Kunststoffmassageplatten, die bei Wellnessfreunden für 150 Euro Absatz finden. Die Großwäscherei, in der auch Richterroben von Schmutz gereinigt werden, verschafft den größten Umsatz: Rund eine Million Euro pro Jahr. Auch private Firmen lassen im Gefängnis fertigen. Für Ideal Standard etwa schrauben die Häftlinge Armaturen zusammen. Sie erhalten dabei einen Lohn von zehn Euro – pro Tag. Die Arbeitslosigkeit entspricht dem Durchschnitt im deutschen Gefängniswesen und liegt bei rund 40 Prozent. Denn es existieren schlicht zu wenige Jobs, die den Inhaftierten angeboten werden können, etwa in den Wäschereien, Schreinereien, Metallbetrieben, Küchen oder bei den sonstigen Hilfstätigkeiten, die nicht als sicherheitsrelevant eingestuft werden. Kontrastiert wird diese Situation mit der Arbeitspflicht, die nach Paragraph 41 des Strafvollzugsgesetzes noch immer für jeden Gefangenen gilt. Manche empfinden das nicht ganz abwegig als moderne Zwangsarbeit (siehe Kapitel 17). Historisch erklärt sich der Zwang zur Arbeit: Sie sollte die Moral der Gesetzesbrecher festigen.

Architektonisch folgt die JVA Wittlich der Kammbauweise, die derzeit im Knastwesen en vogue ist. Es gibt einen Mittelbau, davon gehen die einzelnen Zellentrakte wie die Zähne eines Kammes beidseitig ab. Das komplette Gefängnis ist untertunnelt. Durch diesen videoüberwachten Schacht können die Gefangenen schnell zwischen den einzelnen Bereichen bewegt werden, teilweise sogar ohne Aufsicht. Hightech. Man verliert beim Gang durch das Gefängnis schnell die Übersicht. Betonwände, Türen, Schlösser, Türen, Schlösser. Alles gleich. Hunderte Male muss ein Beamter aufschließen und hinter sich zuschließen. Tagtäglich, jahrelang. Ein JVA-Mitarbeiter aus Berlin hat wegen dieser Schließerei eine Art Tür- und Schlosskoller entwickelt. Irgendwann waren ihm selbst die Türen in seiner Wohnung zu viel, er hing alle aus den Angeln und schaffte sie sich vom Hals. Hier, im Knastkomplex in Wittlich, ist alles symmetrisch, so geht das auf vier Stockwerken. Alles sieht schwindelerregend gleich aus. Überall – auch in anderen Knästen – liegt der Geruch eines scharfen Reinigungsmittels in der Luft. Orientierung bietet nur das Farbkonzept: Gelbe, orange und blaue Streifen ziehen sich an den Betonwänden entlang; die dreigeteilte Anordnung der Farbstreifen an der Wand symbolisiert auch das Stockwerk.

Es gibt ein komplettes Krankenhaus mit 48 Betten. Die Krankenzimmer erinnern, wie im übrigen die ganze JVA, an eine öffentliche Klinik, allerdings mit Gitterblenden an den Fenster, Stahltüren und von Kunstlicht dominiert. Nach Wittlich kommen kranke Inhaftierte aus ganz Rheinland-Pfalz. Es gibt hier eine Chirurgie, eine große Innere Abteilung sowie Ergotherapie. Eine Kirche kann auch als Mehrzweckraum genutzt werden. Den Besucherraum hat eine Künstlerin gestaltet. Er ist in weinrot gehalten, das soll eine beruhigende Atmosphäre schaffen. Fotos an der Wand zeigen Landschaftsaufnahmen und sind von hinten illuminiert. Das soll Natürlichkeit simulieren, als blicke man aus dem Fenster. Alles durchdacht, ein moderner Strafvollzug, glaubt der Besucher. Den unfreiwillig komischen Vergleich zum vorherigen Gefängnis liefert in einem Internetforum der Ex-Gefangene Ralf: »Alt und Schmudelig, alles andere als empfehlenswert.«

Wenn es um die Steuerung von vielen Menschen geht, dann läuft es in der JVA Wittlich effizient ab, mit minimalem Personalaufwand, technisch und architektonisch unterstützt durch kurze Wege und Videoüberwachung. Der Hofgang von eineinhalb Stunden ist 30 Minuten länger als gesetzlich erforderlich, es gibt zwei Stunden Besuchszeit pro Monat – eine Stunde mehr als nötig. Es besteht die Möglichkeit, einen Hauptschulabschluss zu machen. Und die psychologische Farbgestaltung, die Kunst am Bau – ist das moderner Vollzug? Eine Leserbriefschreiberin findet nicht, »dass Künstler unsere hochmoderne JVA mit Kunstschöpfungen ausstatten sollen – ist es denn wirklich nötig, eine Einrichtung, in der Menschen nicht zu Unrecht untergebracht sind, so schön wie nur möglich zu gestalten? Es ist ja sehr ansehnlich, wenn sich ein Gefängnis ›größtes und modernstes Gefängnis des Landes‹ nennen kann, aber ist es wirklich Sinn der Sache, den Insassen das dortige Leben so schmackhaft zu machen?«

Die Antwort des Mainzer Finanzministeriums auf eine kleine Anfrage der CDU ergibt, dass allein für die Meistermann-Fenster in der Apsis der Knastkirche 108 822,56 Euro bezahlt wurden. Der Ansatz, es den Gefangenen nicht allzu kuschelig zu machen, wie es auch die Leserbriefschreiberin fordert, ist als Reflex verständlich. Doch Reflexe wie diese leiten sich nicht von

Reflexionen ab. Und – für viele sicher erschreckend – sie verstoßen selbst gegen das Gesetz, das die aufgebrachten Kritiker ja so hoch schätzen und gerne mit harschen Forderungen gegen Gefangene verteidigen. In diesem Fall gegen Paragraph 3 des Strafvollzugsgesetzes: »Das Leben im Vollzug soll den allgemeinen Lebensverhältnissen soweit als möglich angeglichen werden.« Der Europarat gibt in seinen Europäischen Strafvollzugsgrundsätzen 2006 vor: »Die Freiheitsstrafe ist allein durch den Entzug der Freiheit eine Strafe. Der Strafvollzug darf daher die mit der Freiheitsstrafe zwangsläufig verbundenen Einschränkungen nicht verstärken.« Geht das nicht ein bisschen zu weit? Wir kommen darauf zurück – wie auch auf die vermeintliche Gesetzestreue der Bundesbürger.

Der Ansatz, einer Anstalt die Tristesse zu nehmen, dient vor allem der Allgemeinheit. Denn niemandem ist geholfen, wenn die Gefangenen in einem Gefängnis aufgrund mieser Bedingungen noch aggressiver werden, auch wenn das gerne übersehen wird. Erfüllt wird hier also ein Verfassungsauftrag. Allerdings ließen sich rund 160 000 Euro vermutlich effektiver einsetzen als in psychologische Farbkonzepte und Kirchenfenster. Auch an anderer Stelle wäre moderner Strafvollzug besser möglich. Die Gefangenen müssen in Wittlich beispielsweise rote Anstaltskleidung tragen. Das ist ein Relikt aus dem letzten Jahrtausend, schadet der Resozialisierung eher und folgt letztlich einer Logik der Bestrafung. In unzähligen anderen der 195 Gefängnisse in Deutschland führt zivile Kleidung auch nicht zu Massenfluchten.

In Wittlich wird der ganze Besucherraum videoüberwacht. Etwas erhöht sitzt ein JVA-Beamter und blickt auf seine Bildschirme. Es gibt drei weiße Tischreihen. In der Mitte eine Trennglasscheibe. Die Besucher, auch Eltern, Ehefrauen und Kinder, können den Häftling nicht berühren. Trennscheiben im Besucherraum aber fördern in keiner Weise die berechtigten Sicherheitsinteressen einer Justizvollzugsanstalt, sondern zählen eher zu den repressiven Formen der Anstaltsführung. In anderen Gefängnissen werden sie nur bei hochgefährlichen Tätern eingesetzt.

Gänzlich anders als beispielsweise restriktive Knäste in Bayern versteckt sich die JVA Wittlich jedoch nicht vor der Öffentlichkeit. Vielmehr öffnet das Gefängnis am Rande der Stadt seine Stahltüren und ist deswegen auch kein Negativbeispiel, sondern lediglich *ein* Beispiel.

Allerdings sind in der JVA Wittlich nur 65 Häftlinge im offenen Vollzug. Das entspricht nicht einmal 15 Prozent und liegt damit unter dem bundesdeutschen Durchschnitt von rund 20 Prozent. Die Grundsätze des Strafvollzuges definieren hingegen, dass der offene Vollzug die Regel sein soll und nicht die Ausnahme. Es sollte also eher der Mehrzahl der Gefangenen ermöglicht werden, tagsüber außerhalb des Gefängnisses zu arbeiten und nur zum Schlafen in die Anstalt zu kommen. Doch selbst in einem der neuesten Gefängnisse der Republik bleibt der moderne Vollzug also eine Ermessenssache.

Für alle Einschränkungen im Vollzug gibt es stets ein beliebtes und totschlagendes Argument: Sicherheit. Denn der Strafvollzug ist ein einziges flatteriges System der Angst. In ihm entsteht Angst und es erzeugt Angst: Angst haben die Beamten vor den Gefangenen und vor der Anstaltsleitung, denn flache Hierarchien sind im Management der Anstalten noch nicht angekommen. Angst hat auch der Anstaltsleiter, denn wenn etwas passiert, kann er gehen. Und Angst hat der Justizminister, für den – Ausnahmen bestätigen die Regel – der Vollzug der vorinstallierte Sprengsatz unter seinem Schleudersessel ist. Angst haben schließlich die Richter, deren Urteile von einer reißerischen Medienwelt beäugt werden. Die Angst der Bevölkerung ist die Reaktion. Angst haben aber auch die Gefangenen, wie das Beispiel von Yunus zeigt.

Jugendliche Verbrecher

5 Die Justiz sucht einen Täter: Unschuldig in Plötzensee

Die Angst sitzt noch in seinem Kopf. Deswegen muss er im März 2010 überprüfen, ob dies tatsächlich alles geschehen ist. Er stützt dann die Finger gegen die Schläfen und sein Blick kehrt sich nach innen. Ob dieser Tisch, an dem er jetzt sitzt, echt ist, ob es stimmt, mag er denken, dass er in diesem Café in Kreuzberg seinen Milchkaffee trinken kann. In diesem Bezirk von Berlin, dessen Identität untrennbar mit der Hausbesetzerszene verbunden ist. Und dem 1. Mai 2009, Yunus' Schicksalstag. Da erfasst ihn das Räderwerk des Justizapparats. Er ist damals 19 Jahre alt und mit dem 16-jährigen Rigo, dem kleinen Bruder seines Freundes, unterwegs.

Aus dem Nichts passiert es. Der Apparat greift zu und verschluckt die beiden für sehr lange Zeit. Yunus erwacht in den kalten Innereien der Jugendhaftanstalt Plötzensee, Haus 5. Er wird von Panikattacken in seiner Zelle geweckt. Acht Quadratmeter! Es gibt nur Bett, Schrank, Tisch. Und Zeit. Yunus lässt die Zelle, wie sie ist. Er will sich hier nicht einrichten. Sieht er aus dem Fenster, dann blickt er auf Beton, dagegen war die Berliner Mauer ein Witz. Für ihn beginnt im Mai 2009 eine Ungewissheit und ein Leben, dessen Folgen ihn noch im März 2010 erschaudern lassen. Für ihn ist seit dieser Zeit klar, dass das Gefängnis kein Ort ist, an dem man mal abschalten kann. Er weiß jetzt, dass der Spruch vom Hotel hinter Gittern gequirlter Quatsch ist. Dass sich Angst auf acht Quadratmetern Freiheitsentzug anders anfühlt als alles, was er bisher kennen gelernt hat. Dass dieses Gefühl einen Menschen kaputt machen kann, langsam und quälend, ganz ohne Daumenschrauben.

Yunus ist unschuldig, er sitzt in Untersuchungshaft und ihm wird Ungeheuerliches vorgeworfen: versuchter Mord. Auch noch an einem Polizisten. Das ist die schwerste Anklage, die nach einem 1. Mai in Berlin je erhoben wurde. Es waren auch die schwersten Ausschreitungen, die es seit Jahren gab. Und ihn haben sie sich ausgesucht, er wurde schon einmal angezeigt, weil er eine Flasche geworfen hat. Zehn Jahre können es nun werden. »Kreuzberg-Krawalle mit 440 verletzten Beamten. Chaoten wollten diese Polizisten abfackeln«, titelt *Bild*. Das Organ hat seit den Achtundsechziger Studentenprotesten reichlich Erfahrung mit einseitigen Kampagnen gesammelt. Die Stimmung in Berlin ist wegen linker Gewalt aufgepeitscht.

Innensenator Körting bringt es auf den Punkt: Gegen die »rot lackierten Faschisten« gibt es kein Erbarmen. Ein gewohnt zackiges Zitat des Sozialdemokraten. Auf so etwas springen Medien auf, und darum geht es parteiübergreifend in der Politik schließlich auch: zitiert zu werden. Körting wird zitiert. Zustände wie in Pariser Vororten in Berlin-Friedrichshain. Seit Monaten kämpft die Polizei nahezu ergebnislos gegen brennende Autos, Sachbeschädigung gewaltbereiter Autonomer. Die vermeintlich politische Aussage und Zerstörungswut richtet sich gegen den neoliberalen Zeitgeist, jedes lodernde Auto soll ein Fanal gegen den entfesselten Kapitalismus sein. Da darf die Politik nicht hilflos wirken, das verzeiht kein Wähler.

Anfangs richtet sich die Aggression gegen Luxusklassewagen, Mercedes und Porsche bringen Punkte in der Szene; später geht es nur noch darum, die Taktung aufrechtzuerhalten. Da hat dann auch der Gemüsehändler Pech, wenn Antikapitalisten seinen Kombi im Feuerkegel unschädlich machen. 221 Autos fackeln sie im Jahr 2009 ab, in dem Jahr, in dem der Staatsanwalt ein Exempel statuiert. Yunus soll büßen.

Dünnhäutig bereitet sich die Polizei auf den 1. Mai 2009 vor. Und tatsächlich geht es wieder brutaler zu: Fast 500 Beamte werden verletzt, fast 300 Personen nimmt die Staatsmacht fest. Insgesamt werden Ermittlungsverfahren gegen 486 Beschuldigte eingeleitet, teilt Justizsenatorin Gisela von der Aue ein Jahr später mit. Die Verfahren hätten zu 165 Anklagen geführt, in fast allen diesen Fällen seien Haft-, Jugend- oder Geldstrafen verhängt worden. Sieben Angeklagte seien freigesprochen worden. Auch Yunus, aber vorher wird es die Hölle für ihn. Sie beginnt am Maifeiertag um 21.30 Uhr. Zu dieser Zeit zerbricht ein Molotowcocktail vor einem Polizisten; dabei trifft brennendes Benzin eine junge Frau am Rücken, sie erleidet handflächengroße Verbrennungen zweiten bis dritten Grades. Der Polizist bleibt unverletzt. Aber die Beamten setzen sich in Bewegung. Sie wollen die Täter fassen und preschen durch die Menge Angetrunkener. Yunus und Rigo wollen gerade Geld bei der Sparkasse am Kottbusser Tor abheben, als sie von der Polizei festgenommen werden.

Das wird sich schnell aufklären, glaubt Yunus. Unangenehm wird allenfalls der Anruf bei seinem Vater. Denn der hat ihm verboten, zur Mai-Demo zu gehen. Yunus ist auf Bewährung, seit er eine Bierflasche auf einen Polizisten geworfen hat. Nun wird es wieder Stress geben, doch erst einmal muss er diese Verwechslung aufklären. Die Justiz will dem jungen Erwachsenen mit den schwarzen Klamotten, dem Markenzeichen der Autonomen, nicht glauben und in dieser aufgeladenen Stimmung ein Zeichen setzen. Die Anklage fällt unverhältnismäßig hart aus. Völlig überzogen, es gibt von Anfang an Ermittlungsfehler, entlastende Fotos, die nicht berücksichtigt werden, und auch die Kleidung, an der Spuren von Brennstoff zu finden sein müssten, wird nicht untersucht. Aber die Staatsanwaltschaft ist geeicht. Sie will jetzt Erfolge.

Yunus will eigentlich demnächst Abitur machen, danach Zivi und dann wird ihm vielleicht auch klar, auf welchen Beruf er zusteuern will. Aber erst einmal raus aus der Schule – endlich frei. Doch plötzlich besteht die Möglichkeit, dass er für mehrere Jahre in Haft muss, dass er in naher Zukunft ein Mörder ist, kein Student. Mord, immer wieder steht dieses Wort in der Polizeiakte. Weil ein hohes Strafmaß zu erwarten ist, kommt er in Untersuchungshaft. Als Yunus in der Jugendhaftanstalt Plötzensee ankommt – in Plötze, wie sie hier sagen –, da wird er auch äußerlich zu einem Verbrecher. Er legt seine Kleider ab, muss sich in einem Raum vor Justizbeamten nackt ausziehen. Yunus gibt seine Sachen ab, sein Handy, seine Schlüssel, alles was draußen wichtig ist, wird weggesperrt. So konsequent, wie sie ihn wegsperren. Ohne äußere Brutalität, aber effektiv, und vor allem sehr real.

Er bekommt einen Blaumann, gestreifte Hemden und Unterhosen aus Baumwolle. Der Meister legt ihm die Bettwäsche über den Arm. Meister nennen sie in Plötze ihre Justizvollzugsbeamten. Sie tragen ein Schild an der Brust, auf dem steht: Justiz. Die Meister sind hier das Gesetz, die Jungs die Kriminalität. Yunus bekommt eine Nummer, die sein Leben ausmachen wird.

Im Gegensatz zu den anderen aber ist Yunus unschuldig. Wie im Film. Und Kino hat Yunus jeden Tag. Kopfkino. Die erste Woche ist ein dauerhafter Schockzustand. Yunus wacht mit pochender Halsschlagader auf, ein Pulsschlag, der den Takt zu der Extremsituation vorgibt. Dauerhaft, eine Woche lang Puls wie beim Marathon – ein Haftkoller, das ist eine körperliche Schockreaktion auf die Todesangst. Wenn er in dem Kreuzberger Café fast ein Jahr später davon erzählt, dann wirkt er so verspannt, dass klar wird, dass er diese Zeit längst nicht verarbeitet hat und er sie schwer beschreiben kann. Er spricht von den Monaten in Untersuchungshaft, als seien es Jahre. Nachts in seinen Träumen ist er wieder im Knast. Fünf Jahre Haft, wie die Drohung der Justiz lautete. Nicht zu begreifen, aber es schnürt ihm die Kehle zu.

Yunus studiert seine Akte auf dem Bett in seiner Zelle. Er liest die Anschuldigungen und kann es nicht fassen, wird fast verrückt vor Angst. Er will sich ablenken von den Berichten in der Boulevardpresse, indem er für seinen Rechtsanwalt all die Widersprüche herausfiltert.

In der Haft hält er sich von den anderen fern, viele kiffen oder telefonieren, schreien, um sich so zwischen Zellen und Trakten zu verständigen, wenn sie eingeschlossen sind am Abend und dann auch die Musik lauter wird. Bei manchen, die nicht arbeiten und tagsüber schlafen, geht das bis in den späten Abend hinein so. Knast, gerade Jugendknast, ist laut.

Yunus hat Glück, denn er gehört nicht zu den »Hunden«. Ihm glauben sie seine Unschuld, und das verändert seinen Status in der Haft. »Hunde« heißen diejenigen, die bei einer Provokation – »Ich ficke deine Mutter« – dem Provokateur nicht sofort mit der Faust ins Gesicht schlagen. Wer nicht schlagfertig ist, wird zum »Hund« und so behandelt. Ein Russe, mit dem er sich anfreundet, rät ihm, sich nicht mit den Hunden abzugeben, nicht mit denen zu reden, sonst zählt man selbst schnell dazu. Die Hackordnung folgt primitiven Regeln. Gut haben es die Starken, egal ob körperlich oder geistig. Oben stehen diejenigen, die für den Verkauf von Drogen, Handys und anderen Annehmlichkeiten im Knast zuständig sind. Manche, die er hier trifft, wurden von ihren Vätern sexuell missbraucht, fast alle hatten eine beschissene Jugend. Die meisten hier seien »stulle« – nicht ganz auf geistiger Höhe, meint Yunus. »Sie unterhalten sich nicht, sondern kommunizieren mit Balzritualen.« Viele von ihnen, erfährt er, begehen ihre Taten im Suff oder unter Drogeneinfluss.

Yunus bleibt verschont, doch wegen seiner Panikattacken erhält er von der Psychologin Psychopharmaka. Davon will er nicht viel nehmen. Er denkt an den Film *Einer flog über das Kuckucksnest* und fürchtet, selbst verrückt zu werden. Einen der JVA-Beamten beginnt er zu hassen, »weil er die Leute nicht anschaut und wie Vieh wegschließt«. Ein Mann mit versteinerter Miene, drei Monate lang ein Anstaltsroboter. Doch dann sagt er einmal etwas zu ihm, das Yunus überrascht. Dass es nämlich völlig sinnlos sei, die Jungs hier wegzusperren. Eine JVA-Beamtin gesteht ihm hinter vorgehaltener Hand, sie würde ihr Kind notfalls mit der Waffe aus diesem Gefängnis befreien. Manche Wärter schikanieren Jugendliche, indem sie diese einfach in den Zellen lassen und den Aufschluss verwehren. Die Methoden sind still, aber vielfältig.

Manchmal lauscht er lange und angespannt an der Tür, um endlich ein Schlüsselgeräusch zu hören. Er hofft auf die Sozialarbeiterin, eine der wenigen, mit der er sich vernünftig unterhalten kann. Im Gegensatz zu den anderen, die mit ihrer Zeit nichts Produktives anfangen können, beginnt Yunus zu lesen, 40 Bücher. Und irgendwann kommen drei seiner Lehrer ins Gefängnis und nehmen ihm seine Abiturprüfung ab. Aber über ihm schwebt immer ein Gedanke: »Fünf Jahre, wozu das alles?« Irgendwann bricht er völlig zusammen und bekommt »Beobachterstatus«. Den bekommen alle, bei denen eine akute Selbstmordgefährdung angenommen wird. Diese Gefahr wächst in Deutschland durch eine Haftsituation um das Zehnfache.

Draußen finden Demonstrationen von Lehrern und Mitschülern statt, die von seiner Unschuld ebenso überzeugt sind wie die Beamten und die Mitinsassen, anders jedoch der Staatsanwalt. »Wenn es den öffentlichen Druck nicht gegeben hätte, hätten die mich eingeknastet.«

Dann, nach rund siebeneinhalb Monaten Ungewissheit, kommt die Verhandlung. Yunus hat sich lange seine abschließenden Worte zurechtgelegt. »Ich hatte das Gefühl, dass es egal ist, was ich mache, was die Rechtsanwälte vor Gericht alles ans Licht bringen und wie viele objektive entlastende Beweise es gibt. Ich hatte das Gefühl, als ob es egal ist, ob wir schuldig oder unschuldig sind, und dass wir ganz einfach zu Schuldigen gemacht werden. Ich habe mich immer mehr wie ein Bauernopfer gefühlt. Ein Bauernopfer für die Berliner Polizei und Staatsanwaltschaft, die nach den schweren Ausschreitungen beim diesjährigen ersten Mai Ermittlungserfolge oder besser gesagt Schuldige präsentieren musste und wollte. Egal ob es die Richtigen trifft oder nicht. Die Haft habe ich als sinnlos empfunden. Menschen und vor allem Jugendliche für Jahre wegzusperren bringt nichts. Ich habe dort die Erfahrung gemacht, dass eine ›Erziehung‹ dort kaum stattfindet, sondern viele einfach nur in ihrer Zelle versauern. Autorität, Isolation und ein stupider Tagesablauf bringen niemanden weiter, sondern im Gegenteil macht es einen Menschen hart, verschlossen, abgestumpft, perspektivlos und hoffnungslos!«

Nach dem Freispruch finden weder Staatsanwaltschaft noch Polizei Worte der Entschuldigung.

6 Sie waren jung und brauchten das Geld: Verdorbene Jugend

Haben Sie schon jemals im Supermarkt was mitgehen lassen? Haben Sie sich schon einmal geprügelt oder jemandem eine Ohrfeige gegeben? Vielleicht auch eine Unterschrift gefälscht? Einen Joint geraucht? Sind Sie je schwarzgefahren oder mit zu viel Alkohol im Blut Auto gefahren? Nein? Das glaubt Ihnen kein Mensch! Denn 80 Prozent der Bundesbürger und 90 Prozent der jungen männlichen Bürger lassen sich als Verbrecher überführen, wie der Konstanzer Kriminologe Wolfgang Heinz ermittelt hat. Wenn Sie gestehen und sich fragen, wie alt Sie waren, als Sie das Gesetz brachen, dann dürfte dabei wahrscheinlich die Lebensphase zwischen dem 14. und 21. Lebensjahr herauskommen. In diesem Alter wollen Heranwachsende Neues ausprobieren, sich in verschiedenen Rollen erleben. Kriminalität ist deswegen für Jugendliche und Heranwachsende völlig normal. Genauer gesagt: Das Austesten und Überschreiten von Grenzen ist geradezu eine Kerndefinition der Jugend. Verdorbene Jugend. Verhalten, das später als kriminell bezeichnet wird, ist für diese Lebensphase nahezu erforderlich. Es ist zumindest nützliches Mittel zum Zweck, um eine Richtung zu erkennen, um Charakter und Standfestigkeit zu entwickeln.

Spätestens mit dem Erwachsensein geschieht eine Metamorphose und die »Flausen« wandeln sich zu Straftaten. Vorher sind trinkende, klauende, schwarzfahrende Jugendliche eine empirische und zumeist tolerierte Tatsache. Trotzdem wächst die Angst vor der Jugend. Denn sie wird gehegt und gepflegt – die Angst, nicht die Jugendlichen. Und so sieht sie aus: »Sie sind jung, männlich, chancenlos – und gefährlich«, schreibt der *Spiegel* in seiner Titelgeschichte »Exempel des Bösen«. Das Magazin bezieht sich dabei auf die »kriminellen Migranten«.

Kurz vor Weihnachten 2007 filmt eine Überwachungskamera im Zwischengeschoss des Münchner U-Bahnhofs Arabellapark eine Szene, die später auch über die Fernsehgeräte die Empörung der Öffentlichkeit anheizen wird. Zwei Jugendliche sprinten auf einen Mann zu, treten ihn von hinten und verprügeln ihn derb. Als er schon am Boden liegt, nimmt einer der beiden Täter Anlauf und verursacht bei dem 76-Jährigen einen dreifachen Schädelbruch. Sie beschimpfen ihn als »Scheißdeutschen«. Zuvor hatte der pensionierte Schuldirektor die beiden in der U-Bahn auf das Rauchverbot hingewiesen – der Anlass für die Eskalation. Ein Aufschrei mit massenmedialem Echo geht durch die Republik. Doch eigentlich geht es nicht um diesen Fall, so schlimm er auch ist. Der ist nur ein Ventil für den Druckausgleich der Angst und für verwertbare Verallgemeinerungen. Geschehen Taten wie diese, dann treffen bestimmte Politiker regelmäßig Aussagen über die Jugendlichen und die Ausländer.

Eines der erfolgreichsten Reiz-Reaktionsmuster dieser Art reagiert sofort: Roland Koch. Für ihn zeigt sich an dem Fall exemplarisch, dass »wir zu viele junge kriminelle Ausländer haben«. In einem Interview im Januar 2008 fordert der damalige hessische Ministerpräsident – die Landtagswahlen nahen –, verurteilte Täter zwischen 18 und 21 Jahren dürften »nicht vor allem mit Verständnispädagogik behandelt werden und regelmäßig offenen Vollzug bekommen«. Koch will an seine populistische und erfolgreiche Unterschriftenkampagne zur doppelten Staatsbürgerschaft im Jahr 1999 anknüpfen. Doch diesmal stolpert er über die Fakten. Es stellt sich heraus, dass die Justizbehörden seines Landes bundesweit am wenigsten effektiv gegen Straftaten vorgehen. Mehr als vier Monate brauchen die hessischen Amtsgerichte im Schnitt, um Jugendstrafsachen zu bearbeiten. In keinem anderen Bundesland dauert es länger. Richterstellen sind gekürzt, Mittel für die Wiedereingliederung gestrichen worden – mit dem

Resultat, dass die Zahl der Gewaltdelikte wie Raub, Vergewaltigung und Körperverletzung in Hessen seit 1999 stärker steigt als in fast allen übrigen Bundesländern. Im Jahr 2006 begehen 14- bis 18-Jährige bezogen auf die Einwohnerzahl in Hessen gut 66 Prozent mehr schwere und gefährliche Körperverletzungen als noch 1999. Bundesweit beträgt der Anstieg 27,5 Prozent. Ähnlich sieht es bei der Jugendgewalt insgesamt aus. Hessen verzeichnet von 1999 bis 2006 eine Zunahme von gut 35 Prozent, das restliche Bundesgebiet dagegen nur von 12,4 Prozent.

So weit die Zahlen, und sie bedeuten den Anfang vom Ende des Hardliners Koch. Aber auch Angela Merkel empört sich ungewohnt laut und kündigt den Warnschussarrest an. Ein Jahr später setzt sie ihre Ankündigung in die Tat um. Zuvor, am 12. September 2009, prügeln zwei Jugendliche den Bauunternehmer Dominik Brunner auf dem Münchner S-Bahnhof Solln zu Tode. Die Empörung ist wieder riesig, denn Brunner stirbt an seiner Zivilcourage. Er hatte sich schützend vor vier Kinder gestellt, die von seinen späteren Totschlägern in der Bahn bedroht und attackiert worden waren. Das ist die Geschichte, die immer wiederholt wird, später gibt es Einzelheiten, die ein differenzierteres Bild zeigen. Eine Woche nach Brunners Tod jedoch kehrt in der Münchner Allianz-Arena für eine Schweigeminute Ruhe ein. Die Mannschaften spielen mit Trauerflor. Knapp einen Monat später zeichnet der damals noch amtierende Bundespräsident Horst Köhler Brunner für seinen Einsatz postum mit dem Verdienstkreuz erster Klasse der Bundesrepublik Deutschland aus. In der Politik bricht eine rechtspolitische Debatte über die strafrechtliche Einstufung von Tritten gegen den Schädel los. »Sein Tod ist ein Fanal für Deutschland«, schreibt die konservative *Frankfurter Allgemeine Zeitung*.

Zu lasche Gesetze, weg mit denen ins Gefängnis? Jeder Richter, der dies veranlasst, sorgt dafür, dass die Gesellschaft künftig unsicherer wird. Denn die Rückfallquote liegt bei rund 80 Prozent, wenn junge Verbrecher eine Jugendstrafe antreten müssen. Deswegen ist die Forderung der CDU nach einem »Warnschussarrest« – kurzer Gefängnisaufenthalt statt Bewährung – sogar schädlich für die Gesellschaft. Verschärfungen der Gesetze werden zudem von Jugendlichen überhaupt nicht registriert. Experten sprechen deswegen von einer »Gleichwirkung« aller Sanktionen bei Jugendlichen und Heranwachsenden.

Noch im Zweiten Periodischen Sicherheitsbericht der großen Koalition unter Merkel aus dem Jahr 2006 steht: »Entgegen einer weit verbreiteten Alltagsmeinung erscheinen nach dem gegenwärtigen Stand der kriminologischen Forschung die Abschreckungswirkungen von Androhung, Verhängung oder Vollzug von Strafen eher gering. Für den Bereich der leichten bis mittelschweren Kriminalität jedenfalls gilt grundsätzlich, dass die Höhe und Schwere der Strafe keine messbare Bedeutung haben.« Ebenso wie diese Erkenntnis in der Politik. Denn nur drei Jahre später, am 26. Oktober 2009, unterzeichnen die drei Parteivorsitzenden von CDU, CSU und FDP den Koalitionsvertrag der neuen schwarzgelben Bundesregierung. In der Passage zum Jugendstrafrecht steht: »Wir erkennen den Erziehungsgedanken des Jugendstrafrechts als besonders wichtig an. Zur Erweiterung und Verbesserung der pädagogischen Reaktionsmöglichkeiten bei Straftaten Jugendlicher und Heranwachsender werden wir den Warnschussarrest neben der Aussetzung der Verhängung oder der Vollstreckung der Jugendstrafe zur Bewährung einführen. Junge Straftäter erhalten damit bereits zu Beginn der Bewährungszeit deutlich die Konsequenzen weiterer Gesetzesverstöße vor Augen geführt und zugleich eine nachdrücklichere erzieherische Einwirkung. Im Jugendstrafrecht erhöhen wir die Höchststrafe für Mord auf 15 Jahre Jugendstrafe.«

Die Bundesrepublik hat sich mit dieser Gesetzeslage aus Europa verabschiedet. Selbst in Russland gilt bei Jugendlichen ein Höchstmaß von zehn Jahren im Jugendstrafrecht. Die Empörung der meisten Kriminologen und Jugendforscher versandet jedoch.

Die Kanzlerin erscheint vielen als pragmatisch und sachorientiert: kein Tamtam, keine Effekthascherei, bescheiden, naturwissenschaftlich. Doch wer auf die Details achtet, der erblickt plötzlich eine gewiefte Medienpolitikerin. Denn ein Image funktioniert dann, wenn man es gar nicht bemerkt. So ist es bei Merkel: Sie inszeniert sich so, dass sie gar nicht inszeniert wirkt. Das Jugendstrafrecht belegt, wie sehr sie politische Kosmetik schätzt, denn schärfere Gesetze sind gar nicht nötig. Die bis dato gültige Höchstjugendstrafe ist völlig ausreichend gewesen, der Strafrahmen von zehn Jahren müsste lediglich ausgeschöpft werden. Doch das Strafhöchstmaß wird zwischen 1987 und 1996 nur 74-mal verhängt, also bei weniger als 0,01 Prozent aller Jugendstrafen. Der Ziethener Kreis, ein Zusammenschluss kriminologischer Praktiker und Wissenschaftler, beklagt: »Schon Jugendstrafen von mehr als fünf Jahren sind allein erzieherisch nicht begründbar und eher kontraproduktiv.«

Tatsächlich verfolgt der Jugendstrafvollzug andere Ziele als der Erwachsenenvollzug. Durch ein Urteil des Bundesverfassungsgerichtes vom 31. Mai 2006 müssen alle Länder Jugendstrafvollzugsgesetze erlassen. Grundlage dafür bildet die Neuordnung der Beziehung zwischen Bund und Ländern, die Föderalismusreform – vorher galt seit 1953 das Jugendgerichtsgesetz. Ziel des Jugendstrafvollzugs muss es sein, die Jugendlichen zu einem besseren Lebenswandel zu erziehen. Im Urteil des Bundesverfassungsgericht heißt es: »Indem der Staat in diese Lebensphase durch Entzug der Freiheit eingreift, übernimmt er für die weitere Entwicklung des Betroffenen eine besondere Verantwortung. Dieser gesteigerten Verantwortung kann er nur durch eine Vollzugsgestaltung gerecht werden, die in besonderer Weise auf Förderung – vor allem auf soziales Lernen sowie die Ausbildung von Fähigkeiten und Kenntnissen, die einer künftigen beruflichen Integration dienen – gerichtet ist.«

Von Haftstrafen soll nur in Ausnahmen und nicht zur Abschreckung Gebrauch gemacht werden. Das hängt auch damit zusammen, dass der geschlossene Vollzug seine genannten Ziele verfehlt und nichts zur Erziehung beiträgt – im Gegenteil, wie das folgende Protokoll eines jungen Mannes zeigt.

7 Raus und wieder rein? Protokoll einer Hoffnung auf Gnade

Er hat sich für versuchten Mord zu verantworten. Er ist ein junger Mann, 19 Jahre alt, Gymnasiast, wohnhaft in Deutschland. Sein Urteil betrachten einige als überzogen – bisher war er straffrei, bei der Aktion, die ihm zur Last gelegt wird, wurde niemand verletzt. Er ist groß gewachsen, die breiten Schultern hat er sich im Gefängnis antrainiert. Denn rund sechs Monate hat er schon im Jugendknast verbracht. Seine gesamte Strafe bemisst sich aber auf fast dreieinhalb Jahre. Als ich ihn im März 2010 treffe, ist er seit einigen Wochen wieder frei. Das nennt sich »Selbststeller«: Er versucht sich zu bewähren, zu beweisen, dass für ihn Haft eher schädlich denn erzieherisch sinnvoll ist. Die Zusage für einen Studienplatz hat er in der Tasche, gerade macht er ein Freiwilliges Soziales Jahr. Die Zeit dient auch dazu, Abschied zu nehmen von dem Leben in Freiheit und den Menschen draußen und alles für ein mögliches Leben im Knast vorzubereiten. Er kann seine Lage am besten selbst beschreiben:

»Das Urteil ist noch nicht rechtskräftig. Die Chancen auf eine Bewährung stehen aber nicht gut. Das bedeutet, dass mir der Knast einigermaßen sicher ist. Wie viele Jahre ich absitzen muss und ob im geschlossenen oder offenen Vollzug, hängt davon ab, was ich mir in der Zeit, in der ich jetzt draußen bin, aufbaue. Und wie gut ich mich führe, falls ich in den Geschlossenen muss. Ich habe jetzt als Selbststeller die Chance, mein Leben noch zu klären. Irgendwann dann bekomme ich einen Brief von der Justizbehörde, die mir mitteilt, dass ich mich melden muss. Dann muss ich in Haft. Das kann man durch eine Revision oder ein

Gnadengesuch – wie es bei mir der Fall ist – versuchen zu verhindern. Ich bin wahrscheinlich ein knappes dreiviertel Jahr draußen, bevor das Urteil endgültig fällt. Momentan hilft mir reden. Denn das war keine schöne Zeit im Knast.

Ich bin darauf bedacht, mich jetzt mit so vielen Leuten zu treffen wie möglich. Auch mit denen, mit denen ich weniger Kontakt hatte. Noch mal in eine Bar gehen oder an einen See. Vielleicht bin ich bald drei Jahre drinnen, wenn es ganz schlecht läuft. So gehe ich jetzt an die Dinge ran.

Nach meiner Festnahme konnte ich meinen ersten Anruf tätigen. Ich habe meine Mutter angerufen. Dann kamen Beamte von der Kriminalpolizei. Fotos wurden gemacht und Fingerabdrücke genommen. Der Richter wollte mich zuerst mit Auflage gehen lassen. Ich sollte mich fünfmal pro Woche bei der Polizei melden. Es gab Einspruch der Staatsanwaltschaft, dem stattgegeben wurde. Dann bin ich zusammengebrochen. Ich habe nur noch geschrien, geheult, habe gezittert und eine Art Anfall bekommen. Dann hat mich ein Transporter ins Gefängnis gebracht. Bei mir wurde aufgrund der Verdunklungsgefahr – ich könnte Zeugen manipulieren – entschieden, dass ich in U-Haft komme. Oder wegen einer Fluchtgefahr aufgrund der zu erwartenden Strafe.

Als Kind wollte ich Meteorologe werden. Ich konnte schon mit zehn Jahren eine Isobaren-Karte erklären und habe jeden Tag fünfmal das Wetter beobachtet, meteorologische Institute besucht. Dass ich mal ins Gefängnis müsste, hätte ich nie geglaubt.

Doch dann war ich im Einführungshaus, wo alle zuerst ein paar Tage bleiben. Man kommt sich wie im Traum vor. Man sagt sich, wach auf! Die ersten Stunden läufst du durch die Zelle. Die ganze Zeit die Gedanken: ›Fuck, ich habe mein ganzes Leben ruiniert!‹ Ich hatte eine Freundin, dann schaut man sich die anderen Leute an. Man beginnt die anderen Häftlinge zu studieren, wie sie reden und sich verhalten. Man versucht sich anzupassen. Das muss alles recht schnell gehen, sonst geht man als Abiturient unter. Deswegen habe ich das schon ab dem ersten Tag gemacht.

Als erstes ist mir diese typische Knast-Ghetto-Sprache aufgefallen, eine Mischung aus Arabisch, Türkisch und Deutsch. Alles sehr prägnant und kurz gefasst. Keine große Kommunikation. Immer diese Wendungen: ›Yallah, was machst du?‹ und ›Ich schwör' auf mein' Koran‹. Die Sätze enden mit einem aggressiven ›ja?‹. Man muss im Knast alles immer untermauern, man muss alles immer so darstellen, als sei man felsenfest davon überzeugt.

Am ersten Tag war es warm und sonnig. Ich habe den Sonnenuntergang gesehen. Aber ich hatte Angst: Man hört eine Menge über den Knast: ›Hab keine große Klappe, zieh dich zurück!‹ ›Habe eine dominante Haltung!‹ ›Vertraue auf deinen Körperbau!‹ ›Habe eine klare, kräftige Stimme!‹ Das ist in der Theorie einfach. Es kam aber schnell heraus, dass ich Abiturient bin. Viele haben mich dann für eingebildet gehalten. Sie dachten, dass ich mich für etwas Besseres halte. Die haben sich provoziert gefühlt. Ich habe zwar keine Prügel kassiert, musste mir aber einiges anhören. Ich solle mich verpissen, solle das Maul halten und so weiter.

Im Laufe der Monate habe ich mich in diese Gesellschaft durch Anpassung integriert. Es bringt auch nichts, mit denen zu diskutieren. Viele haben da eine Meinung und sind echt stur. Dann habe ich mich in der Redensweise angepasst. Du imitierst die Verhaltensweisen der anderen. Es ist teilweise richtig primitiv. Wie in einer Orang-Utan-Bande. Man schaut sich die Alpha-Männchen an und guckt, wie die sich verhalten. Du versuchst dich eher körperlich durchzusetzen und lässt nichts auf deine eigene Meinung kommen. Die testen dich, schauen, wie weit sie gehen können. Wenn du einmal Schwäche zeigst, bist du bei denen auf dem Kieker. Deswegen musst du jede Kritik mit einem derben lauten Ton zurückweisen. Nach dem Motto: ›Alter, was du erzählst, ist scheiße und wenn du das noch einmal sagst, kriegst du was aufs Maul!‹

Wenn du allerdings deine Gruppe gefunden hast, dann kannst du einigermaßen normal reden. Die Leute akzeptieren eben, wie du bist, und du kannst dich einigermaßen normal verhalten. Allerdings musst du auch hier die Rituale einhalten: Dich hin und wieder in den Schritt fassen. Ich habe da eine richtige Rolle gespielt. Die Rolle des Abiturienten, der den Leuten hilft, aber auch klarmacht, wo seine Grenzen sind, aber sonst keine Position bezieht.

Ich habe einem Russen, der nicht lesen konnte, Briefe vorgelesen. Ich habe Leuten bei ihren Asylanträgen geholfen. Ich habe ihnen diese bürokratischen Verfahren in der Pause auf einer Bank erklärt. So habe ich mir auch Freunde gemacht. Im Schulkurs übernahm ich die Funktion eines Lehrers. Ich habe den anderen die Matheaufgaben erklärt.

Man ist um 7.45 Uhr geweckt worden, musste zur Schule. Das Niveau lag etwa bei zweiter bis dritter Klasse. Dann gab es Mittagessen und um 15 Uhr zurück. Dann eine Stunde Hofgang und eineinhalb Stunden Aufschluss. Man konnte Bücher ausleihen oder kochen. Ab 20 Uhr gab es dann diese Fenstergespräche. Ich habe dann Zeitung gelesen. Ich habe auch angefangen zu malen.

Mir ist aufgefallen, dass der Knast echt nationalistisch ist. Die Araber hängen zusammen, da gibt es Deutsche und Afrikaner, Kosovo-Albaner und die Vietnamesen. Das ist eine eingeschworene Gemeinschaft. Die haben ein Gruppengefühl.

Ich habe dann Opern gehört, um mich runterzubringen. Mit meinen Eltern pflegte ich eine Art Galgenhumor. Als allerdings das erste Bild meines kleinen Bruders kam, hatte ich einen Zusammenbruch. Ich habe in meiner Zelle einfach nur noch alles weggeschmissen und habe geheult.

Ich mache gerne Norwegenreisen. Ich habe auch schon eine Reise gebucht. Das fällt nun flach. Mit meinen Kollegen beim FSJ will ich noch einmal eine Feier machen. Ich lese viele Bücher. Ich will eine Menge Wissen einsaugen, bevor ich wieder rein muss. Ich will alles machen, was die Richter von mir überzeugen könnte, damit ich keine drei Jahre bekomme. Ich mache ein Freiwilliges Soziales Jahr, habe einen Studienplatz, engagiere mich ehrenamtlich. Wenn die jetzt sagen: Du musst demnächst wieder rein … Es ist so krass und macht mich total traurig. Ich schätze aber, dass es so kommen wird. Wie ein Abend einem das Leben so ruinieren kann. Ich hatte ja alles.

Im Knast siehst du die ganze Zeit diese zehn Meter hohen Mauern, überall die Beamten, dann der Stacheldraht. Das Leben wird dir vorgegeben, du musst nicht viel machen. Wenn man sich diesem Knastprinzip ergibt, sind die Bedingungen in Ordnung. Wenn man aber nicht mit der Situation klarkommt, man sich nicht ergeben möchte, dann ist es schwierig. Das belastet den Kopf extrem, weil man sich immer wieder fragt: Warum bin ich hier?

Ich will jetzt klarkommen mit mir selber. Will ins Reine kommen: Ich will mir nichts vorwerfen, wenn ich wieder reinkomme. Dann langsam Abschied nehmen. Mit meiner Freundin habe ich abgemacht: Die Beziehung wird sofort beendet.

Ich denke mir aber, wenn jemand einen Menschen resozialisieren will, sollte er ihn doch nicht in den Knast stecken, von den Menschen und der Gesellschaft weg. Ich habe richtig große Angst davor, dass das ansteckend ist, wenn ich rauskomme und ich mich so krass angepasst habe. Ich habe schon nach den sechs Monaten fünf Wochen gebraucht, um meine normale Art wiederzufinden, mich normal zu geben. Wie ist es dann erst in drei Jahren? Das kann ich mir momentan gar nicht vorstellen. Das hat auch mal ein Beamter zu mir gesagt. Ich sollte mich eher denen anpassen, weil es denen viel schwerer fiele, sich mir anzupassen.

Auch die Wärter haben sich über mich lustig gemacht. Sie haben mich belächelt und konnten es nicht vertragen, dass ich mit ihnen diskutiert und auch noch gewonnen habe. Sie haben das als eine Art Angriff auf ihre unangefochtene Autorität verstanden. Aber die Beamten sitzen am längeren Hebel. Es gibt einen Schalter an der Tür, der signalisiert, dass du deine Privatsphäre benötigst, weil du zum Beispiel auf Klo sitzt. Den Beamten ist das völlig egal. Die kommen rein, wann sie wollen. Gerade wenn es Frauen sind, ist das unangenehm. Auch die Durchsuchungen waren teilweise sehr gründlich. Dann wird deine Zelle komplett auf den Kopf gestellt. Dann kommst du zurück und musst alles selber aufräumen. Papiere wieder zusammensammeln. Man hat da keine Privatsphäre. Da denkt man: ›Wir sind doch auch Menschen.‹ Diese Verhaltensweise zeugt nicht gerade von Humanismus: ›Wir sind die Beamten, ihr die Häftlinge.‹ Wir sind die Scheiße. Wir haben uns darüber natürlich massiv beschwert, aber die haben uns nur belächelt. Wir können natürlich eine Sammelklage machen. Aber wofür wäre das?

Es gab echt coole Leute. Das sind Menschen, die einen Fehler gemacht haben. Ich finde es krass, dass man bei einigen jetzt schon sagen kann, dass sie eine Knastlaufbahn einschlagen. Weil sie einige Fehler gemacht haben und sich davon nicht mehr erholen werden. Sie sitzen ihre Strafe ab, kommen raus. Sie haben sich im Knast so an den Rhythmus gewöhnt, dass sie draußen nicht mehr klarkommen. Sie bauen dann wieder Scheiße und fahren wieder ein. Dann wird die Strafe höher, weil man erwachsen ist. Man wird dann Intensivtäter und Wiederholungstäter, wahrscheinlich werden einige, die ich da drinnen kennen gelernt habe, diesen Pendelverkehr machen. Das ist echt schade. Wenn man sich um diese Menschen kümmern würde, dann hätten die ein wahnsinniges Potenzial. Es gab da einen, der hatte ein extremes Drogenproblem, der war aber in Mathe ein wahres Genie. Er hatte zwar nur einen Hauptschulabschluss, aber er war in Mathe ein Genie. Er hat mir noch etwas vorgerechnet. Er ist jetzt fünf Jahre drin, wird wieder Scheiße bauen und wird nach Tegel gehen und dann geht es immer so weiter. Was soll das bringen? Soll ich meine kriminelle Energie loslassen, indem ich in einen Haufen Krimineller komme?

Im Knast baut sich eine Trotzreaktion auf. Die Gesellschaft hat mich aufgegeben. Drei Menschen im Kammergericht haben über mich geurteilt.

Ich habe mich über den Kommentar von Bushido aufgeregt. Das wäre alles zu schlaff im Knast. Die Leute wissen gar nicht, was es für ein Luxus ist, sein Leben selbstbestimmt zu leben. Man sollte einen Normalbürger eine Woche in den Knast stecken und er wird eine komplett andere Meinung haben. Sie können Knast nicht definieren. Sie haben eine Klischeevorstellung, aber sie können es nicht definieren.

Wenn man rauskommt, denkt man, man hätte es hinter sich. Das stimmt aber nicht. Ich kann manchmal einfach nicht weiter. Ich glaube: Jeder, der frisch reinkommt, den quälen Selbstmordgedanken. Eine Woche, nachdem ich rauskam, hat sich einer umgebracht. Wahrscheinlich in meiner Zelle, denn er kam frisch rein und alle Zellen waren belegt. Das zeigt, wie heftig der Knast ist und wie unbegründet die Meinung der Allgemeinheit ist.«

Im Mai 2010 kommt eine Mail des jungen Mannes: »ich habe vor kurzem erfahren, dass mein urteil rechtskräftig ist und ich die strafe antreten muss, die frage lautet nur noch wann, ich hoffe, dass es gut für mich laufen wird.« Auf eine Nachfrage reagiert er nicht mehr, keine Woche später ist er bereits eingefahren.

In Deutschland sitzen etwa 6200 Jugendliche in 27 selbständigen Jugendhaftanstalten. Bei Straftätern zwischen 14 und 24 Jahren kann das Jugendstrafrecht angewendet werden. Im Jugendstrafvollzug bilden Heranwachsende die größte Gruppe (im Jahr 2007: 47 Prozent), gefolgt von Erwachsenen (42 Prozent) und Jugendlichen (11 Prozent). Etwa 95 Prozent aller Jugendlichen in Haft sind männlich. Die Rückfallquote lässt sich aufgrund der Datenlage schlecht messen, aber nach einem Gefängnisaufenthalt liegt sie je nach Länge des als straffrei definierten Zeitraums und der herangezogenen Statistik zwischen 60 und 80 Prozent. Waren Jugendliche während ihrer Haft im gelockerten Vollzug untergebracht, begehen zirka 40 Prozent nach ihrer Entlassung wieder eine Straftat. Grundsätzlich gilt: Werden Strafen zur Bewährung ausgesetzt, bleibt das Rückfallrisiko am geringsten. Der beste Schutz der Allgemeinheit ist es, kriminelle Jugendliche auf keinen Fall in eine Institution wie ein Gefängnis zu stecken.

8 Brutal und brandgefährlich: Junge Intensivtäter, eine Epidemie?

Die Polizeiliche Kriminalstatistik ist ein Betrug. Denn bei der »Kriminalstatistik« könnten Arglose auf den Gedanken verfallen, hier würde etwas in Form von Zahlen und mathematischen Zusammenhängen über Kriminalität ausgesagt. Falsch liegen auch jene, die annehmen, hier würde die Kriminalität in Deutschland vermessen, zusammengefasst und abgebildet, hieb- und stichfest sozusagen. Auf den ersten Blick sieht es auch so aus: Laut Kriminalstatistik stieg die Anzahl der von der Polizei erfassten Tatverdächtigen in der Altersgruppe der 18- bis 20-Jährigen von 1994 bis 2006 um 84 Prozent. Von 19297 auf 35484 Täter. So steht es in einem Artikel von *Spiegel Online*. Der Anteil der Nichtdeutschen an den Tatverdächtigen beträgt 24,8 Prozent. Diese Art von Daten hat sich mittlerweile verselbständigt und untermauert die These von der brandgefährlichen Jugend. Intensivtäter, wohin das Auge blickt. Allerdings gibt es dabei ein kleines Problem: Es handelt sich um einen Irrtum.

Die Polizeiliche Kriminalstatistik bildet nicht die vermeintliche Wildnis dort draußen ab. Die Kriminalstatistik beschreibt die Aktivitäten der Polizei, sie ist eine Evaluation ihrer Arbeit, eine Schweiß-und-Fleiß-Statistik sozusagen. Das exakte Ausmaß von Jugendkriminalität lässt sich anhand dieser Daten überhaupt nicht feststellen. Nicht nur, dass sich die Gesetze permanent ändern, sich die Schwerpunkte verschieben, die Zahl der Polizisten variiert und sich das alles deutlich in der Statistik niederschlägt. In Deutschland sind diese Daten der Polizei zudem wegen unterschiedlicher Erfassungszeiträume mit den Daten der Justizbehörden überhaupt nicht und selbst miteinander, also verschiedene Jahre, kaum vergleichbar.

Ein weiterer Blick auf die Magie der Daten: 2006 werden insgesamt 5 255 494 Fälle polizeilich registriert. Eine erschreckend hohe Zahl. Wenn man allerdings genauer hinschaut, sieht man, dass manche Fälle von verschiedenen Behörden mehrfach angezeigt werden, einige Täter gar nicht strafmündig sind und dass die, die dann noch übrig bleiben, längst nicht alle verurteilt werden. Am Ende des Filters wird aus der Riesenzahl eine gänzlich andere, nämlich: 41 324. Das sind die »zu unbedingter Freiheits- bzw. Jugendstrafe Verurteilten (ohne Bewährungsstrafen)« im Jahr 2006.

Schaut man auf einen längeren Zeitraum, dann zeigt sich, dass die Anzahl der verurteilten Heranwachsenden und Jugendlichen seit etwa Mitte der achtziger Jahre im Durchschnitt sogar gesunken ist. Der Anstieg der Tatverdächtigen um 84 Prozent bleibt damit buchstäblich sagenhaft. Eine echte Roland-Koch-Zahl. In diesem Fall stammt sie allerdings aus einer Grafik von *Spiegel Online*.

In ihrer »Wiesbadener Erklärung« aus dem Jahr 2008 schreibt jedoch Kochs CDU: »Heute werden bis zu 43 Prozent der Gewaltdelikte von unter 21-Jährigen verübt.« Korrekt ist vielmehr, dass 43 Prozent der wegen Gewaltdelikten Tatverdächtigen unter 21 Jahre alt sind. Die Hessen-CDU hat mit dem Trick nicht nur die Statistik frisiert, sondern auch die Unschuldsvermutung abgeschafft. Denn in mehr als jedem zweiten Fall wird ein ermittelter Tatverdacht von der Staatsanwaltschaft als nicht beweiskräftig genug eingestuft, der vermeintliche Täter kann gehen. Das schnelle Aus für die kriminelle Karriere.

Es zeigt sich, dass die Daten der Kriminalstatistik alleine für ernsthafte Wissenschaft kaum brauchbar, für politische Zwecke allerdings umso nützlicher sind. Der Kriminologe Nils Christie schreibt: »Verbrechensstatistiken sind selbst soziale Phänomene. Sie sagen uns, was das System als Verbrechen betrachtet, womit es sich auseinandersetzt und womit es sich überhaupt auseinandersetzen kann. Diese Sicht der Verbrechensstatistik hat Konsequenzen. Sie bedeutet, daß es wenig sinnvoll ist zu fragen, ob die Kriminalität zunimmt, stabil ist, oder abnimmt. Das Verbrechen existiert nicht als gegebene Größe. Es ist keine besonders reizvolle Aufgabe, die Schwankungen im Auftreten eines Phänomens zu messen, dessen Inhalt sich mit der Zeit ändert.«[13]

Ein prägendes Merkmal für Kriminalität ist ihre Schattenbedürftigkeit, ihr innewohnender Wunsch nach Diskretion und Verschleierung. Die Kriminalstatistik hingegen ist das pralle Licht, das Hellfeld. Aufschlussreicher aber ist das Verborgene, das Dunkelfeld. Das interessiert Leute, die dem Phänomen Kriminalität tatsächlich näherkommen wollen. Deswegen bedienen sich Wissenschaftler der Dunkelfeldstudien. Wenn man das einmal verstanden hat und sich auf die Reise ins Schattenreich begibt, dann landet man irgendwann auch bei dem Konstanzer Kriminologen Wolfgang Heinz. Er ist sehr lichtempfindlich, wenn es um Kriminalitätserfassung geht. Er verweist auf interessantes Material.

Ein probates Mittel, sich mehr Klarheit über Jugendkriminalität zu verschaffen, so Wolfgang Heinz, ist es, Schüler nach ihren eigenen Erfahrungen zu fragen. Die umfassendste Wiederholungsbefragung dieser Art unternahm 2006 das Kriminologische Forschungsinstitut Niedersachsen. Es zeigt sich hier, dass Körperverletzungen zwischen 1998 und 2006 in keinem Fall zugenommen haben. Vielmehr entsteht insgesamt das Bild, dass »ein Sechstel weniger Jugendliche durch Gewalt in Erscheinung treten als noch vor sieben Jahren (von 20,1 auf 17,2 Prozent)«.[14] Die Untersuchung fußt auf der Befragung von Neuntklässlern in vier verschiedenen deutschen Städten. Daten, die Licht ins Dunkelfeld bringen, liefern auch die Unfallkassen. Hier zeigt Heinz, dass die Zahl der Unfälle bei Raufereien zwischen versicherten Schülern zwischen 1993 und 2004 sogar deutlich gesunken ist. Der Sozialwissenschaftler Loïc Wacquant schreibt bezogen auf Frankreich: Indem man »Gerangel auf Schulfluren, rüpelhaftes Benehmen im Unterricht [...] nicht als Disziplinprobleme behandelt […], sondern als Gesetzesverstöße […], indem man jeder Sekundarschule einen Polizeiberichterstatter zuweise […] haben die Behörden die Schulprobleme zu Law-and-Order-Problemen umdefiniert und sich eine Epidemie der Gewalt an den Schulen zurechtgebastelt, ungeachtet der Umfragen, die durchweg ergeben, dass sich 90 Prozent der Schüler an ihrer Schule durchweg sicher fühlen.«[15]

Insgesamt, resümiert der Kriminologe Heinz, ist zwar die die Zahl der Straftaten laut Statistik der Polizei offensichtlich gestiegen, auch die Zahl der Gewaltdelikte, doch bei Mord, Totschlag, Raub und Erpressung zeigt die Tendenz schon seit 1990 nach unten. Bei Jugendkriminalität handelt es sich also größtenteils um Bagatelldelikte wie Sachbeschädigung und Eigentumsdelikte. Spitzenreiter bei Schülern: der Ladendiebstahl. Zudem normalisiert sich diese Entwicklung, sobald die Jugendlichen ein Alter von 25 Jahren überschreiten. Es handelt sich also oftmals nicht um den Einstieg in eine Laufbahn als Berufsverbrecher, um den bedauerlichen Weg zum »Hangtäter«. Außerdem ist die Kriminalitätsrate bei Jugendlichen schon immer höher als bei Erwachsenen. Das erklärt sich bereits aus der erwähnten Eigenart der Jugend. Verzerrungen erzeugt zudem die Bereitschaft der Bevölkerung, Straftaten auch anzuzeigen. Diese Bereitschaft ist in den letzten zehn Jahren gestiegen und wächst weiter mit der Sensibilität und Aufmerksamkeit der Menschen. Wenn plötzlich mehr Tatverdächtige in Erscheinung treten, heißt das nicht, dass eine kriminelle Epidemie ausgebrochen ist. Es ist vielmehr so, dass diese Aufmerksamkeit den kompletten Anstieg bei Körperverletzungen in der Statistik erklärt: »Die schon seit langem festzustellende statistisch starke Zunahme bei Körperverletzungen dürfte auf eine Intensivierung der polizeilichen Ermittlungstätigkeit und auf verändertes Anzeigeverhalten zurückzuführen sein.« So steht es in der Polizeilichen Kriminalstatistik – seit Jahren.[16]

Problematisch sei, bemängelt der Forscher Heinz, dass es in Deutschland keine kontinuierliche Dunkelfeldforschung gebe, die etwa die Kriminalstatistik begleiten würde. Er nennt das eine »Kriminalpolitik im Blindflug«.

In einem Vortrag weist der Forscher auf ein anderes erstaunliches Phänomen hin. Nur ein kleiner Teil der Jugendlichen (fünf bis zehn Prozent) ist für 40 bis 60 Prozent aller Taten der jeweiligen Altersgruppe verantwortlich. Fünf bis zehn Prozent der Täter lassen ein falsches, aber weit verbreitetes Bild von einer Jugend entstehen, die immer brutaler geworden sein soll. Wie schaffen sie das bloß?

9 Der Schrecken der Scheinriesen: Medien und Mörder

Gäbe es eine Versicherung, die Menschen gegen die Folgeschäden eines lange währenden Zynismus schützen würde, für Journalisten wären die Beiträge indiskutabel. Ein häufiger Dialog in einer Redaktion. Nachrichtenredakteur: »Anschlag in Afghanistan, meldet die Agentur.« Chef vom Dienst: »Wie viele Tote?« Redakteur: »Zehn.« Chef: »Das ist keine Nachricht, bei 30 reden wir über ein Thema. Was gibt es sonst?« Ende des Dialogs. Wäre es ein Toter bei einem Anschlag auf Mallorca, hätte sich der Wert der Nachricht für den Chef vom Dienst wieder erhöht. Die Insel gilt als deutsches Bundesland und ein Toter auf deutschem Boden wäre sogar sensationell, mindestens eine ganze Seite wert. Das ist zynisch, aber auch professionell. Zumindest formal betrachtet.

Es spräche nichts dagegen, sich über erprobte Normen des Journalismus hinwegzusetzen. Das erfolgreichste Magazin der Welt, der *Economist*, tut dies. Chefredakteure weltweit machen sich Gedanken darüber, wie man die verfluchte Holzzunft in das Elektrozeitalter mitschleppen kann. Die meisten kommen auf die gleiche Idee und heuern die gleichen berühmten Layoutpäpste an wie die Konkurrenz. Sie finanzieren deren zur Schau gestellte Erfolgssucht, damit diese verschwurbelt mehr Luft zwischen den Zeilen, mehr Weißflächen auf den Seiten, eine opulente Optik, große Bilder, Texte vielleicht als dekorative Häppchen predigen können. Der *Economist* macht das genaue Gegenteil: Fotos sind wie Briefmarken und die Texte in Mikroschrift gesetzt, um mehr Inhalt unterzubringen.

Normbruch lässt sich auch als eine Teildefinition von Kreativität auffassen. Normbrecher sind also nützlich für Erneuerung. Ohne die Normbrecher der Französischen Revolution – Verbrecher also – müssten wir vermutlich jeden Tag Berichte über einen debilen Monarchen lesen, der das Deutsche Reich zum Gähnen bringt. Allerdings funktioniert Normbruch nur begrenzt. Nach der Französischen Revolution war Demokratie keine Verletzung der Norm, sondern die Norm selbst.

Das Überschreiten von Grenzen hat selbst Grenzen. Wenn Zeitungen angesichts der vielen Toten nur noch über Afghanistan oder folgerichtig über Mexiko berichten würden, dann hätten sich die Sorgen um die Zukunft der Printerzeugnisse erledigt, weil die Menschen vermutlich lieber in einer Diktatur leben, als sich so langweilen zu lassen. Das bedeutet, dass Journalisten zwar Berufszyniker sind, dies aber auch aus Respekt vor ihrer Leserschaft. Die will in der Mehrheit News, die packend sind, anders, Geschichten über Menschen, über Verfehlung, Schuld und Sühne, Katastrophen, Tote, Verbrechen.

Verbrecher? Wie schön, dass wir sie haben! Sie unterhalten uns, wir gruseln uns. Das wirkt sich jedoch auch auf unsere Wahrnehmung aus. Denn das Bild, das sich Menschen von der Welt machen, entsteht nicht primär durch Reisen nach Afghanistan, in den Irak oder durch Ausflüge in staubtrockene Gerichtssäle. An das Wissen kommen die meisten secondhand, vermittelt durch Medien.

Eine Umfrage unter Kindern ergab Ende der neunziger Jahre, dass ein Drittel der befragten kleinen Konsumenten der Meinung war, Kühe seien lila. Danke, Milka. Das wollen Werbemenschen hören. Der amerikanische Mathematiker und Begründer der Kybernetik Norbert Wiener stellte in den sechziger Jahren die waghalsige These auf, dass Information als eigenständige Ressource zu behandeln sei, die als Bestandteil der Welt neben Materie und Energie trete. Heute leben wir in einer Informationsgesellschaft, wir selbst gelten als Information. Die *Frankfurter Allgemeine Zeitung* hat uns im Jahr 2000 sogar auf sechs ganzen Seiten abgedruckt. »Craig Venters letzte Worte«, lautete die Überschrift, und dann folgen die letzten 0,1 Prozent der menschlichen Genomsequenz, die der Forscher entschlüsselt hatte. Heute lacht niemand über Wiener, heute bestimmen Informationen unseren Alltag. Doch der richtige Umgang fällt schwer.

Wie wird aus einem Ereignis eine Information und eine Nachricht? Der Bielefelder Universalgelehrte Niklas Luhmann hat sich das auch gefragt. Seine Antwort: »Die Überraschung wird durch markante Diskontinuität verstärkt. Die Information muss neu sein. Sie muss mit bestehenden Erwartungen brechen. Bevorzugt werden Konflikte. Konflikte haben als Themen den Vorteil, auf eine Ungewissheit anzuspielen. Ein besonders wirksamer Aufmerksamkeitsfänger sind Quantitäten. Auch Normverstöße verdienen besondere Beachtung. Dies gilt für Rechtsverstöße, vor allem aber für Moralverstöße.«[17]

So kommt etwas in die Zeitung oder ins Fernsehen. Die vielen Schnipsel, die uns dann erreichen, fügen wir zu einem Bild zusammen und stellen uns vor: Das muss wohl die Welt da draußen sein.

Natürlich sind die Menschen nicht so dumm zu glauben, alles wäre genau so, wie das Fernsehen es behauptet. Sie sind längst geschulte Mediennutzer. Wahr ist aber auch, dass das, was nicht in den Medien erscheint, auch nicht existiert. Und würden Menschen bei jeder Nachrichtensendung ständig innehalten und an die eigene Vernunft appellieren – »Vergiss bitte nicht: Objektivität ist eine Erfindung! Was du hier siehst, ist wieder nur eine mediale Auswahl, ein Ausschnitt, der dir gezeigt wird, weil er im Sinne Luhmanns als eine markante Diskontinuität funktioniert!« –, das Fernsehen hätte sich erledigt. Dem Fernsehen wird also geglaubt, und deswegen stimmt der Satz Luhmanns auch, die Realität sei zur »Realität der Massenmedien« geworden.

Medien verkaufen eine Wirklichkeit. Weil sie das Weltgeschehen nicht verdoppeln wollen, treffen Redakteure eine Auswahl. Dafür haben sie bestimmte Kriterien. So, wie man ein eigenes

Erlebnis nicht Punkt für Punkt detailgetreu nacherzählt, so wählen auch Journalisten Themen für ihre Erzählungen aus. Sie überlegen, was Leser interessieren könnte und was eine Nachricht ist. Im günstigen Fall ist dies nicht einseitig und sagt auch einiges über die Welt aus. In bestimmten Berichtsgebieten werden jedoch fast zwangsläufig professionelle Deformationen und damit Scheinriesen erzeugt. Zum Beispiel in der Berichterstattung über Verbrechen.

Niemand würde sich eine Reportage anschauen, die zeigt, wie es immer sicherer in Deutschland wird. Kein Mensch will täglich Geschichten über Ladendiebstähle oder verbrecherischen Fahrradraub lesen. Würde realitätsnah berichtet, dann müsste der Schwerpunkt aber genau hier liegen, denn das sind die Delikte, die am häufigsten geschehen. Viel interessanter sind jedoch Mord, Entführung, Vergewaltigung, hier gibt es Dramen und moralischen Verfall, die sich inszenieren lassen, hier gibt es Spannungsbogen, Klimax und bestenfalls die Auflösung. Ein Journalist mag schreiben können wie Dostojewski, einer Sachbeschädigung den Sexappeal eines kühnen Bankraubs abzugewinnen, das schafft auch er nicht. Aus dem gleichen Grund schrieb auch der traurige Russe *Schuld und Sühne* und nicht *Kreditbetrug und Kraftfahrzeugklau*.

»Sex and Crime« ist in den meisten Medien eine harte Nachricht. In Michael Endes Kinderbuch *Jim Knopf und Lukas der Lokomotivführer* tritt eine Gestalt auf, die einen interessanten Effekt gut beschreibt: der »Scheinriese« Herr Tur Tur. Je weiter man von ihm entfernt ist, desto größer ist er. Nur wer sich ganz nah an ihn heranwagt, erkennt, dass er genauso groß ist wie andere Menschen. Weil sich das aber niemand traut, ist Herr Tur Tur sehr einsam. Herrn Tur Tur geht es wie der Mehrheit der Gefangenen. Auch Ausnahmeerscheinungen wie Serienmörder sind keine Monster, wie wir noch sehen werden.

Herr Tur Tur hat auch einiges mit dem Bild der verlotterten Jugend und der Angst der Gesellschaft vor Kriminalität zu tun, denn hier lassen sich ähnlich fantastische Verzerrungen der

Größenordnung feststellen, wie folgende Studie zeigt. Sie stammt zwar aus dem Jahr 2004, was aber der Tendenz keinen Abbruch tun dürfte, die Ergebnisse wurden im Jahr 2007 vom Kriminologischen Forschungsinstitut Niedersachsen bestätigt. Die Studie geht der Frage nach, wie Medien die Furcht der Bevölkerung vor Kriminalität bestimmen. So gehen in dem gemessenen Zeitraum zwischen 1993 und 2003 die Straftaten insgesamt um drei Prozent zurück. Die Befragten glauben aber, es seien 18 Prozent mehr an Straftaten geschehen – eine Kluft von 21 Prozent. Die Diebstähle gehen um 71 Prozent zurück, die Bürger glauben, sie würden um 47 Prozent wachsen. Die Zahl der Morde verringert sich um 41 Prozent, die Befragten schätzen ein Plus von 26 Prozent. Die erstaunlichste Ziffer bildet der Sexualmord, hier zeigt die krasseste Divergenz. Geschätzt wird ein Wachstum von 259 Prozent, statistisch erfasst sinkt die Zahl jedoch um 38 Prozent. Fast 300 Prozent Unterschied![18]

Diese Daten verdeutlichen, dass das Bild, welches sich Menschen von Kriminalität machen, nichts mit dem zu tun hat, was tatsächlich passiert. Das Risikoempfinden ist von konkreten Gefahren völlig losgelöst.

Der Frankfurter Strafrechtsprofessor Peter-Alexis Albrecht schreibt zu dem oftmals zitierten Satz »Alle drei Minuten passiert eine Straftat in Deutschland« Folgendes: »Übersehen wird, dass sich das Risiko der Gewaltkriminalität auf 81 Millionen Köpfe verteilt. Setzt man dazu die Gesamtzahl der polizeilich registrierten Gewaltdelikte in Bezug, ergibt sich ein individuelles Kriminalitätsrisiko von 0,219 Prozent pro Jahr. Anders ausgedrückt: Der Mensch müsste im statistischen Durchschnitt 457 Jahre alt werden bis ihn das erste – registrierte – Gewaltdelikt (wozu überwiegend die gefährliche Körperverletzung zählt) trifft.«[19]

Eine Erklärung – nicht die alleinige – für die Angst vor Kriminalität liefert der Blick in das Fernsehprogramm. Der *Tatort* flimmert nicht mehr nur am Sonntag, sondern jeden Tag auf einem anderen Regionalprogramm. Wir schauen *Prison Break*, wir bibbern bei *Aktenzeichen XY* (alles echt), irgendwo ermitteln

Quincy oder Fitz und abgeurteilt werden die Verbrecher montags bis freitags um 11 Uhr und 15 Uhr auf Sat.1 bei Barbara Salesch. Verbrechen ist ein Kernproblem in Deutschland. Zumindest laut Fernsehzeitschrift.

Nachrichten und Unterhaltung verwischen zudem. Es gibt dafür eine eigene Technik, das so genannte Reenactment, die Nachstellung von Szenen. Reicht zum Beispiel bei historischen Dokumentarfilmen das Originalmaterial nicht aus – manchmal geht es auch nur um Dramaturgie –, dann kommen Schauspieler zum Einsatz. Da stellt sich für den Zuschauer die Frage: Was ist gestellt, was ist echt? Eine Kernfrage, wenn es um Kriminalität geht. Denn unser Urteil über Kriminalität bilden wir uns in der Regel nicht aus der eigenen Anschauung. Was wir über Mord und Totschlag wissen, entnehmen wir den dokumentarischen und fiktionalen Verzerrungen der Medien.

Das könnte als Medienschelte missverstanden werden. Aber Medien arbeiten nicht im luftleeren Raum und zur zirkulären Befriedigung der eigenen Blutrünstigkeit. Weil viele Menschen gerne Geschichten über andere Menschen lesen, sorgen Journalisten dafür, dass dieses Bedürfnis gestillt wird. Journalisten wollen ihren Beruf weiter ausüben und haben natürlich auch ein narzisstisches Interesse daran, dass ihre Geschichten gelesen werden. Also personalisieren sie die Story. Sie suchen sich einen Einzelfall, der bestenfalls exemplarisch funktioniert, und dieser Einzellfall wird der rote Faden für ihre Geschichte. Bei seriösen Presseerzeugnissen lernt der Leser so etwas über ein Phänomen, beispielsweise über Drogenabhängigkeit bei Jugendlichen. Er kennt danach die Zahl der Abhängigen, weiß, wo die Brennpunkte sind, woher der Stoff kommt, wer davon profitiert, wer dafür bezahlen muss und welche Konsequenzen das für einen Betroffenen haben kann. Das ist Journalismus, der ein Handwerk redlich einsetzt, um den Leser für ein Thema zu begeistern.

Anders funktioniert der Boulevardjournalismus. Dazu ein Beispiel aus dem hohen Norden: Die Gefangenenraten schwanken zwischen den Bundesländern erheblich, selbst bei ähnlicher

Struktur. Die Entwicklung der Rate von Hamburg zeigt, dass nicht nur Verbrechen Menschen ins Gefängnis bringt, sondern auch Politik und Medien. 2003 erreichte Hamburg einen absoluten Spitzenwert mit einer Rate von rund 180 Gefangenen pro 100 000 Einwohner – ein Niveau wie in einigen Ländern Osteuropas. Ab 2003 fällt die Kurve, als gingen der Stadt plötzlich die Verbrecher aus. Die Rate ist bis heute um 30 Prozent auf 109 Gefangene gesunken. Verschwanden also die zwielichtigen Gestalten alle 2003 aus Hamburg? Nein, nur manche. Der bis 2003 amtierende oberste Verbrechensbekämpfer, Ronald Barnabas Schill etwa. Er wurde im Dezember wegen zahlreicher Skandale und Schmierenaffären aus seiner Partei ausgeschlossen. Zwischen 2001 und 2003 war der Rechtspopulist in Hamburg als Zweiter Bürgermeister und Innensenator tätig. Ein kurzer Rückblick auf ein dunkles Kapitel der Rechtspolitik.

Schill gewinnt die Bürgerschaftswahlen 2001 mit dem Versprechen, die Kriminalität innerhalb von 100 Tagen zu halbieren, Sexualstraftäter zu kastrieren und pflichtschuldige Eltern mit strafrechtlichen Sanktionen zu bedrohen. Hamburg hat in den Medien zu dieser Zeit den Titel »Hauptstadt des Verbrechens«. Die Bevölkerung ist also pünktlich zum Wahlkampf beunruhigt. Das zeigt eine Umfrage, die damals während des Wahlkampfes der Düsseldorfer Sozialwissenschaftler Karl-Heinz Reuband unter rund 700 Einwohnern Hamburgs, Düsseldorfs und Dresdens durchführt. In Dresden halten zu dem Zeitpunkt sechs Prozent die Kriminalität für ihr wichtigstes Problem, in Düsseldorf 17 Prozent – und in Hamburg mehr als die Hälfte. Die »Mobilisierung der Bürger durch Akteure des politischen Geschehens und die Medien«, folgert Reuband damals in der Wochenzeitung *Die Zeit*, habe die Hamburger ihrer inneren Sicherheit beraubt; nicht die Kriminalität. 19,4 Prozent geben daher auch Ronald Schill ihre Stimme, regelmäßige *Bild*-Leser sind bei seinen Wählern stark überrepräsentiert.

Der Populist erfährt auch so Unterstützung durch den Springer-Konzern. *Bildblog* hat die Affäre nachgezeichnet: 1996 taucht Schill, der später in Rio de Janeiro abtaucht, in der Hamburger Presse auf und wird von da an von der *Bild-Zeitung* unterstützt. Zwischen 1999 und 2001 lief ein Verfahren wegen Rechtsbeugung gegen Schill. Ihm wurde vorgeworfen, bewusst den Rechtsschutz eines Gefangenen unterlaufen zu haben. Es ging um den Vorwurf, eine Beschwerde gegen eine Ordnungshaft nicht weitergeleitet zu haben. Die Zeitverzögerung führte dazu, dass der Verurteilte seine Haft absaß, bevor das Oberlandesgericht über die Rechtmäßigkeit der Verhaftung überhaupt entscheiden konnte. Die »sachfremden« Erwägungen, eine bewusste Verzögerung etwa, konnten Schill nicht nachgewiesen werden. Zur Anklageerhebung schreibt *Bild*: »Rechtsbeugung? Freiheitsberaubung? Da gibt es einen, der die öffentliche Ordnung wiederherstellen wollte. Richter Ronald Schill.« Kurz darauf steht laut *Bildblog* im Revolverblatt: »In der Bevölkerung wächst das Unverständnis darüber, dass vor den Gerichten die Täter häufig mehr Verständnis finden als die Opfer. Vor allem, wenn es um Jungkriminelle geht. In der Bevölkerung wächst das Unverständnis darüber, dass ausländische Verbrecher ihren Handel immer öfter auf offener Straße mit Waffengewalt austragen. Die Polizei scheint machtlos. Richter Schill spricht diese Sorgen der Menschen an, verspricht Abhilfe.«

Richter Gnadenlos Schill wird dann mit rund 20 Prozent gewählt. Ende 2002 berichtet die *Hamburger Morgenpost*, dass die Frau des Redakteurs, der Ronald Schill lange freundlich begleiten durfte, in der Justizbehörde eine Stelle bekommt. Die *taz* titelt: »Gefälligkeitsdeal für wohlgesonnenen *Bild*-Reporter«. Das Ganze zieht schließlich parlamentarische Ermittlungen nach sich. Später kann die *Bild-Zeitung* ihren Reporter nicht mehr halten. Er muss seinen Arbeitgeber nach weiteren Medienberichten über seine Machenschaften verlassen. Ein Jahr später verschwindet Schill in der Versenkung.

Der Boulevard ist zwar nicht immer korrupt, aber er lebt davon, aus einem Ereignis einen Skandal zu machen. Skandalträchtig ist etwas, das Entrüstung hervorruft, weil die Moral der

Allgemeinheit verletzt wird, weil Grenzen übertreten werden, die andere einhalten. Gerade Kriminalität eignet sich besonders gut, so ausgeschlachtet zu werden. Hier gibt es einen Täter (das Monster) und ein Opfer. In einer Welt, die ohnehin kompliziert genug ist, bietet naive Schwarz-Weiß-Malerei Überschaubarkeit. Es fällt ohne Nachdenken leicht, sich auf die Seite des Opfers zu stellen und den Täter zu beschimpfen. Man kann sich mit dem Opfer identifizieren, mitfühlen, jedem wurde schon mal Leid zugefügt. Und der Täter hat sich ja nachweislich schuldig gemacht. Täter und Opfer, das wird später noch deutlicher werden, funktionieren wie der klassische Antagonismus von Licht und Schatten, von Gut und Böse. So macht der Boulevard mit urwüchsigen Ängsten Millionen. Und weil diese Geschichten nicht nur einmal gut funktionieren und Reporter keine Soziologen im Auftrag der Repräsentativität sind, finden der Boulevard seine Grusel-Storys nahezu täglich – und damit die Millionen von Lesern, für die sich ein Fenster öffnet mit Blick auf ein Deutschlandpanorama, das aus Heiligen und Kinderschändern besteht.

Weil auch andere Medien mit ähnlichen Techniken arbeiten und das öffentliche Interesse an Kriminalität berücksichtigen – auch wenn sie in der Regel ihren journalistischen Ethos nicht mit materiellen Interessen verwechseln –, verbreitet sich die Ansicht, dass es hier ein ernstes Problem in Deutschland gibt. Allein die Tatsache, dass aus Gründen des unterstellten Leserinteresses überproportional häufig über bestimmte Delikttypen berichtet wird, verursacht diese Verzerrungen. Dennoch glauben Menschen, die mehrmals in der Woche eine anspruchsvolle überregionale Tageszeitung lesen, weniger an diese Kriminalitätsepidemie. Mehrere Studien des Forschungsinstituts Niedersachsen zeigen aber ziemlich offensichtlich, wie sich der Konsum von »Nachrichten« des Privatfernsehens auswirkt: Wer zu viel davon abbekommt, neigt deutlich dazu, Kriminalität zu überschätzen.[20]

So wächst der kriminelle Scheinriese. Politikern hilft er im Wahlkampf, aber selbst sie lassen sich in die Irre führen. Studien aus den USA und Großbritannien belegen den Einfluss der öffentlichen Meinung und somit der Verleger auf die Gesetzgebung. Einige Gesetzesanträge und Entschließungen der Länderparlamente zeigen, dass bei Volksvertretern zumindest vorgeblich ähnlich falsche Vorstellungen herrschen wie in der Bevölkerung – wie etwa eine Entschließung des Bundesrates zur Bekämpfung der Jugendkriminalität aus dem Jahr 2008: »Die jüngsten Fälle von Jugendgewalt haben bundesweit für Aufsehen gesorgt. Die Tatsache, dass im Bereich der Gewaltkriminalität junger Menschen in den letzten Jahren zum Teil deutliche Steigerungen zu verzeichnen sind, zeigt, dass es sich hierbei nicht um seltene Ausnahmefälle handelt.« Doch, genau das sind sie. Würden Politiker ihr Handeln weniger am Boulevard orientieren und mehr auf Experten hören, könnten solche Fehleinschätzungen und daraus resultierende dauerhafte Schäden – wie gerade bei den Verschärfungen zur Sicherungsverwahrung zu sehen (siehe Kapitel 24) – verhindert werden.

Das beschriebene Phänomen ist nicht neu. Schon in den neunziger Jahren hat eine Studie des Instituts für Demoskopie Allensbach gemessen, dass 80 Prozent der Bevölkerung von einer Zunahme der Kriminalität in Deutschland ausgehen. Gerade Menschen mit intensivem Fernsehkonsum neigen hier zu drastischen Überschätzungen. Diese dauerhaften Fehleinschätzungen wiederum veranlassen die Menschen zu einem Urteil über Straftäter, das bereits auf einer falschen Grundlage fußt. So kommt eine Forschergruppe des Kriminologischen Instituts Niedersachsen zu dem Ergebnis, »dass sowohl die Kriminalitätsfurcht als auch die wahrgenommene Kriminalitätsentwicklung signifikante Effekte auf das Strafbedürfnis aufweisen«. Dieses Bedürfnis nach härteren Strafen nimmt mit dem Konsum von anspruchsvollen Tageszeitungen wieder ab. »Bei höherer Fernsehnutzung sind die Befürwortung von härteren Strafen und der Todesstrafe stärker«, heißt es in der Studie aus dem Jahr 2007. Und an dem Befund ändert auch ein höherer Bildungsgrad nichts gravierend.

Die Menschen fühlen sich unsicher. Das passt nicht zur aktuellen Kriminalstatistik für das Jahr 2009: Die Zahl der Morde bleibt nahezu konstant bei rund 2277 (Vorjahr: 2266), ebenso Vergewaltigung und sexuelle Nötigung bei 7314 (7292). Die Zahl der Raubdelikte geht zurück auf 49317 Fälle (49913), gefährliche Körperverletzung auf 149301 (151208). Die Gewaltkriminalität sinkt insgesamt auf 208446 (210885) durch die Polizei aufgeklärte Fälle. Diebstahl, Betrug, Wirtschaftskriminalität machen übrigens rund 3400000 Fälle aus. Der sexuelle Missbrauch von Kindern liegt auf dem niedrigsten Stand seit 1993, insgesamt wurden 2009 zwei Kinder Opfer eines sexuellen Missbrauchs mit Todesfolge.

Der ausgeprägte Wunsch nach Strafe ist aber nicht nur mit medialen Verzerrungen zu erklären. Das öffentliche Bild von Kriminalität ist zwar gefärbt von journalistischen Techniken und Dramatisierungen, aber auch von neuen gesellschaftlichen Unsicherheiten, auf die später noch eingegangen wird. Doch vorher machen wir einen Abstecher in den größten Knast der Republik.

Vollzug für harte Jungs und böse Mädchen

10 Landung auf Planet Tegel: Der größte Bau, wenig erbaulich

Von einem Satelliten aus betrachtet erinnert die Anstalt Tegel an eine Industrieansiedlung, in deren Mitte eine Kirche mit zwei Türmen steht. Drei Kreuzbauten an der nordöstlichen Stirnseite, dazu längliche Gebäude wie Hallen. 16 Betriebe gibt es hier, Straßen und Wege durchziehen den Komplex, Brachflächen dazwischen, Alt- und Neubauten, die wie vergitterte Hochhäuser aussehen. Sechs Teilanstalten sortieren Gefangene nach Delikt und Strafmaß. Das Architekturensemble wurde über Jahre zusammengewürfelt; eklektizistischer Freiheitsentzug auf einer Fläche von 130 000 Quadratmetern, also rund 14 Fußballfelder, von der Welt draußen abgeschottet durch eine fast anderthalb Kilometer lange Mauer, die nur ein gutes Dutzend Wachtürme durchbrechen. An manchen Abschnitten verlängert ein Drahtzaun die Mauer nach oben, von typischen Sperrdrahtrollen gekrönt. Drinnen dann Trakte, Gänge, Gitter, Zellen, Türen, Schlösser, Tristesse. Von allem zu viel. Planet Tegel. So nennen die Häftlinge diesen Strafraum. Es ist die größte geschlossene Anstalt in Deutschland, etwa 1600 Insassen aus rund 70 Staaten büßen hier ihre Strafe ab. Der Ausländeranteil liegt bei 30 Prozent. 489 Mitarbeiter arbeiten im Vollzugsdienst, davon 106 Frauen. Zählt man den höheren Dienst, Verwaltungsbeamte und Krankenpfleger dazu, sind es 822 Mitarbeiter. Ein »Städtchen« also mit gut 2400 »Einwohnern«, eingebettet in ein Waldstück. Und im Süden geht es in den Urlaub – hier starten und landen die Flugzeuge wie als zusätzliche Strafe.

Der erste Häftling wurde am 1. Oktober 1898 in seine Zelle des Königlichen Strafgefängnisses Tegel geführt. 1929 verließ der berühmteste Gefangene die Anstalt: »Er stand vor dem Tor des Tegeler Gefängnisses und war frei. Gestern hatte er noch hinten auf den Äckern Kartoffeln geharkt mit den anderen, in Sträflingskleidung, jetzt ging er im gelben Sommermantel, sie harkten hinten weiter, er war frei. Er ließ Elektrische auf Elektrische vorbeifahren, drückte den Rücken an die rote Mauer und ging nicht. Der Aufseher am Tor spazierte einige Male an ihm vorbei, zeigte ihm seine Bahn, er ging nicht. Der schreckliche Augenblick war gekommen [schrecklich, Franze, warum schrecklich?], die vier Jahre waren um. Die schwarzen eisernen Torflügel, die er seit einem Jahr mit wachsendem Widerwillen betrachtet hatte [Widerwillen, warum Widerwillen?], waren hinter ihm geschlossen. Man setzte ihn wieder aus. Drin saßen die anderen, tischlerten, lackierten, sortierten, klebten, hatten noch zwei Jahre, fünf Jahre. Er stand an der Haltestelle. Die Strafe beginnt.« Der Anfang von Alfred Döblins bildrauschhaftem Roman *Berlin Alexanderplatz*. Franz Biberkopf wird ausgespuckt aus der unselbständig machenden Fürsorge der Verwahrung. Die rote Mauer und die eisernen Torflügel gibt es heute noch am Tor 1. Und die Gefangenen, die im innern die Beete harken, auch.

»Je größer ein Gefängnis«, sagt Rafael Galejew, »desto unregierbarer.« Der Mann ist Mitarbeiter der JVA Tegel, früher als Beamter im Vollzug tätig, heute führt er Jurastudenten durch den Komplex. Eine junge Frau hat trotz schriftlicher Aufforderung ihren Personalausweis vergessen. Zunächst glaubt sie noch, das werde schon nicht so schlimm sein, schließlich bürge der Professor, der die Gruppe angemeldet habe. Auch der Staatsanwalt sei informiert, insistiert sie selbstsicher. JVA-Mann Galejew aber enttäuscht die angehende Juristin: »Das ist entgegen weitläufiger Meinung kein Freizeitpark hier. Ohne Personalausweis kommen Sie nicht rein.« Die anderen tauschen ihren Ausweis mit einem Besucherschein aus dicker Pappe und dürfen passieren. Durch eine Panzerglastür betreten die Besucher die Haftanstalt.

Der Tagesablauf hier ist bis auf die Minute genau geregelt. Dieser Montag im April 2010 gleicht jedem Montag in jedem Jahr, ob nächste Woche oder am 7. April 2025. Folgendes wird sehr wahrscheinlich passieren:

6.25 Uhr: Wecken zur Lebendkontrolle
7.00 bis 11.30 Uhr: Arbeit
11.30 bis 11.55 Uhr: Essensausgabe und Einschlusszählung
12.10 bis 15.00 Uhr: Arbeit
15.00 bis 16.00 Uhr: Freistunde auf dem Hof
16.45 Uhr: Zählung auf der Station
16.45 bis 18.00 Uhr: Einschluss
18.00 bis 21.45 Uhr: Aufschluss

Von dieser minutengenauen Taktung wird nicht abgewichen. Außer donnerstags und sonntags: Dann gibt es ab 18.00 Uhr keinen Aufschluss, im Sommer kommt eine Freistunde dazu. Historisch hat diese zeitliche Disziplinierung ihren Ursprung im Kloster, in der Fabrik und im Zuchthaus; verwaltungstechnisch lassen sich so besonders praktikabel große und als unberechenbar geltende Menschenmengen steuern und koordinieren.

Galejew führt durch die einzelnen Teilanstalten. Innen sieht es aus wie im Knast von Alcatraz. Drei Stockwerke, die von unten bis nach oben einsehbar sind, Galerien, von denen die Zellen abgehen. An den Geländern lungern junge Gefangene, Stahltreppen führen nach oben, ein Mann in Jogginghose schlurft dort hoch. Zwischen den Galerien ist eine Art Netz gespannt, das von der Struktur einem handelsüblichen Maschendrahtzaun gleicht. Sein Zweck besteht darin, Selbstmorde oder »Unfälle« zu verhindern.

Angeordnet sind die Gänge wie ein Kreuz. Am kürzesten Ende sitzt ein Beamter in seinem Kabuff und hat die Gänge im Blick. Vor ihm hängt eine Glocke für den Anstaltsalarm. So sah es hier schon vor hundert Jahren aus.

Das Verfassungsgericht hat 2009 258 Zellen von Haus 1 als menschenrechtswidrig eingestuft. Sie sind nur gut fünf Quadratmeter groß. Diese Teilanstalt muss geschlossen werden – sobald das neue Gefängnis Heidering fertig ist. In etwa 170 doppelt belegten Zellen müssen die Häftlinge deswegen unterschreiben, dass sie diese Unterbringung »freiwillig« akzeptieren. 35 Prozent der Häftlinge in Tegel sind in Mehrfachbelegung untergebracht.

Tegel sieht nicht nur aus wie ein Knast vor 100 Jahren, es hat auch einen miesen Ruf bei den Gefangenen: die alten Gemäuer, die drückende Atmosphäre, die Menschenmassen, der Lärm und der Gestank. Nichts erinnert in diesem tristen Gebäude an ein Hotel, an Luxus oder die Annehmlichkeiten eines betreuten Wohnens. Dennoch hält sich dieses Vorurteil. Es hat sich in die Köpfe der Menschen verpflanzt. Auch bei denjenigen, die einmal in der Justiz tätig sein werden. Eine regelmäßig unter Studienanfängern im Fach Jura durchgeführte Umfrage zeigt, dass die angehenden Juristen am Beispielfall eines Affekt-Totschlags über die Jahre zunehmend längere Strafen verhängen würden. Selbst bei den Juristen besteht also der Wunsch nach härteren Strafen.

Galejew sagt, vom Strafvollzug hätten selbst Juristen keine Ahnung. Das Gefängnis würden viele nur aus dem Fernsehen kennen, was nach dem Urteil passiert, bleibe verborgen. »Die Isolierung eines Menschen ist schädlich. Wenn man nichts dagegen tut, degeneriert der Mensch«, sagt Galejew. Er referiert Statistiken. In Berlin gibt es neun Gefängnisse mit 5300 Inhaftierten, rund 250 davon weibliche Gefangene, 1140 Gefangene sind im offenen Vollzug untergebracht; »unschuldig« arbeiten rund 2900 Mitarbeiter der Justizvollzugsanstalten hinter Mauern, 1000 davon Frauen. In der Untersuchungshaftanstalt Moabit sitzen 1100 Inhaftierte. Weil in ihrem Fall Verdunklungsgefahr besteht und die Sicherung des Verfahrens den Vorrang hat, bleiben diese Inhaftierten fast immer 23 Stunden weggeschlossen. Im Schnitt gibt es sechs Selbsttötungen in Berliner Gefängnissen im Jahr.

In Deutschland befanden sich 2009 rund 75 000 Menschen in Haft, das entspricht einer Gefangenenrate von 91 je 100 000

Bürger. Im Maßregelvollzug der psychiatrischen Anstalten und Entziehungsanstalten haben sich die Zahlen der Straftäter allerdings seit 1980 auf 9251 verdreifacht. Würde diese Zahl mit eingerechnet – wie in anderen Ländern üblich –, stiege die Gefangenenrate auf 110 anstatt 91. Oberes Mittelfeld in Europa. Sortiert nach Delikt sitzen 20 Prozent wegen Eigentumsdelikten (ohne Gewalt, Diebstahl, Unterschlagung), 14 Prozent verbüßen wegen Raub und Erpressung ihre Haft. Wegen Sexualdelikten sitzen konstant sieben Prozent, ebenso wegen Tötung. Gestiegen seit 1970 sind die Zahlen der Inhaftierten wegen Körperverletzungen von drei auf nun zwölf Prozent und vor allem wegen Drogendelikten von nahezu null Prozent im Jahr 1970 auf 15 Prozent. 45 Prozent der Drogentäter saßen 2008 allerdings nur wegen leichter Verstöße gegen das Betäubungsmittelgesetz.

In Tegel, sagt Galejew, gebe es 37 Sicherungsverwahrte, bei weiteren 57 sei die »SV« im Urteil festgeschrieben, das bedeutet, sie kommen in SV, wenn ihre Haftstrafe beendet ist. In einem ZDF-Interview im März 2010 sagt Galejews Chef, der Leiter der JVA Tegel Ralph-Günter Adam: »Nach allem, was wir wissen, haben die Delikte nicht zugenommen, aber die Rechtsprechung hat sich verändert. Es wird heute viel eher Sicherungsverwahrung ausgesprochen. Wir haben natürlich erhebliche Schwierigkeiten, die Menschen unterzubringen. Wir haben im Augenblick die Situation, dass wir kaum noch jemanden aus der Sicherungsverwahrung entlassen.« Die Kriminalprognose entscheidet über Knast oder Freiheit – mit eindeutiger Tendenz: Die Zahl der Sicherungsverwahrten hat sich in den letzten 20 Jahren auf über 500 nahezu verdreifacht (1990: 182). Der renommierte Kriminologe Frieder Dünkel verfasste mit 100 Kollegen den »Greifswalder Appell zur Reform der Sicherungsverwahrung«. Dort steht: »Problematisch sind für den Vollzug der Sicherungsverwahrung vor allem die Unsicherheiten bei Rückfallprognosen. Ein hoher Prozentsatz der Inhaftierten verbleibt so in der Sicherungsverwahrung, obwohl diese Menschen tatsächlich in

Freiheit wohl nicht wieder rückfällig geworden wären.«[21] In Kapitel 24 wird sich zeigen, welche Dimension dieses Problem hat.

In Tegel liegen die Sicherungsverwahrten in einem Haus für Täter mit langen Haftstrafen. Abgetrennt wird diese Abteilung durch eine Gittertür. Mit der wachsenden Zahl von Sicherungsverwahrten rückt das Gitter im Gang immer weiter nach hinten. Diese Art der Unterbringung lässt sich nur schwer mit den gesetzlichen Erfordernissen eines besonderen Vollzuges der Sicherungsverwahrung in Übereinstimmung bringen. Denn Häftlinge in Sicherungsverwahrung sind nicht wegen einer Strafe eingesperrt, die sie bereits begangen haben. Für diese haben sie bereits eine reguläre Haftstrafe abgesessen. Die Sicherungsverwahrung ist eine Strafe, die Menschen hinter Gittern hält, um künftige Straftaten zu verhindern. Es ist eine Präventivhaft, juristisch Spitzfindige sprechen von einer Maßregel. Deswegen gelten bei der Sicherungsverwahrung auch andere Regeln als bei einer normalen Haftstrafe: Den Gefangenen soll mehr Komfort und Betreuung zugestanden werden, aber das passiert nicht. Und weil eine Strafe für eine Tat, die noch gar nicht begangen wurde, rechtsstaatlich ziemlich fragwürdig ist, hat der Europäische Gerichtshof für Menschenrechte die Bundesrepublik Deutschland dazu verpflichtet hat, die Rechtslage zu ändern.

Die angehenden Juristen, die Galejew durch das Gebäude führt, wirken mittlerweile unkonzentriert. Einige stehen abseits der Traube und versuchen, nicht zu offensichtlich die vorübergehenden Inhaftierten zu begutachten. Galejew zeigt ihnen die Zelle eines jüngeren Verbrechers, der seinen Haftraum mit Vorlagen für Graffiti plakatiert hat. Alle gehen einmal hinein und wieder hinaus. Gespräche mit Häftlingen sind bei der Führung nicht vorgesehen.

Auch den »BgH« bekommen die Besucher nicht zu Gesicht. Bei Gefangenen verursacht das Akronym gelegentlich Gelächter. Denn in der Knastrealität hat der »Besonders gesicherte Haftraum« so gar nichts mit dem Bundesgerichtshof zu tun. Im BgH wird die drakonischste Form der Disziplinar- und Strafmaßnahme vollstreckt. Gefangene, die sich oder andere akut gefährden, sperrt der allgemeine Vollzugsdienst in diese Zelle. Der Haftraum ist konstant auf 28 Grad temperiert, denn die Inhaftierten werden bis auf die Unterwäsche entkleidet. Es gibt keine Gegenstände in diesem besonderen Raum, nur eine Schaumstoffmatratze. In der Regel ist die Zelle gefliest. Der Gefangene bleibt die ganze Zeit unter elektronischer Beobachtung. Das Ganze kann mehrere Tage dauern. Besonders renitente Häftlinge werden zusätzlich an Händen und Füßen am Boden festgebunden.

Rafael Galejew sagt: »Gehen Sie davon aus, dass ein Gefangener nicht der Wahrheit verpflichtet ist.« Die Rechtswissenschaftler nicken verständig. Galejew meint: »Im Knast werden Sie als unreflektierte Sozialtante schnell enttäuscht.« Sozialarbeiter und Psychologen zählen allerdings zu einer seltenen Spezies in den schattigen Biotopen der Berliner Gefängnisse. Für die 5300 Gefangenen gibt es 58 Stellen im psychologischen Dienst, zwölf Stellen im pädagogischen Dienst und 160 im Sozialdienst. Bundesweit arbeiten 600 Psychologen, 350 Pädagogen und 1200 Sozialpädagogen mit den 75 000 Häftlingen zusammen. Eine Sozialtherapie, die sowohl für die Entwicklung der Inhaftierten als auch für die Entlassung nicht ganz unwesentlich ist, kann bundesweit nur drei Prozent der Gefangenen gewährt werden.[22] Die anderen sitzen ihre Zeit einfach in der Zelle ab. Ein Problem, denn: »Der Vollzug von Freiheitsstrafen ist von Verfassung wegen auf das Ziel der Resozialisierung verpflichtet«, schreiben die Richter des Bundesverfassungsgerichts im Urteil des Zweiten Senats vom 31. Mai 2006. Galejew sagt: »Versuchen Sie mal jemanden zu resozialisieren, der keine Sozialisation hat.«

Er berichtet, dass 80 Prozent der Inhaftierten Probleme mit Alkohol und den wirkungsvollen Substanzen haben, die unter das Betäubungsmittelgesetz fallen. 80 Prozent! Drogenhandel und Drogensucht bestimmen entsprechend den Alltag im Gefängnis. Prostitution ist deswegen keine Seltenheit, sondern ein Mittel, seine Schulden zu begleichen.

Ein JVA-Leiter berichtet einige Wochen später davon, wie er von oben einmal folgende Szene in einem Gefängnis in Süddeutschland miterlebt hat: Ein Vollzugsbeamter öffnet die Zellentür eines »Langstrafers«. Dieser übergibt ihm einen völlig verängstigten jungen Insassen, der erst kurz in Haft ist. Der Langstrafer bedankt sich bei dem Beamten. »Das Ghetto hat auch seine Gosse. Seine wirklich bösen Mitgefangenen, die einem das Leben noch einmal schwerer machen können«, sagt der JVA-Leiter. Niemand der Beteiligten habe ein Interesse daran gehabt, dass diese Geschichte je auffliegt. So kam es auch. Bis heute ist darüber nie eine Zeile geschrieben worden, der JVA-Leiter ist längst pensioniert und möchte in diesem Zusammenhang nicht namentlich in einem Buch erscheinen. Der mutmaßliche Missbrauch ist Jahre her und wurde intern nur disziplinarisch geregelt. Der Leiter sagt abschließend: »Diese Sachen passieren wahrscheinlich ständig. Das bleibt unter der Decke. Die Situation im Gefängnis ist aber so, dass das passieren muss. Alles andere kann man sich gar nicht vorstellen. Die Grausamkeiten passieren im Dunkeln und heimlich. Die Täter üben so viel Druck auf die Opfer aus, dass die nicht darüber reden.«

Davon erfährt die Gruppe Jungjuristen nichts. Die Gefangenen, an denen sie vorübergehen, bleiben abstrakte Gefahren ohne Biografie. Die angehenden Juristen interessieren sich dafür, ob Galejew und seine Kollegen Pfefferspray, Schlagstöcke oder Pistolen einsetzen, um den Gefahren zu begegnen. Er erzählt von seinen regelmäßigen Schießübungen und davon, dass auf den Wachtürmen Scharfschützen sitzen. Paragraph 100 des Strafvollzugsgesetzes regelt die »Besonderen Vorschriften für den Schusswaffengebrauch«. Demnach gilt:

»Gegen Gefangene dürfen Schusswaffen gebraucht werden,

1. wenn sie eine Waffe oder ein anderes Werkzeug trotz wiederholter Aufforderung nicht ablegen,
2. wenn sie eine Meuterei (§ 121 des Strafgesetzbuches) unternehmen oder
3. um ihre Flucht zu vereiteln oder um sie wiederzuergreifen.«

Schusswaffengebrauch, um eine Flucht zu verhindern. Auch in der DDR war die Republikflucht bis 1989 ein ähnlich geahndeter Straftatbestand. Unschuldig waren nach Rechtsauffassung der Diktatur auch diese Menschen nicht. Der Schusswaffengebrauch gegen Drogenabhängige, Dealer und Diebe – zusammen bilden sie mit 35 Prozent die größte Gruppe der Insassen – ist eine deutliche Sanktion. Mörder oder Vergewaltiger zu treffen, dürfte rein statistisch erheblich schwerer fallen. Galejew sagt, die Kollegen auf den Wachtürmen hätten »Schnellschussgewehre mit Optik, um Inhaftierte bewegungsunfähig zu machen. Bauchschuss ist Körperverletzung.«

Kurz bevor die Führung endet und die jungen Juristen die Freiheit wiedererlangen, fragt einer seinen Kommilitonen nach einer Referendarin. Sie hat die Gruppe die ganze Zeit begleitet und ist für drei Monate in Tegel. Er begreife nicht, sagt er, warum die Referendarin ihre praktische Arbeit im Knast mache. Das sei doch gar keine Pflichtveranstaltung. Und was solle einem das später bringen?

11 Im Frauenknast: Begegnung mit einer Einsiedlerin

Wie eine rote Backsteinburg wirkt die Haftanstalt, mitten in einem Wohngebiet. Das Mietshaus gegenüber steht so dicht, dass man von dort in die Aula des Gefängnisses sehen kann. Dort steht ein schwarzes, unscheinbares Klavier an der Wand. An diesem Instrument lernte eine Mörderin das Spielen. Über Jahre sitzt sie dort und vertieft sich in ihre Musik. Ihre Geschichte macht später mit dem Kinofilm *Vier Minuten* die junge Hannah Herzsprung berühmt.

Noch heute sitzen in diesem Knast in Berlin-Pankow Mörderinnen ein. Trotzdem ist die weiße Mauer um das Frauengefängnis nicht besonders hoch, es fällt nicht auf, zwischen den in die Jahre gekommenen Wohnhäusern. Ohnehin: Dieses Gefängnis ist eine Seltenheit. In Deutschland existieren nur sechs Frauenknäste: In Bayern, Baden-Württemberg, Niedersachsen, Nordrhein-Westfalen, Hessen und Berlin. 2010 (Stand: 24. November) waren laut Statistischem Bundesamt von rund 75 000 Inhaftierten gerade 3370 weiblich. Der Anteil von Frauen im Strafvollzug in Deutschland liegt stabil bei etwa fünf Prozent, das gilt auch für ganz Europa, weltweit pendelt ihr Anteil zwischen zwei und neun Prozent.

Frauen kommen selten in den Knast. Frauen sind kaum kriminell. Nur etwa 35 Prozent der insgesamt rund 4500 Frauenhaftplätze stehen deswegen in eigenständigen Knästen zur Verfügung. Die meisten weiblichen Gefangenen verbüßen ihre Strafen in gesonderten Abteilungen im Männervollzug, davon existieren etwa 50. Das bedeutet für einige Frauen, dass sie oftmals weit weg von ihrem persönlichen Umfeld untergebracht sind. Es bedeutet auch, dass sich ihre Haftsituation in den meisten Fällen den Besonderheiten des männlichen Strafvollzuges unterordnen muss. Nicht jedoch hier in Pankow. Hier gibt es einen Wohngruppenvollzug und sogar eine Station für Mütter – Gleiches für Väter findet sich nicht im Männerknast, und Wohngruppenvollzug ist dort eine Seltenheit. Warum das so ist, könnte wohl niemand plausibel beantworten.

Wenn ein Gericht eine Frau nun in Berlin zu einer Freiheitsstrafe verurteilt, dann kommt sie zunächst in die JVA nach Lichtenberg. Hier werden die Täterinnen untersucht, ihre Daten aufgenommen, und dann verteilt sie die Justiz je nach Delikt und Strafmaß. In Berlin stehen 285 Plätze im geschlossenen und 116 im offenen Vollzug zur Verfügung. In die rote Backsteinburg etwa kommen die Frauen ohne Drogenprobleme. Einige verbüßen hier auch lange Haftstrafen, wenige sitzen lebenslang.

Schon während man als Besucher die erste Sicherheitsschleuse passiert, seinen Personalausweis abgegeben und eine Besucherplakette aus Metall bekommen hat, fällt der Unterschied zum Männerknast auf. Die fast ausschließlich weiblichen Mitarbeiterinnen des Gefängnisses wirken viel entspannter an ihrem Arbeitsplatz. Hier in Pankow tragen sie im Unterschied zu ihren Kollegen im Männerknast auch keine Uniform. Sie laufen in Jeanshosen und Sweatshirts durch die Gänge der Anstalt. Wer ihnen im Treppenhaus begegnet, erkennt die Staatsmacht nur am klimpernden Schlüsselbund. Doch der größte Unterschied: Die Frauen, die hier arbeiten, wirken nicht bedrückt, sind keine Justizroboter. Offene und lächelnde Gesichter statt DDR-Grenzer-Distanz – diese scheint dem Männervollzug vorbehalten zu sein. Die JVA-Bediensteten hier unterhalten sich und sind auskunftsbereit. Die Atmosphäre ist menschlicher und das wirkt sich auch auf das Verhalten der Knastmitarbeiter aus.

Die Kriminalität von Frauen ist ebenfalls eine andere als die von Männern. In der Mehrzahl sitzen Frauen wegen Eigentums- oder Drogendelikten im Gefängnis. Kapitaldelikte spielen kaum eine Rolle, Tötungsdelikte passieren vor allem im so genannten sozialen Nahbereich, also in der Familie oder Partnerschaft. Werden solche Fälle öffentlich, dann hängt sich die Medienmeute an diese Frauen, dann lauern Fernsehteams und *Hallo Deutschland*-Reporter.

In Pankow leben die weiblichen Gefangenen im Wohngruppenvollzug zusammen. Eine Art Knast-WG, doch das ist natürlich eine Verniedlichung. Aber zumindest sind die Zellen in den jeweiligen Stationen bis 21.15 Uhr offen, freitags bis 23 Uhr. Das hängt auch damit zusammen, dass die Frauen, die hier inhaftiert sind, keine Drogenprobleme haben. Konsum und Verkauf müssen also nicht unterbunden werden, ein Schwarzmarkt mit allen Formen der Kriminalität wie in Freiheit existiert in Pankow nicht.

Die Mutter-Kind-Station befindet sich in einem oberen Stockwerk. Eine Frau kocht für ihr Baby gerade Wasser ab. Im Fernsehen läuft ein Trickfilm, es gibt eine Couch, einen Tisch – fast wie in einer gewöhnlichen Wohnung. In Abstimmung mit dem Jugendamt ist das Zusammenleben von Müttern und ihren Babys im Gefängnis möglich. Nur zehn solcher Einrichtungen gibt es bundesweit. Hier, in Pankow, können zwei Frauen ihre Kinder mit in Haft nehmen. Es gibt auch ein Spielzimmer, das andere Mütter beim Besuch ihrer Kinder nutzen können, um mit ihnen ungestört zu spielen. Farbige Tiere sind an die Wand gemalt. Höchstens fünf Mütter und fünf Kinder passen in den kleinen Raum. An einem Schrank, in dem die Spiele aufbewahrt werden, steht: »Wir die Kinder bitten Euch, lasst unsere Spiele und Malsachen hier. Dafür danken wir!«

Im Treppenhaus reinigt eine Frau die Metallstäbe einer Gittertür. Sie sieht mit ihren Zahnlücken so aus, als wäre sie eben aus dem Bilderrahmen einer Milieuskizze von Heinrich Zille entsprungen. Der Bildungsgrad der Insassinnen ist in der Regel niedrig, der soziale Status folgt dem Bildungsgrad. Das Frauengefängnis ist quasi die letzte Station nach dem Sozialamt. Bundesweit haben rund 25 Prozent der inhaftierten weiblichen Gefangenen keinen Schulabschluss, 62 Prozent einen niedrigen oder mittleren Abschluss, sieben Prozent Abitur und sechs Prozent haben studiert.

Der Frauenknast in Pankow erinnert manchmal auch eher an eine Klinik oder an ein Sanatorium als an ein Gefängnis. Eine wild geschminkte Punkerlady mit Irokesenschnitt und einer antennenartigen Drahtkonstruktion auf dem Kopf läuft eingehüllt in ein weißes Gewand über den Flur im zweiten Stockwerk. Sie lacht, blickt sich verstohlen um und verschwindet schließlich in einer Zelle. »Eine große Anzahl von Studien kommt übereinstimmend zu dem Ergebnis, dass inhaftierte Frauen weitaus häufiger als Frauen aus der Allgemeinbevölkerung Depressionen, posttraumatische Belastungsreaktionen, Psychosen, Persönlichkeitsstörungen oder andere psychische Erkrankungen aufweisen«, heißt es in der Internationalen Studie zum Frauenstrafvollzug der Universität Greifswald.[23] Knast macht nicht nur krank, viele Kranke kommen auch in den Knast. In Deutschland hätten rund 53 Prozent der weiblichen Gefangenen erhöhte oder hohe Symptome einer Depression, heißt es in der Untersuchung.

Wenn die Zellen auf den einzelnen Stationen offen stehen, vertreiben sich die Frauen die Zeit mit Kochen oder Fernsehen. Auf jeder Station gibt es einen Gemeinschaftsraum mit Glotze, einer Couch und Pflanzen, der eher auch das Wohnzimmer in einer Reihenhaussiedlung sein könnte. Die Leiterin der Abteilung Pankow nennt das ein »relativ normales Alltagsleben«.

Doch wie normal ist das Leben für die Frauen, die hier eingesperrt sitzen? Was sagen die Inhaftierten, wenn keine Anstaltsleiterin daneben steht? Um das herauszufinden, stellte ich eine Anfrage: Wer ist bereit, über die Haftbedingungen im Frauenknast zu sprechen, wer lässt sich darauf ein, seinen Alltag hinter den Mauern zu beschreiben? Es melden sich nur zwei Frauen. Eine möchte ihre kargen Bezüge aufbessern und verlangt sofort und ohne Schnörkel ein Bündel Geldscheine. Aber es gibt auch eine, die findet die Idee gut. Sie lässt sich über das Anstaltstelefon verbinden und das Vorhaben genauer erklären. Eine Woche später ist das Treffen. Eine ältere Dame sitzt an einem Tisch, wartet erst und sagt schließlich, ihr ginge es darum, sich auszutauschen. Sie wolle von den Erfahrungen im Gefängnis erzählen. Von nichts sonst, nicht von ihren Taten oder von den Hintergründen.

Nachdem sie im Vorgespräch ihren Namen genannt hatte, hatten meine Recherchen in der Zwischenzeit rasch ergeben, dass diese Frau bei ihrem Prozess zu einem Medienereignis geworden war und dass die Presse ihr dramatische Bezeichnungen gegeben hatte: Sie nennen sie den »Todesengel« und hinterfragen in ihren Artikeln immer wieder, welche geistige Abnormität diese Frau zu ihren Taten hatte treiben können. Die meisten Journalisten allerdings hatten nie die Gelegenheit, mit der Frau zu sprechen. Sie hat sich über die Klatschreporter und Fernsehmenschen der Privaten ihre eigene Meinung gebildet – ähnlich wie andersherum.

Jetzt sitzt sie im schummrigen Licht eines Anwaltszimmers, ein schmuckloser Raum, in dem Inhaftierte ohne Anstaltspersonal sprechen dürfen. Es riecht wie in den muffigen Vernehmerzimmern von Staatssicherheitsoffizieren des Folterknasts in Hohenschönhausen. DDR-Mief, stickig, grau und leblos. Die kleine Frau mit Brille hat dünnes Haar und trägt eine Strickjacke mit großen Knöpfen. Sie ist 57 Jahre alt und sitzt seit drei Jahren im Gefängnis. Sie greift in ihre Jackentasche, holt einen Bonbon aus der Tasche und schiebt ihn herüber. »Wenn ich Besuch habe, stecke ich immer zwei Werthers Echte ein.« Getränke, sagt sie, seien während des Gesprächs nicht gestattet.

Nach einer Pause beginnt sie zu erzählen. »Ich lebe hier sehr zurückgezogen, weil ich Interessen habe, die bei den meisten hier nicht sonderlich ankommen. Ich habe hier Menschen kennen gelernt, die hätte ich draußen wahrscheinlich nie kennen gelernt.«

Sie wirkt ein wenig entrückt. Die Pausen, wenn sie nachdenkt, können länger als gewohnt dauern. Sie versucht, ihr Verhältnis zu den anderen Frauen zu beschreiben: »Am Anfang habe ich mich beteiligt, wenn gekocht wurde, dann aber nicht mehr, wie soll ich sagen: Ich bin ein Ästhet. Ich habe lange gebraucht zu verstehen, warum hier so viel gekocht wird. Das ist eine Frauenrolle. Die Frauen haben draußen ihre Familien beköstigt, jetzt sind sie hier und jetzt fehlt diese Aufgabe, also beköstigen sie nun andere Frauen.«

Kochen! Das mache einen großen Teil des Lebens im Frauenknast aus. Da werde gebacken und gebrutzelt, ein dauerhafter Küchengeruch hülle den Stationsflur ein. Die Eintönigkeit des Gefängnisses habe allerdings mittlerweile auch ihre Geruchsnerven durcheinandergebracht. »Wir haben im Hof zwei Rosensträucher, einen kann ich gar nicht mehr riechen.«

Sie fühlt sich hier fremd. Die anderen Frauen kämen aus Milieus, die sie als schwierig beschreiben würde. Verliererinnen und sozial Schwache. Sie selbst führte ein bürgerliches Leben, war jahrzehntelang berufstätig und arbeitete in einem großen Berliner Krankenhaus. Das Gefängnis nennt sie hingegen »eine kleine Traumwelt, ein Gitterhotel«. Jede bekomme hier ihr Mittagessen und ihre Kaltmahlzeiten. Die Handtücher müssen sie nur rausschmeißen, schon kriegen sie wieder frische Wäsche. »Im Grunde ist das hier eine Spaßgesellschaft. Draußen ist die Disziplin härter.«

Hotelvollzug – sie als Gefangene wiederholt dieses Vorurteil. Hier würden die Menschen nur verwaltet, und das Verhalten würde sich aber in keiner Weise ändern, in dieser »vollkommen unrealistischen Welt«.

Doch ganz so harmlos ist es nicht. So seien Freundschaften auch im Frauenknast schwierig. Es gebe hier zwar viele Beziehungen, auch über das Freundschaftliche hinaus. Doch nicht für sie, denn die Freundinnen von heute könnten nach einem Streit schnell zu Feindinnen von morgen werden. Davor wolle sie sich hüten. Sie spricht, als hätte sie bereits schlechte Erfahrungen gemacht.

Wenn sie das Gefängnis beschreibt, dann erscheint sie selbst darin als eine Einzelgängerin, als ein Fremdkörper. Und in ihren

Erzählungen erscheint diese Welt der anderen Frauen auch wie eine Bedrohung ihrer eigenen Welt. Am liebsten aber, sagt sie, hätte sie mit den »Geldleuten« zu tun, den Betrügerinnen. »Die haben was im Hirnkästle«, sagt sie. Aber zu keiner der »Damen« würde sie »Du« sagen. Draußen sage sie ja auch nicht »Du« zu einer Fremden.

Sie unterscheidet viel zwischen ihr und »denen«, zwischen draußen und drinnen, als wolle sie sich den Knast gar nicht erst angewöhnen oder als fürchte sie eine unheilvolle Ansteckungsgefahr. Von draußen, das will sie verdeutlichen, hat sie mehr Ahnung als alle anderen Frauen, die hier in der Backsteinburg eingesperrt sind und beim Freigang auf dem Hof kreischen.

Sie liest im Gefängnis den *Spiegel* und *PM History*. Jede Inhaftierte darf 30 Bücher haben. Ihr Kontingent beläuft sich mit Ausnahmegenehmigung auf 50 Bücher. »Ich mache mir zu Themen Notizen und arbeite manche aus. Ich höre gerne Hörspiele, Features und Opern im Deutschlandradio.«

Schon nach drei Jahren, sagt sie, hatte sie ihren ersten Ausgang. Auch die Anstalt hat wohl erkannt, dass sie keine gewöhnliche Gefangene ist. Sie nutzte diesen Tag nicht etwa, um im Freien zu schlendern, durch einen Park oder durch die Straßen Berlins zu gehen. Ihren einzigen halben Tag in Freiheit in den letzten drei Jahren verbrachte sie wieder in einem geschlossenen Raum: Sie ging ins Neue Museum. Dabei kannte sie die vielen Exponate schon längst auswendig. Sie kann sie vor ihrem inneren Auge abrufen. Vor ihrem Ausgang hatte sie die ganze Literatur dazu »ausgearbeitet«. Einmal im Jahr nun soll sie Ausführungen bekommen. Von ihr geht keine Gefahr aus, andernfalls ließe die Anstaltsleitung eine solche Lockerung nicht zu.

»Hupfdohlen«. So nennt sie manche der Gefangenen. Das sind die Frauen, die nervös auf dem Hof von der einen zur nächsten laufen und schnattern und tratschen. »Mich macht das selbst unruhig, deswegen lasse ich mich da nicht darauf ein.« Selbst beim Aufschluss bleibt sie mittlerweile in ihrem »Stübchen«.

Ihre kulturelle Beflissenheit ist für sie ein Stück Freiheit hier hinter den Mauern und Stahltüren von Pankow. Die meisten Frauen, sagt sie, pflegten einen gossenhaften Umgangston. Hin und wieder komme es zu körperlichen Auseinandersetzungen und auch Prügeleien. »Sobald ich merke, dass dicke Luft kommt, ziehe ich mich sofort zurück. Ich lasse mich da nicht hineintreiben.« Die jungen Frauen sind ihr überlegen. Ihrem Habitus ist körperliche Gewalt gänzlich fremd. Die manchmal aggressive Stimmung bescherte ihr am Anfang Kopfschmerzen, hohen Blutdruck und Schwindel, sagt sie. Zur Ruhigstellung müssten viele Frauen Psychopharmaka schlucken. »Man braucht denen nur morgens ins Gesicht zu schauen und dann sieht man die toten Augen von London.« Unberechenbar sei das Ganze. »Auf jeder Station gibt es eine Chefin, die denkt, sie ist Chefin, und es gibt immer eine inoffizielle Chefin. Ich bin keines von beiden.«

Außer ihrer Freundin und dem Anwalt hat sie keine Bekannten oder Verwandten, die sie besuchen. Ihre Wohnung ist aufgelöst, ihre Möbel und Habseligkeiten sind in einen Container eingelagert. Kleidung interessiert sie nicht, sie benutzt die blau-weiß karierte Anstaltsbettwäsche. »Mir soll bewusst bleiben, wo ich bin.« Vielleicht würde sie sich aber auch darüber ärgern, wie ihre Wäsche aussähe, wenn die Anstalt nicht so mit damit umginge, wie sie selbst es tun würde. Sie ist penibel und der Knast ist es nicht. Sie ist feinfühlend und das Gefängnis ist eine raue Wirklichkeit, eine Wildnis – auch der Frauenknast.

Sie arbeitet in der PC-Werkstatt, nimmt dort Computer auseinander und hat den PC-Führerschein gemacht. »Ich arbeite von Montag bis Freitag und freue mich auf das Wochenende, da schlafe ich länger und gehe zum Gottesdienst.« Sie lebt bewusst bescheiden. Hier im Knast arbeitet sie außerdem mit Ton, das dreidimensionale Denken gefällt ihr. In Ton bekomme ein müdes Gesicht mit ein paar Bewegungen Dynamik. Sie hat eine Figur von Alberto Giacometti kopiert. Den hockenden kleinen Mann formt sie mit sechs Zehen, weil sie Absurdes mag. Sie macht Yoga, Tae Bo, fährt auf dem Fitnessrad und läuft auf dem

Laufband. Im Hof könne sie immer nur im Kreis laufen. »Diese Sehnsucht, einmal geradeaus laufen zu können. Ich bin sehr viel gewandert und habe viele Reisen gemacht. Ich kann die Augen zumachen und kann von diesen Reisen träumen. Ich hatte ein wahnsinnig schönes Leben.«

Dann, nach fast drei Stunden, hält sie inne und will nicht mehr reden. Sie hat für sich hier eine Rolle gefunden und ihr Leben im Gefängnis geschildert. Und wenn sie sich und ihre Ansichten beschreibt, dann tut sie dies auch, um das Gegenteil davon zu verdeutlichen: den Knast. Sie sieht sich als das Gegenteil dieser Knastgesellschaft. Nun aber steht da diese Zahl, die immer wieder aufleuchtet, wenn sie die Augen schließt. »Es war am Anfang ein Schock. Ich konnte mich mit dem Jahr 2021 nicht auseinandersetzen. Wenn ich schon dieses Datum gehört hatte, hätte ich weinen können«, sagt sie. 2021 ist das Jahr, das für ihre Entlassung angesetzt ist.

»Ich musste das annehmen. Ich denke in Zeiträumen von fünf Jahren und beobachte mich, wie ich mich verändere. Danach werde ich sehen, wie ich psychisch und körperlich drauf bin und was mein Hirnkästle macht. Es gab Phasen, da dachte ich, jetzt baust du ab. Ich konnte mir nichts mehr merken und ich konnte auch nicht mehr schreiben und starrte nur in die Luft. Ich musste mühsam aus diesem Loch wieder rauskommen. Diese Phasen kommen immer wieder. Ich habe da mit Beamten darüber gesprochen und die haben gesagt: Da haben wir eigentlich schon lange darauf gewartet, dass das passiert.«

Lange konnte sie nicht einsehen, was sie mit ihrer Tat angerichtet hatte. Sie konnte das Verwerfliche nicht begreifen. Kürzlich nun gab es ein langes Gespräch mit einem berühmten Kriminalpsychologen. Der sagte ihr: »Es gibt in Ihrem Leben irgendein Erlebnis, das sie nicht verarbeitet haben, und danach kam irgendetwas ins Rollen, was sie nicht mehr stoppen konnten.« Dieses »Irgendetwas« kostete fünf Menschen das Leben.

»Es gibt bestimmte Theorien von Serientätern, ich bin ja nun ein Serientäter, es muss deswegen auch bei mir einen Schlüssel für die Taten geben. Es kommt manchmal blitzartig, und dann überlege ich, wo liegt der Knackpunkt, aber ich habe ihn noch nicht. Vielleicht muss ich meine Weltordnung umstrukturieren und meine Gedankenordnung verändern. Die Realität kann ich nicht verändern, aber meine Ansichten.« Das hat sie begriffen. Dann endet die Besuchszeit und die ältere Dame wird von einem männlichen JVA-Mitarbeiter abgeführt.

Die Verbrechen dieser Frau bilden eine absolute Ausnahme bei der ohnehin schon geringen Zahl weiblicher Straftäterinnen. Nur rund 100 Frauen in Deutschland sitzen wie sie eine lebenslängliche Haftstrafe ab (rund 1900 Männer). Auch wenn der Besuch im Frauenknast nur eine Episode bleibt, verdeutlicht er, dass Gefängnisse auch humaner gestaltet werden könnten, mit weniger Einschluss, mit mehr offenen Türen und mit einem zivilen Anstaltspersonal. Schon wenige Monate nach dem Besuch meldet sich die Inhaftierte wieder und lädt zu einem Theaterstück der Anstalt ein. Es heißt »Kuckucknest«, der Aufführungsort ist das Ballhaus Ost am Prenzlauer Berg: keine Gitter und mitten im wirklichen Leben. Dargestellt wird der Versuch, Kriminelle zu therapieren und mit Managementfloskeln auf die Wirklichkeit in Freiheit vorzubereiten. Eine subtile Persiflage auf abstruse und überflüssige Resozialisierungsmethoden. Nach dem Stück gibt es minutenlangen Applaus. Als Zuschauer gewinnt man den Eindruck, dass diese Frauen jede Sekunde davon genießen, dass diese anderthalb Stunden ihrem Selbstwert gedient haben. Könnten sie das bewahren, würde das die Gesellschaft wohl sicherer machen; viel eher als monatelanger Wegschluss und Zwang das schaffen.

12 Ein Nachschlag Tegel: Interview mit einem Mörder

Volker Ullmann hat seine Frau ermordet. Frühestens in sechs Jahren kann geprüft werden, ob er entlassen werden darf. Momentan wird er in der Sozialtherapeutischen Anstalt (SothA) auf dem Gelände der JVA Tegel behandelt. Hier gilt für 150 Insassen Wohngruppenvollzug, alle Zellen der Station sind bis zum Abend geöffnet. Wer es geschafft hat, hierhin zu kommen, gibt alles dafür, diesen Platz nicht mehr zu verlieren. Für Tegeler Verhältnisse bedeutet die SothA Freiheit. Nicht nur, was den Vollzug der Strafe betrifft. Die Therapie ist auch die Vorbereitung für die weitere Lockerung, sie zielt darauf ab, die Sozial- und Kriminalprognose von Straftätern zu verbessern, um sie vorzeitig – bei ihm ab 15 Jahren – zu entlassen. Das Programm umfasst etwa 360 Behandlungsstunden. Die SothA ist eine Errungenschaft der Strafrechtsreform. Ende der sechziger Jahre plante der Gesetzgeber, für zehn bis 15 Prozent der verurteilten Straftäter Behandlungsplätze anzubieten, »um insbesondere Rückfalltäter und Täterpersönlichkeiten mit gravierenden Fehlentwicklungen in sozialtherapeutische Einrichtungen einweisen zu können«, wie die JVA Tegel schreibt. Die SothA dort wurde 1970 als einer der ersten Modellversuche eröffnet.

Bevor Volker Ullmann mit seiner Therapie beginnen konnte – er sitzt seit 2000 – wurde er von einer Psychologin über Monate beobachtet. Sie analysierte seine Tat, wie sie zustande kommen konnte, und erst dann, nach rund einem Jahr, kam er in den Behandlungsbereich. Die Gefangenen werden einer Station und einem Gruppenleiter zugeordnet. Ullmann arbeitete in seinem bürgerlichen Leben als Tischler und hatte 20 Angestellte, bevor seine Firma den Bach runterging. In der Anstalt kümmert er sich um die Desinfektion, obwohl es auch eine Schreinerei gibt. Aber als ein Tischlermeister kann er nicht als kleiner Hiwi im Knastbetrieb arbeiten, das lässt seine Würde nicht zu. Seit einigen Jahren spielt er auch im Theater »aufBruch«. Passenderweise probt Ullmann die Figur des Michael Kohlhaas aus Heinrich von Kleists gleichnamiger Novelle – einen Mörder in einem Stück um Schuld und Sühne.

Die therapeutische Abteilung hat einen separaten Eingang. Man geht etwa einen dreiviertel Kilometer an der Gefängnismauer entlang, links der Wald, am Himmel Flugzeuge, rechts Beton, rund fünf Meter hoch. Ich gehe durch eine Schleuse, dann einen umzäunten Weg über eine Freifläche. Auf Paletten stehen rostige Schließfächer, das Areal erinnert an den ehemaligen Todesstreifen. Ich passiere eine Panzerglastür und viele weitere Türen und treffe Volker Ullmann an einem der Tische im menschenleeren Besucherzentrum. Er trägt eine weiße Latzhose mit einem breiten braunen Gürtel, ein blau-weiß gestreiftes kurzärmliges Hemd. Durch seine Brille kann er sehr konzentriert schauen. Er öffnet die Thermoskanne, die er mitgebracht hat, und gießt Instantkaffee ein.

Herr Ullmann, wie geht es Ihnen in der Haft?
Hier herrscht wegen Sparmaßnahmen die Wegschließdiplomatie. Ich bin seit zwei Monaten für eine Ausführung zugelassen. Den Termin bekomme ich aber jetzt erst in drei Wochen. Wenn noch mehr Personal abgebaut wird und wenn es wieder erhöhte Krankenstände gibt, dann wird meine Ausführung gestrichen. Dann dauert es wieder drei Monate. In den Sommerferien gibt es gar keine Ausführung.

Ein Häftling, der den Personalnotstand im Gefängnis betrauert?
Bei uns geht es sehr frei zu. Wir haben Wohngruppenvollzug, die Türen sind bis 23 Uhr offen. In Haus 5 aber gibt es ab 17 Uhr

langen Riegel, wenn am Wochenende wenige Beamte Dienst haben. Das passiert quasi jeden Feiertag, Samstag und Sonntag.

Mit welcher Konsequenz?
Die Leute sitzen auf der Zelle und schauen nur Fernsehen. Sie verblöden und rosten ein. Man merkt den Unterschied zu Leuten, die wie ich noch lernen, die sich trotz langer Haftstrafe nicht fallen lassen. Aber das ist eher eine Seltenheit. Die meisten Gefangenen mit langen Haftstrafen schalten irgendwann ab. Dann sinkt die Aufnahmefähigkeit und es dreht sich nur noch um Tabak, Kaffee, Fernsehen und Schlafen. Bei den meisten bricht auch die Familie weg.

Und wie ist es bei Ihnen?
Zu meiner 16-jährigen Tochter habe ich keinen Kontakt. Aber ich habe eine Freundin, die mich seit zehn Jahren begleitet, und Freunde aus der Schweiz. Ich habe auch eine liebe Vollzugshelferin, die seit fünf Jahren kommt. Wir reden über die ganz normalen Dinge, es ist eine gewisse Freundschaft entstanden. Das zeigt mir noch, dass das Leben draußen eine gewisse Normalität hat. Uns fehlen ja die Anhaltspunkte. Über einen Aushang schreibe ich jetzt auch regelmäßig einem 66-jährigen Mann, grundsolide mit Familie. Die meisten tun es nicht und hocken nur in der Zelle. Man kann es denen auch nicht verdenken, denn es gehört auch eine gehörige Portion Mut dazu.

Wieso, Sie haben doch nichts zu verlieren?
Weil die meisten fragen: Weshalb sitzt du denn?

Wann kam bei Ihnen der Mut?
Es hat bei mir fünf Jahre gedauert sagen zu können, warum ich sitze. In der Therapie lernt man, öffentlich damit umzugehen. Was soll ich auch meinem zukünftigen Arbeitgeber sagen? Ich habe 15 Jahre gesessen. Weshalb? Nun ja, der Oberstaatsanwalt hat sich geirrt. Kommt nicht gut. Verschweigen aus meinem Le-

benslauf kann ich es auch nicht. Ich sitze eine lebenslängliche Freiheitsstrafe ab, weil ich mich mit meiner Frau gestritten habe. Sie ist zu Tode gekommen.

Sie haben sie ermordet.
Wie bestraft man den Tod eines Menschen? Ich weiß es nicht. Ich fühle mich nicht zu Unrecht bestraft. Es ist schwer, zu erkennen, dass man schuld ist.

Wie konnten Sie Ihre Frau töten?
Es war wie ein schlechter Albtraum. Wir haben uns am Straßenrand gestritten. Ich habe sie dann irgendwann aus dem stehenden Auto geschmissen. Dann haben wir uns richtig gestritten. Erst verbal, dann ist es gewalttätig geworden. Das ist schon so ein Albtraum, den ich auch heute nicht ganz auf die Reihe bekomme.

Sie verdrängen Ihre Tat?
Ich kenne die Folgen, aber es ist so tief vergraben, dass die Bilder nicht nach oben wollen. Ich habe immer Angst gehabt, dass das bei Albträumen hochkommt. Dann habe ich mir die Ermittlungsakte besorgt, mit allen Bildern, weil ich mich dem stellen wollte. Damit die Albträume schnell abgearbeitet werden können.

Und, kamen die Bilder?
Das ist so fest verplombt, die kommen nicht mehr hoch. Genauso war es, als ich dann zuhause war. Da habe ich mich angeguckt, habe die Kaffeemaschine gehört. Da war noch nicht klar, dass sie tot ist. Du hast sie verprügelt, das war klar. Nö, du bist doch hier zuhause, die Kaffeemaschine läuft, du bist angezogen, alles ist schick. Das war ein schlechter Film. Das hast du geträumt.

Wann fing die Realität an?
Als ich Blut an meiner Hose gesehen habe. Ich hatte etwas an den Fingern und habe die dann an der Hose abgewischt. Nicht viel,

nur ein bisschen Blut, wie Farbe. Hä, wie kommt denn da Blut hin? Man steht völlig ohne Verständnis für das, was man getan hat, weil ich eigentlich gar kein gewalttätiger Mensch bin. Man steht da und dieses Gefühlt, ich bin in den falschen Film geraten, hat die ganze Zeit angehalten. Auch in U-Haft, die ganze Zeit.

Auch in der Gerichtsverhandlung?
Der Staatsanwalt, der Richter und alle Ermittlungsbehörden berichteten, was die alles so festgestellt hatten, und man bekommt das Gefühl: Volker, wen meinen die? Mich können die doch nicht meinen. Dass irgendwann zu akzeptieren: Dass du es eben doch warst. Das mit den Erinnerungen zusammenzupacken – darin besteht die große Kunst. Zu sagen: Ich habe die Straftat angenommen. Du warst es. Es gibt auch keine Form der Entschuldigung. Den Angehörigen etwas sagen? Die Worte dafür reichen einfach nicht aus. Sie beschreiben sicherlich das Richtige, aber die Worte reichen nicht aus. So geht es den meisten mit Beziehungstaten hier. Es tut ihnen unendlich leid. Das ist das Anerkennen der Schuld.

Für diese Erkenntnis benötigten sie fünf Jahre?
Es hat fünf Haftjahre gedauert, bevor ich darüber sprechen konnte. Vorher habe ich zum Gutachter gesagt: Das ist doch Gülle, was der schreibt, was ist denn das für ein Clown. Er hat geschrieben, dass ich ein Mensch mit einem Elefantengedächtnis bin, der nichts vergisst, und dass ich daraus auch meine negativen Schlüsse ziehe. Ich bin doch nicht nachtragend, dachte ich. Bin ich aber eben doch. Insbesondere die ganzen Ungerechtigkeiten vergisst man nicht.

Wie ging es weiter?
Ich habe die Kriterien, die zu dem Kontrollverlust geführt haben, aufgearbeitet. Damit ich, wenn ich auf Ähnlichkeiten treffe, diese erkenne. Dass ich dann sage: Gehe einen Schritt zurück, betrachte die Dinge aus einem anderen Winkel. Diese ganzen

Kontrollmechanismen, die bei anderen funktionieren, die haben bei mir komplett versagt.

Sie schildern Ihre Tat als Kontrollverlust. Aber es war Mord.
Das war nicht geplant. Der Gutachter sagte: Unmittelbar während des Tatablaufs ist es geschehen, dass Herr Ullmann beschlossen hat, den Menschen zu töten. Das wäre immer noch Totschlag. Ich habe an dem Morgen meine Frau nicht getroffen mit dem Gedanken: Die niete ich jetzt um. Der Gedanke war noch nicht einmal da, als ich ihr eine geknallt habe. Das entschuldigt das nicht. Ich hätte viel Glück haben müssen, wenn ich da nicht mit lebenslänglich rausgegangen wäre. Denn auch bei besonders schwerem Totschlag, der Grausamkeit erfüllt, gibt es diese Strafe.

Sie töteten mit besonderer Grausamkeit?
Ich habe meine Frau mit dem Halstuch erdrosselt. Wenn man jemanden erdrosselt, dann ist es so, als wenn man 30 Meter taucht und der Sauerstoff bleibt aus. Man hat keine Chance mehr aufzutauchen und sich Sauerstoff zu holen. Man erstickt jämmerlich. Das ist passiert. Als ich von ihr abgelassen habe, war der Schal einfach zu. Und Seide hat die fatale Eigenschaft, feine Fasern zu haben, die sich unter Druck und Hitze verhaken. Die Medizinerin hat das ohne Ärztekauderwelsch so dargestellt, dass es jeder verstanden hat, und ich bin hinter dem Tisch vor Scham fast versunken.

Haben andere Gefangene wegen Ihrer Tat Angst vor Ihnen?
Vor mir haben die Leute Respekt. Man weiß nie bei einem LLer [Lebenslänglicher, Anm. d. A.]. Diese Leute sind einfach nicht berechenbar. Die Drogisten hüten sich davor, auf die LLer-Station zu gehen und mit Rauschgift zu handeln.

Andere werden nicht in Ruhe gelassen?
Verbrechen gegen kleine Kinder und Frauen sind tabu. Da gibt es keine Gnade. Die stehen in der Nahrungskette ganz unten.

Wenn es rauskommt, kann es passieren, dass unter der Dusche mal ein Unfall passiert. Bei Kinderfickern liegt die Gefahr bei 90 Prozent. Bei Frauen nicht ganz so hoch. Bei Kindern, die meisten hier haben welche, da haben die hier kein Verständnis. Da sollten die Leute ganz kleine Brötchen backen. Das ist besser.

Was passiert sonst?
Wie der Ulrike-Mörder. Den haben wir hier. Er ist hierhin zum Schutz verlegt worden. Dann kam bei RTL eine Reportage. Die Leute, die auf seiner Station gelebt haben, wussten das nicht. Der ist nach Ausstrahlung der Sendung Spießruten gelaufen. Das wurde so massiv, dass er abends versucht hat, sich das Leben zu nehmen.

Gewalt und Drogen gehören zum Alltag?
In Haus 3 wurde kürzlich ein Exempel statuiert. Da sind welche eingeritten und haben einen krankenhausreif geprügelt. Der braucht erst mal ein Facelifting. Intern vermuten wir, dass es Drogenschulden gewesen sind. Es geht um Märkte, es geht um Geld, es geht um Handel, es geht um Absatz. Dieses Universum ist das Spiegelbild von draußen, und wer Geld hat, regiert hier drinnen auch. Und die Mauer ist löchrig.

Wie gehen die Beamten mit den Inhaftierten um?
Ich habe keine Beamten erlebt, die mich schlecht behandeln. Das hängt auch damit zusammen, dass ich sie mit meinem Verhalten nicht dafür bestrafe, dass sie ihren Job machen. Das sind nicht meine Feinde. Sie sind hier, weil ich Scheiße gebaut habe. Dieses Berufsbild gibt es nur, weil es Menschen wie mich gibt.

Willkür findet also nicht statt?
Ich hatte Glück, einen guten Sozialarbeiter zu haben. Der sagte, so Ullmann, jetzt bist du dran für die SothA. Es gibt aber auch Gruppenleiter, die machen ab 11.30 Uhr die Tür von innen zu, sodass man die gar nicht erreichen kann, Sprechstunden finden

nicht statt. Wenn ich bei Mister X gelandet bin, dann habe ich nichts zu erwarten. Wenn ich lebenslänglich bei dem habe, dann ist mein Ausgang der Zinksarg. Das ist so. Wenn ich bei dem bin, dann bin ich ein Arschloch.

Wie ist das Verhältnis zu den anderen Inhaftierten?
Jeder ist sich selbst der nächste. Ich habe hier einen, dem ich begrenzt vertraue. Es reicht ja schon, wenn einer den Verdacht streut: »Der raucht abends einen Joint.« Dann kommt die Sicherheit und räumt einem die Hütte auseinander. Aber richtig böse. In der SothA ist es noch rücksichtsloser. Weil die Plätze so beliebt sind. Leute, die vielleicht kippelig sind, versucht man durch Anschiss oder Verrat zu diskreditieren, dann sind die ganz schnell weg.

Demnächst haben Sie Ihre erste Ausführung. Wo geht es hin?
Ich darf auch mit den öffentlichen Verkehrsmitteln fahren. Ich habe letztens rechnen müssen: Ich bin 1984 das letzte Mal mit der BVG gefahren. Ich hatte ja immer ein Auto. Nach 26 Jahren. Ich kann mir das gar nicht vorstellen. Ich sitze in der U-Bahn und fahre im Zug mit zwei Beamten zu meiner Freundin. Da kommen Eindrücke auf mich zu, die mich erschlagen.

Herr Ullmann, halten Sie sich noch für gefährlich?
Jein. Man soll niemals nie sagen. Das Bedürfnis, jemanden aus Wut in die Fresse zu hauen – und ich war einige Male maßlos wütend hier –, das hatte ich nicht mehr gehabt. Jemanden aber verbal in Grund und Boden zu brüllen schon. Das habe ich früher nicht gemacht. Hier habe ich es beim Theater gelernt. Das Theater hat auch was Therapeutisches.

Volker Ullmann ist als Mörder eine Ausnahme im Knast. Die rund 2000 Lebenslänglichen machen relativ konstant drei Prozent aller Häftlinge aus, allerdings ist die Zahl absolut gestiegen. Im Jahr 1977 waren es 989, vor zehn Jahren 1400 Gefangene. Lebenslänglich bedeutet heute im Durchschnitt 18 Jahre Haft.

Das Bundesverfassungsgericht hat im Juli 2006 festgestellt, »mit der Menschenwürde wäre es unvereinbar, wenn der Staat für sich in Anspruch nähme, den Menschen zwangsweise seiner Freiheit zu entkleiden, ohne dass zumindest die Chance für ihn bestünde, je wieder der Freiheit teilhaftig werden zu können«. Doch allein die Praxis der Sicherungsverwahrung konterkariert dieses Urteil, denn die Gefangenen wissen nicht, wann und ob sie je wieder »der Freiheit teilhaftig werden«.

Der Frauenmörder Heinrich Pommerenke beging als junger Mann schreckliche Verbrechen und tötete allein vier Frauen auf brutalste Weise. Nach 49 Jahren Haft war er jedoch ein todkranker Mann. Pommerenke hatte zu diesem Zeitpunkt bereits keine Zähne mehr, litt unter Nierenkrebs und einer schweren Zuckererkrankung, wegen erhöhter Lichtempfindlichkeit soll er nur noch geblinzelt haben. Selbst Ausführungen waren für die »Bestie in Menschengestalt«, wie die *Süddeutsche Zeitung* ihn einmal nannte, aus gesundheitlichen Gründen nicht mehr erlaubt. Dennoch bescheinigte der Gutachter dem bereits 71-Jährigen eine fortdauernde Gefährlichkeit. Deswegen blieb er trotz schwerer Gebrechen im Gefängnis. Die Anstalt setzte sich damit sogar über ein Urteil des Bundesverfassungsgerichts hinweg, das eine Klage Pommerenkes bestätigt hatte. Demnach war seine Strafe längst verbüßt. »Die Bestrafung bis zum Tod ist ebenso verfassungswidrig wie die Bestrafung mit dem Tod«, kritisierte der zuständige Gefängnisseelsorger der Heilbronner JVA. Ein Jahr später starb Pommerenke. Niemand saß in Deutschland so lange im Gefängnis wie er. Jahrzehntelang zu Recht, zuletzt zu Unrecht.

Wie rechtsstaatlich geht es eigentlich im Gefängnis zu?

Missstände im toten Winkel

13 Der allgemeine Vollzugsdienst: Folterknechte oder Pädagogen?

Die Hochschule Mannheim hat 2009 die Abläufe der JVA Mannheim eingehend unter die Lupe genommen.[24] Die Forscher untersuchten unter anderem die bürokratischen Strukturen und fanden heraus, dass jeder der 900 Gefangenen eine Menge Papier für Anträge verbraucht. Denn jedes Jahr werden dort 100 000 so genannte Laufzettel und 150 000 Rapportzettel ausgefüllt. Diese Schriftstücke haben also eine nicht unwesentliche Bedeutung für den Alltag eines Inhaftierten. Ein Gefangener darf beispielsweise sein Stockwerk nur verlassen, wenn er dies zuvor mit einem Laufzettel schriftlich beantragt. Mit einem blauen oder weißen Laufzettel ist es ihm gestattet, sich ohne Begleitung eines Beamten bis zur nächsten verschlossenen Tür zu bewegen; mit einem roten Laufzettel muss er bis zum Ziel von einem Beamten begleitet werden. Jedes Anliegen, das einen Gefangenen umtreibt, muss er schriftlich in Form eines Rapportzettels formulieren. Wenn er ein Gespräch mit einem Pädagogen führen möchte, muss das alles organisiert und beantragt werden. »Der Beschaffung einfacher Gegenstände (zum Beispiel eines Tauchsieders) oder dem Führen eines außerplanmäßigen Gesprächs gehen also immer langfristige Prozeduren voraus. Da somit gewisse Dinge mit vergleichsweise hohem Aufwand verbunden sind, muss der Gefangene sehr viel Durchhaltevermögen beweisen, um etwas zu erreichen«, schreibt die Pädagogin Carola Ludwig über den bürokratischen Aufwand in der JVA Mannheim.[25]

Und was in Mannheim gilt, findet in ähnlicher Weise täglich in einem der 195 Gefängnisse in Deutschland statt. Anträge um

Anträge werden geschrieben, millionenfach. Aber was eigentlich der Sicherheit dienen soll, macht anfällig für Willkür. Denn Beantragtes verfügt über bürokratische Eigentümlichkeiten, wie schon Frank Kafka erkannte: »Jenen Erlaß, von dem ich schon sprach, beantworteten wir dankend damit, daß wir keinen Landvermesser brauchen. Diese Antwort scheint aber nicht an die ursprüngliche Abteilung, ich will sie A nennen, zurückgelangt zu sein, sondern irrtümlicherweise an eine andere Abteilung B. Die Abteilung A blieb also ohne Antwort, aber leider bekam auch B nicht unsere ganze Antwort; sei es daß der Akteninhalt bei uns zurückgeblieben war, sei es daß er auf dem Weg verlorengegangen ist – in der Abteilung selbst gewiß nicht, dafür will ich bürgen – jedenfalls kam auch in der Abteilung B nur ein Aktenumschlag an, auf dem nichts weiter vermerkt war, als daß der umliegende, leider in Wirklichkeit aber fehlende Akt von der Berufung eines Landvermessers handle. Die Abteilung A wartete inzwischen auf unsere Antwort, sie hatte zwar Vermerke über die Angelegenheit, aber wie das begreiflicherweise öfters geschieht und bei der Präcision aller Erledigungen geschehen darf, verließ sich der Referent darauf, daß wir antworten würden und daß er dann entweder den Landvermesser berufen oder nach Bedürfnis weiter über die Sache mit uns korrespondieren würde. Infolgedessen vernachlässigte er die Vormerke, und das Ganze geriet bei ihm in Vergessenheit. [...] Nun waren aber seit jenem ersten Schreiben der Abteilung A schon viele Monate, wenn nicht Jahre vergangen, begreiflicherweise, denn wenn, wie es die Regel ist, ein Akt den richtigen Weg geht, gelangt er an seine Abteilung spätestens in einem Tag und wird am gleichen Tag noch erledigt; wenn er aber einmal den Weg verfehlt, und er muß bei der Vorzüglichkeit der Organisation den falschen Weg förmlich mit Eifer suchen, sonst findet er ihn nicht, dann, dann dauert es freilich sehr lange.«[26]

Niemand hat das widerborstige und stahlharte Gehäuse der Bürokratie so schön scheußlich beschrieben wie Franz Kafka in seinem Roman *Das Schloss*. Die Absurdität, die er literarisch verarbeitet, ist der Wahnsinn der bitteren Realität. Das zeigt das Beispiel eines Mannes, der seit 2006 in Haft sitzt und seine Situation so beschreibt: »Daraufhin habe ich alles bewegt, um einen Realschulabschluss nachzuholen. Dies ist aber leider nicht möglich gewesen, da meine Akten hier nicht vollständig waren. So ging ich zur hier ansässigen Arbeitsagentur, um Auskünfte und Beratung zu kriegen. Dort gab man mir zwar eine Broschüre, aber man sagte mir, dass ich zurzeit Geduld haben solle, da ich erst zur Auswahlanstalt müsse. Wenn ich Interesse an einer Ausbildung habe, solle ich mich darum bemühen und die Auswahlanstalt umgehen. So suchte ich mir Informationen und ging zur Sozialarbeiterin, die mir dann sagte, es wäre nicht möglich, ich solle Geduld haben, meine Akten wären unterwegs ... Nachdem ich wieder drei Monate nichts Neues gehört hatte, fragte ich wieder nach. Da sagte man mir, es fehle ihnen ein Urteil. Es wäre beantragt, und ich solle Geduld haben. So wartete ich noch drei Monate und ging erneut zur Sozialarbeiterin: Im Computer stand dasselbe wie vor sechs Monaten (Urteil fehlt).« Klingt wie bei Kafka. Stammt aber aus einer Dokumentation zum Gefängnisalltag aus dem Jahr 2009.[27] Keine Fiktion. Selbst nach zwei Jahren und sieben Monaten steht der Mann bei seinem Kampf gegen die Bürokratie noch auf Start. Er darf seinen Realschulabschluss aus Gründen, die nur ein Bürokratenhirn versteht, nicht machen.

Der Strafgefangene aber muss resozialisiert werden. So will es die Verfassung. Doch Recht und Realität stehen in einem ähnlich verzwickten Verhältnis zueinander wie Recht und Gerechtigkeit. Und der Begriff Resozialisierung beschreibt den Knastalltag so realistisch wie die Fünfjahrespläne die wirtschaftliche Prosperität der Deutschen Demokratischen Republik. Für Resozialisierung fehlt im Gefängnis schlicht das ausgebildete Personal. Denn die Mehrheit der Mitarbeiter dort – insgesamt arbeiten rund 27000 Menschen im allgemeinen Vollzugsdienst – dürfte ihren Beruf weniger aus pädagogischen Gründen ausüben. Ihnen geht es wohl kaum darum, gestrauchelte Menschen zu stützen und auf den rechten Weg zu führen. Wer freiwillig ins Gefängnis geht, will vor allem Sicherheit. Das klingt lediglich auf den ersten Blick paradox. Wer unter diesen Bedingungen arbeitet, der erwartet eine besondere Gegenleistung dafür – und die blendenden Karriereaussichten können es nicht sein. Aber ein krisenfester Job.

Die Universität Potsdam hat 2003 rund 3400 Mitarbeiter im Gefängnis befragt. Für die größte Gruppe – für 33,5 Prozent – spielen »Ehrgeiz«, »Perfektionsstreben« und »Verausgabungsbereitschaft« keine Rolle. Sie zeigen »am stärksten ausgeprägte Distanzierungsfähigkeit«, heißt es in der Studie.[28] Sie können sich also ihren Beruf gut vom Leib halten. Die Tätigkeit wird nicht als »motivierende Herausforderung erlebt«, schreiben die Autoren der Studie. Insgesamt 40 Prozent der Untersuchten vermitteln Anzeichen dafür, dass ihr Beruf ein gesundheitliches Risiko darstellt. Die ständige Angst vor Gewalt zählt zu den belastenden Faktoren dieser Tätigkeit. Wer in einer Anstalt arbeitet, der will deswegen also vor allem Sicherheit. Und seine Ruhe. Alles andere kann sich direkt auf das leibliche Wohl auswirken. Allerdings sorgt dafür schon der Beruf an sich. Denn die Arbeit im Knast hat auf die Psyche der Menschen die gleiche Wirkung wie Schnaps und Kippen auf die menschlichen Kapillare: Permanente Anspannung erweitert, die Monotonie der Arbeit dahingegen verengt die Aufmerksamkeit. Das bedeutet Anspannung bei gleichzeitiger Langeweile. Die Studie misst daher auch besonders viele Fehltage bei den Mitarbeitern des allgemeinen Vollzugsdienstes.

Die Leute, die Zellen aus beruflichen Gründen auf- und wieder zuschließen, dürften in der Mehrzahl ein anständiges Verhältnis zu den Subjekten ihrer Tätigkeit haben. Schon allein deswegen, weil sie kein Interesse an zusätzlichem Stress haben. Der deutlich größere Teil der Vollzugsdiener arbeitet unter diesen widrigen Arbeitsbedingungen also nicht aus einem besonderen Interesse an den Gefangenen. Sie arbeiten dort, weil ihre Jobs nicht befristet sind, weil sie nicht ständig damit rechnen müssen, dass ihr Chef sie wegrationalisiert, wenn die Performance nicht mehr stimmt oder der Shareholder Value es gebietet. Jobs im Knast und im Bestattungswesen gelten zu Recht als krisenfest. Deswegen würden auch rund 66 Prozent ihren Beruf im Gefängnis gerne bis zur Rente ausüben. Freiwillig lebenslänglich, sozusagen.

In der Realität der Anstalten geht es darum, ohne ramponiertes Image und ohne Ausbrüche, Geiselnahmen oder gar Aufstände eine große Anzahl von Menschen zu verwalten, die als nicht besonders vertrauenswürdig gelten. Viele Gefängnisangestellte arbeiten im Knast nicht *wegen*, sondern *trotz* der Arbeit. Das gilt nicht für alle, aber dennoch bekommt man schon jetzt ein mulmiges Gefühl, wenn man an die Resozialisierung denkt. Denn unter dem Strich sind die Voraussetzungen eher gut für ein raues Klima und eher schlecht für eine Besserung der Verbrecher.

Das raue Klima spiegelt sich in einer ganzen Batterie an Disziplinarmaßnahmen wider, die das Strafvollzugsgesetz vorsieht, wenn ein Gefangener sich etwa weigert zu arbeiten. Wie in Zuchthäusern (des 18. Jahrhunderts) herrscht auch heute in den Gefängnissen noch Arbeitspflicht. Die Vergütung liegt etwa bei 1,50 Euro pro Stunde. Drogenkonsum oder Beleidigungen und tätliche Angriffe werden sanktioniert. Dem Gefangenen kann das Hausgeld entzogen werden, ihm können auch alle Dinge genommen werden, die für eine Freizeitbeschäftigung von Bedeutung sind, Bücher etwa oder der Fernseher und das Radio. Gefangene können von anderen separiert werden; »Absonderung« nennt sich das. Diese »Absonderung« – oder schlicht: Isolation – darf eigentlich maximal drei Monate dauern. Allerdings gibt es Fälle, da dauert die Isolation 65-mal so lange. Wir lernen später einen solchen Gefangenen kennen. Eine scharfe Form der Disziplinierung ist der Arrest im BgH, im »Besonders gesicherten Haftraum« (siehe Kapitel 10). Weitere Sanktionen sind Zellendurchsuchungen. Diese können in unregelmäßigen Abständen aber auch kontinuierlich stattfinden.

Zwar wollen auch die Mitarbeiter des Vollzugsdienstes möglichst eine schlechte Stimmung auf den Stationen vermeiden.

Dennoch ist das Gefängnis eine »Laborsituation«, die wie geschaffen für Willkür, Mobbing und Machtmissbrauch ist. Eigenschaften, zu denen menschliches Verhalten speziell in Extremsituationen neigt. Das ist wissenschaftlich spektakulär belegt – das Stanford-Prison-Experiment von 1971 ist in die Geschichte eingegangen. Als der Psychologe Philip Zimbardo vor 40 Jahren sein Inserat in der Zeitung schaltet, will er untersuchen, was in einer Situation passiert, in der es Wärter und Gefangene und ein klares Machtgefälle gibt. 70 willige Versuchspersonen melden sich, 24 Studenten aus der Mittelschicht werden ausgewählt. Die Psychologen teilen die Gruppe zufällig in »Wärter« und »Gefangene« auf. Einige Tage später werden die Gefangenen von echten Polizisten verhaftet und in die Zellen des Versuchslabors im Keller der Eliteuniversität Stanford gesperrt. Eine Kamera filmt den Versuch. Die Wärter bekommen schicke Uniformen und Gummiknüppel, die Gefangenen erhalten Knastkleidung und eine Fußkette. Ihr Name weicht einer Nummer. Sie sind nun keine Individuen mehr, sondern abstrakte Gefangene. Sollte einer ausbrechen, würde das Experiment abgebrochen, lautet die einzige Regel für die Wärter. Sie müssen sich nur um Ordnung und Sicherheit kümmern. Wie sie das schaffen, bleibt ihnen selbst überlassen. Jeder bekommt 15 Dollar für seine Teilnahme am Experiment. Los geht es.

Die Zellen werden mit drei Gefangenen völlig überbelegt, für jedwedes Bedürfnis muss der Gefangene den Wärter um Erlaubnis ersuchen. Auf Toilette werden die Gefangenen dann mit verbundenen Augen geführt. Recht schnell fangen die Wärter damit an, die Gefangenen zu beliebigen Zeiten zum Zählappell aus dem Bett zu holen. Wer Fehler macht, wird mit Liegestützen gemaßregelt. Bereits am zweiten Tag bricht eine Gefängnisrebellion los. Die Wärter – eingestellt, um Fluchtversuche und Krawalle zu unterbinden und für Ordnung zu sorgen – schlagen den Aufstand mit Feuerlöschern nieder und fangen nun an, die Gefangenen einzuschüchtern. Sie nehmen ihnen die Kleidung und die Betten ab. Wer etwas möchte, muss sich dies als Privileg erarbeiten. Der Gang zur Toilette ist ab 22 Uhr nicht mehr möglich. Das Mobbing beginnt.

Die Wärter richten eine Vorzugszelle für artige Gefangene ein, also jene, die sich besonders gut anpassen und sich den absurden Gesetzen der Wärter willenlos fügen. Dort gibt es Essen, Kleidung und Matratzen. Bereits nach drei Tagen muss ein Gefangener aus psychischen Gründen aus dem Experiment entfernt werden. Bei den Wärtern entwickelt sich zunehmend ein Sadismus heraus. Das Experiment gerät aus den Fugen. Um Misshandlungen zu verhindern, muss in das Zellenlabor eingegriffen werden. Am sechsten Tag brechen die Psychologen schließlich das Experiment ab, als sie bemerken, dass sie ebenfalls gegen die als renitent erlebten Gefangenen anfangen zu konspirieren. Für einige Gefangene hat der Versuch psychische Spätfolgen.

Nur ein Experiment? Oder kann so etwas auch in der Realität passieren? Die Missbrauchsszene, die der JVA-Chef schilderte (siehe Kapitel 10), ist ein Beispiel dafür. Wie aber soll man überprüfen, was im Gefängnis passiert? Kontrollinstanzen sind etwa die Gefängnisbeiräte. Doch die werden von den Justizbehörden nicht nach objektiven Kriterien berufen, manchmal werden diejenigen als Anstaltsbeiräte ausgewählt, die sich nicht querstellen. Störquellen hingegen werden abberufen, so ein Gefangenenseelsorger aus Dresden. Aber auch Offizielle sehen es ähnlich, etwa Christoph Flügge. Der Richter am Strafgerichtshof der Vereinten Nationen für das frühere Jugoslawien in Den Haag und ehemaliger Justizstaatssekretär in Berlin schreibt: »Da die Anstaltsbeiräte […] von den Landesjustizverwaltungen nach eigenen Regeln berufen werden, ist ihre Tätigkeit auf ein kooperatives Zusammenwirken mit der jeweiligen Anstaltsleitung angelegt und kann schwerlich als Kontrolle über Vollzugseinrichtungen angesehen werden.«[29]

Gefangene haben aber auch die Möglichkeit, sich über ihre Haftbedingungen juristisch bei den Strafvollstreckungskammern zu beschweren. Das ist ein langwieriger Weg, außerdem ist es nicht ganz problemlos, eine Anstalt dazu zu bringen, eine richterliche Entscheidung auch umzusetzen. Dazu gleich ein paar sehr anschauliche Fälle.

Schließlich gibt es die parlamentarische Kontrolle, nach Expertenmeinung allerdings ein stumpfes Schwert. In Nordrhein-Westfalen existierte ein Obmann für den Justizvollzug. Doch wenn man seinen Jahresbericht[30] liest, beschleicht einen der Verdacht, dass es ihm weniger um die Interessen der Gefangenen als vielmehr um die der Mitarbeiter des Vollzugsdienstes geht. Die Stelle wurde geschaffen, nachdem 2006 in Siegburg drei Jugendliche einen Mithäftling folterten und dann umbrachten. Am 1. Januar 2011 hat nun das Justizministerium einen Justizvollzugsbeauftragten eingesetzt, ein renommierter Kriminologe, der sich vor allem auch mit dem Thema Jugendkriminalität beschäftig hat.

Aber auch auf Bundesebene gibt es eine eigenständige Kontrollinstanz, die staatliche Willkür überwachen und Folter verhindern soll. Die ist bei der Wiesbadener Kriminologischen Zentralstelle angesiedelt und nennt sich »Bundesstelle zur Verhütung von Folter«. Dort heißt es, sie kontrolliere »Gewahrsamseinrichtungen der Bundespolizei und der Bundeswehr. Einrichtungen, die in den Zuständigkeitsbereich der Länder fallen, werden künftig von der noch einzurichtenden Länderkommission zur Verhütung von Folter überwacht werden. Dabei handelt es sich vor allem um Einrichtungen in den Bereichen Justizvollzug, Polizei und Psychiatrie.« Auf Länderebene sollen vier Personen die Kontrolle übernehmen, auf Bundesebene sind es genau so viele. Das heißt übersetzt: Allein in Knästen und im Maßregelvollzug tragen die tapferen Kämpfer dann für rund 84 000 Menschen die Verantwortung, für deren Schutz sie zuständig sind.

Wer tatsächlich wissen will, welche Probleme es im Gefängnis gibt, der sollte nach Bremen fahren. Zu einem Mann, der so viele Inhaftierte kennt, wie kaum jemand sonst in Deutschland. Er heißt Johannes Feest und ist so etwas wie die personifizierte Clearingstelle für Gefangene.

14 Der Kämpfer gegen das Unrecht: Der Leibhaftige

Anstaltsleiter aus Bayern bekreuzigen sich bei seinem Namen. Und jeder, der länger im Knast sitzt, kennt Johannes Feest. Für Gefangene ist er so etwas wie der Rächer der Entrechteten, dabei sieht Feest nicht besonders verwegen aus. Ein kleiner weißhaariger Mann mit weißem Bart und Brille. Er trägt einen blauen, gestrickten Troyer, neben ihm liegt seine Baskenmütze. Von 1995 an leitete er zwei Jahre das International Institute for the Sociology of Law im baskischen Oñati. Vielleicht ist die Kopfbedeckung ein Andenken an diese Zeit – oder das einzig sichtbare Symbol seiner Kämpfernatur. Auch heute noch schmeißt er sich für die Menschen hinter Mauern in die Bresche. Dabei könnte Johannes Feest eigentlich seinen Ruhestand genießen. Der Österreicher studierte Rechtswissenschaften in Wien und München und war an der Bremer Universität Professor für Strafverfolgung, Strafvollzug und Strafrecht. Im Gegensatz zu den US-amerikanischen Kollegen – in der Mehrzahl Soziologen – sind die meisten deutschen Kriminologen Juristen. Feest ist beides: In Tübingen und Berkeley hat er noch Soziologie studiert.

Doch Feest versteht sich als Praktiker. Noch heute könnte man meinen, einen spöttischen Unterton herauszuhören, wenn er auf jene angesprochen wird, die ausschließlich theoretisch zur totalen Institution Gefängnis arbeiten, die selbst jedoch nie den Anstaltsmief gerochen oder sich mit den tatsächlichen Alltagssorgen von Inhaftierten abgemüht haben. Ausdrücklich sagt er das aber nicht. Klar ist jedoch: Feest hat ein Faible für Underdogs, Ausgestoßene und für Randbewohner der Gesellschaft. Deswegen macht er 1977, gleich zu Beginn seiner Zeit in Bremen, eine Rechtsberatung im Knast auf. Im gleichen Jahr tritt auch das Strafvollzugsgesetz in Kraft, das Gesetz also, das Gefangenen erstmals Rechtssicherheit gewähren soll. Vorher galt eine Strafvollzugsordnung aus dem Jahr 1934, jedoch kein Gesetz, das ein Gefangener im Zweifel auch einklagen konnte. Auch für Feest ist alles neu, zuvor hatte er in München über Polizei geforscht.

Er fragt sich anfangs, ob es der eigenen Gesundheit zuträglich ist, einem Verbrecher im Knast den Rücken zu kehren. Bald aber ist er für die Gefangenen eine Vertrauensperson, er steht auf ihrer Seite. Einen eigenen Schlüssel für das Gefängnis lehnt er deswegen ab. Feest will auf diese Weise den Abstand zur Institution aufrechterhalten. Bei seiner Arbeit lernt er den Graben zwischen dem Strafvollzugsgesetz und dem Strafvollzug hautnah kennen. Für einen Wissenschaftler wie ihn wird das zu einer nachhaltigen Erfahrung. Also schreibt er die »Bibel« – so behandeln Gefangene jedenfalls seinen Kommentar zum Strafvollzugsgesetz. Diese Kommentierung ist für die Inhaftierten ein Wegweiser, der ihnen hilft, zu ihrem Recht zu gelangen. Damit schaffen es viele, Missstände in ihrem Knastalltag zu bekämpfen und juristisch gegen das vorzugehen, was sie bislang als einen unbezwingbaren Gegner wahrgenommen haben: die Anstalt.

Feests Kommentar zum Strafvollzugsgesetz ist kein schnödes Nachschlagewerk für juristische Laien, es ist ein Buch zur Selbstachtung. Für Leiter der Gefängnisse gerät der Text hingegen eher zur Offenbarung des Johannes. Als sich Feest nach einer Konferenz an einem Tisch mit lauter Anstaltsleitern aus Bayern wiederfindet, da sagt ihm einer, den Feest, den hätte er sich immer mit Hörnern vorgestellt.

Mittlerweile erscheint sein Kommentar in der sechsten Auflage und von Beginn an wird dieses Werk Feests heißer Draht in die Gefängnisse, nicht mehr nur nach Bremen, sondern bundesweit. Er bekommt kiloweise Post, jedes Jahr. Bei seiner Arbeit ist ihm vor allem ein ehemaliger Gefangener behilflich. Mit ihm baut er ein Archiv auf. Dieser Mann hat einen gewissen Ruf in Deutschlands Gefängnissen, er genießt Vertrauen. Der Mann ist in Heimen aufgewachsen, trägt verschiedene Namen und kennt weder seine Nationalität noch sein Geburtsdatum. Er hat als Fremdenlegionär am Indochinakrieg teilgenommen und ist für seine vermeintliche Fahnenflucht in Abwesenheit in Frankreich zum Tode verurteilt worden. Wegen Überfällen in Deutschland sitzt er schließlich bis zum Jahr 1986 über 30 Jahre in Haft. Er kämpft für einen Lohn- und Gehaltstarif im Knast, für die Einbeziehung der Gefangenen in die Sozialversicherung und die Einhaltung der Menschenrechte im Gefängnis. Er leitet nach seiner Beteiligung am Hamburger Gefängnisaufstand in »Santa Fu« die Anstaltsbibliothek und wird schließlich gebeten, einen alternativen Kommentar zum Strafvollzugsgesetz zu schreiben. Einem juristischen Autodidakten und Gefangenen passiert so etwas nicht täglich. Er schreibt Eingaben an die Vereinten Nationen und Gesetzesvorlagen, die er über den Knast publiziert. Irgendwann lernt er dann Johannes Feest kennen und kümmert sich als Freigänger ab 1983 um den Aufbau des Strafvollzugsarchivs.

Dieses Archiv führt Feest bis heute weiter: eine Sammlung von Klagen und Zustandsbeschreibungen aus deutschen Gefängnissen. Mittlerweile ist Feest selbst eine personifizierte Kontrollinstanz. Ihn erreichen Nachrichten aus dem Nachtschatten der öffentlichen Wahrnehmung. Es klingt für Außenstehende vielleicht banal, aber wenn einem Inhaftierten plötzlich die Antenne zum Fernsehempfang nicht mehr gestattet wird, ist dies für ihn ein echtes Problem; ebenso, wenn ein Gefangener, der im Knastladen die Waren verkauft, dies nicht mehr tun darf; oder wenn die Anstalt aus Sicherheitsgründen Pornoheftchen nicht mehr gestattet – von heute auf morgen. In der Reduziertheit eines Gefängnisses, in der nichts von der Entscheidung des Gefangenen abhängt, schrumpft die Selbstbehauptung auf Banalitäten zusammen. Feest nimmt sich dieser Sorgen juristisch an.

Er liefert damit Schild und Schwert in die Gefängnisse. Vor allem Leiter von Justizvollzugsanstalten aus Bayern verübeln ihm dies. Dort gilt Vollzug mitunter als eine Art Lehnswesen. In einigen Gefängnissen ist der Anstaltsleiter Souverän, der niemandem unterstellt ist, der Recht vollstreckt und deswegen selbst Recht ist. So erreichte Feest kürzlich der Brief eines Gefangenen aus dem herrschaftlichen Bayern. Der Mann beklagt, dass ihm die Anstalt Feests Kommentar zum Strafvollzugsgesetz verboten habe. Er dürfe genau dieses Buch nicht besitzen. Schließlich, so die Begründung, sei er kein Jurist, man dürfe dieses Werk auch in Freiheit nur mit dem Nachweis juristischen Fachwissens erwerben. Ein solches Buch sei zudem dazu geeignet, den Gefangenen in seiner Rechtsauffassung derart zu verwirren, dass er womöglich aussichtslose Klagen gegen die Anstalt richten könnte. Zudem sei das 1000 Seiten dicke Machwerk auch eine offensichtliche Gefährdung der Sicherheit, denn der Wälzer eigne sich hervorragend als Versteck.

Feests Antwort: »Es ist unbestritten, dass Gefangene solche Bücher besitzen dürfen. Zu 1) Wie Sie schon selbst erkannt haben, ist es ein blühender Unsinn, anzunehmen, dass juristische Bücher nur von zertifizierten Juristen gekauft werden dürfen. Ein Strafvollzugsbeamter, der so etwas behauptet, macht sich einen schlechten Scherz. Denn man kann nicht annehmen, dass er so etwas selbst glaubt. Zu 2) Das Vermeiden ›unnötiger Beschwerden‹ ist ein im Gesetz nicht vorgesehener Grund für die Verweigerung von Informationsmaterial. Ob die Beschwerden nötig waren oder nicht, soll sich vielmehr auf dem Beschwerdeweg überhaupt erst herausstellen. Zu 3) Dass Bücher nicht generell wegen ihrer eventuellen Eignung als Versteck verboten werden dürfen, hat das OLG Celle schon im Jahre 1990 entschieden. Bitte melden Sie sich sofort wieder, wenn Ihnen dieser Brief oder die Anlage nicht ausgehändigt werden sollte.«

Wenige Tage später kommt der Brief eines anderen Gefangenen aus einem anderen Gefängnis. Feests Buch steht plötzlich auch dort auf dem Index.

Noch heute erhält er viel Post, mehr als einen Brief pro Tag, etwa 500 Briefe pro Jahr. Zu Beginn, Anfang der achtziger Jahre, erwächst aus den Einsendungen ein empirisches Forschungsprojekt, das er neben seiner sonstigen Arbeit verfolgt. Drittmittel gelten zu dieser Zeit im linken Bremen als Auftragsforschung und sind tabu. »Es war ein Projekt über Rechtsschutz im Strafvollzug und es hat uns fast umgebracht. Wir untersuchten, was passiert, wenn Gefangene vor die Gerichte gehen. Was passiert, wenn sie gewinnen? Passiert dann irgendetwas?« Das sind die Fragen, die ihn ab diesem Zeitpunkt antreiben.

Er beantwortet die Briefe, bietet seine Hilfe an. Nur in den seltensten Fällen geht er persönlich in die Knäste. Vielleicht schützt er sich so davor, völlig von den existenziellen Problemen eines Gefangenen vereinnahmt zu werden. Kürzlich bekam er wieder einen interessanten Brief, diesmal aus der JVA Diez. Wer dem Fall nachgeht, stößt auf die Willkür im Knast, die meist unentdeckt bleibt.

15 Der Anstaltsleiter als Souverän: Die Willkür der JVA Diez

In die JVA Diez kommen die schweren Jungs aus Rheinland-Pfalz. Hier vollstreckt das Land die lebenslänglichen Haftstrafen, aber auch die Gefangenen der Sicherungsverwahrung bringen die Pfälzer hier unter.

Am 22. April 2009 passiert etwas Außergewöhnliches, von dem über ein Jahr nichts an die Öffentlichkeit dringt. An diesem Tag kommt es in der Haftanstalt zu einer Massenschlägerei zwischen russischsprachigen Gefangenen. Der Alptraum eines jeden Anstaltsleiters. Die Sicherheit und Ordnung der Vollzugsanstalt gerät für wenige Minuten völlig aus dem Ruder. Daraufhin ergehen Sicherungsmaßnahmen gegen die Beteiligten. Es sind extreme Vorkehrungen, die auf Weisung des Anstaltsleiters Jörg Schäfer ergriffen werden. Ein Augenzeuge beschreibt die Vorkehrungen in einem Brief an Johannes Feest: »Alle russischsprachigen Gefangenen kamen an diesem Tag in besonders gesicherte Zellen … Egal ob jemand beteiligt war oder in der Nähe stand … 5 Tage waren wir im BgH [besonders gesicherter Haftraum]. Ohne Wasser zum Waschen, ohne Hygieneartikel, wie Schweine eingesperrt, in diesen dreckigen Zellen, wo Fußböden schwarz von Dreck sind. Nach 5 Tagen haben die alle in Arrestzellen eingesperrt. Jeden Monat wurden die Sicherungsmaßnahmen weiter verlängert, ohne es zu begründen. […] Einzel Dusche, einzel Hofgang, Besuch auf 1 Stunde reduziert mit optischer und akustischer Überwachung …«

Die Anstalt reagiert damit auf die Schlägerei selbst für Knastverhältnisse drakonisch. Und vor allem dauern die Konsequenzen sehr lange an: Noch anderthalb Jahre nach dem Vorfall gelten diese Sicherheitsvorkehrungen.

Seit März 2010 dürfen auch Briefe nach einer Verfügung des Anstaltsleiters nicht mehr auf Russisch verfasst werden, angeblich aus Sicherheitsgründen. Der Knastchef hat weitere Vorkehrungen getroffen: Die Inhaftierten dürfen jetzt keine Pakete mehr empfangen. Sie sind in Einzelhaft untergebracht, von Familienbesuchen ausgeschlossen, andere Besucher müssen hinter einer Trennscheibe bleiben. Das Telefonieren ist untersagt. Nach jeder Freistunde, die nur auf einem gesonderten Freistundenhof gestattet ist, erfolgt eine körperliche Durchsuchung. Die Gefangenen dürfen nicht mehr arbeiten oder an Gemeinschaftsveranstaltungen teilnehmen. Sie dürfen sich außerhalb ihrer Zellen nicht einmal mehr alleine bewegen. Immer muss ein Beamter dabei sein. Alle winzigen Freiheiten, die selbst in Gefängnissen möglich sind – alles eliminiert.

Auch der Haftraum wird auf 1200 Refa-Punkte begrenzt. »Refa« steht für »Reichsausschuss für Arbeitszeitermittlung«. Es handelt sich um eine Methode zur Zeitmessung. Auch im Knast findet so etwas Anklang. Mit Refa-Punkten lassen sich Regeln bürokratisch abstrakt definieren. Dabei werden sowohl einzelnen Gegenständen als auch Handlungen Punkte und damit Zeiten zugeordnet. Die Refa-Punkte sagen letztendlich etwas darüber aus, was ein Gefangener in seiner Zelle aufbewahren darf. Zur Errechnung der Rheinland-Pfälzer Refa-Punkte wurden insgesamt 5000 Messungen zur Erprobung durchgeführt. Eine Unterhose kostet den Gefangenen drei Refa-Punkte, ein Vollzugsbediensteter hat damit exakt 18 Sekunden Zeit, das gute Stück ordentlich abzutasten. Viele Punkte kosten Kontakte in die Außenwelt. Briefe – etwa mit Anwälten – und Gerichtsakten schlagen richtig zu Buche: Ein DIN-A4-Ordner mit 250 Blättern macht 82 Punkte, zehn Briefumschläge à zwei Blättern ergeben 50 Refa-Punkte. Kommen noch Gesetzestexte hinzu, die zur Lieblingslektüre von Menschen mit langen Haftstrafen gehören, dann sind schnell alle Punkte weg.

Nach der Schlägerei dürfen die Gefangenen mit 1200 Refa-Punkten nur noch die Hälfte ihrer bisherigen Habe besitzen. Das ist für Menschen im Gefängnis ein wirklich drastischer Einschnitt.

Die Strafmaßnahmen bedeuten einen Entzug von allem, was im Knast Sauerstoff zum Atmen bedeutet, was ein Leben halbwegs erträglich macht. Die Begründung für diese Härten seitens der Anstalt fällt ziemlich dürr aus. Es gehe, heißt es, »um die Sicherheit und den Erhalt der Anstaltsordnung«. Und wie lange müssen sich die Gefangenen darauf noch einstellen? »Bis auf Weiteres.«

Bis über eine Anfrage beim rheinland-pfälzischen Justizministerium ein Gespräch mit Anstaltsleiter Schäfer möglich wird, vergeht fast ein Monat. Im Spätsommer 2010 lädt er dann aber sogar zu einem Besuch nach Diez ein – um enger mit der Öffentlichkeit zu kooperieren, wie er sagt. Die Sache wird für ihn unangenehm. Denn nach dieser Rechercheanfrage zu den Vorkommnissen in Diez bespricht sich Schäfer mit dem Justizminister. Am Telefon gibt er sich wider Erwarten konziliant, fast einfühlsam. Er habe wirklich mit sich gerungen und sich immer wieder gefragt: »Übertreiben wir das Ganze, ist das Paranoia?«

Doch selbst im September 2010 gelten für mindestens drei Beteiligte immer noch scharfe Sicherungsmaßnahmen. Was ist mit den anderen passiert? Eine Beteiligung an der Massenschlägerei lässt sich lediglich bei sechs Gefangenen nachweisen; nur bei diesen reicht der Tatverdacht für eine Anklage. Zwei Inhaftierte von diesen sechs werden in andere Gefängnisse gebracht, einer soll abgeschoben worden sein, sagt der Anstaltsleiter.

Greift Jörg Schäfer wirklich nur deswegen so unerbittlich durch, weil andernfalls eine Knastrevolte in der JVA Diez ausbrechen würde? Muss er so handeln, würden die Russen andernfalls sonst das Regiment übernehmen? Oder gibt es andere Gründe? Ursachen, die vielleicht mit den russischsprechenden Gefangenen zusammenhängen? Hat er genug davon, dass er und seine Mitarbeiter nicht verstehen, was die Gefangenen untereinander reden, wenn diese es nicht zulassen?

Fest steht: Alle von den Maßnahmen des Anstaltsleiters betroffenen Inhaftierten sind Russlanddeutsche oder Staatsbürger der GUS. Sie zählen somit zu einer Gruppe von Inhaftierten, die keinen besonders guten Ruf in Deutschlands Gefängnissen genießt. Das ist sogar wissenschaftlich belegt. Die Rechtslinguistin der Universität Regensburg, Gabriele Klocke, hat den Umgang mit diesen Gefangenen untersucht. Sie schreibt: »Gegenüber einigen Inhaftiertengruppen wird darüber hinaus ein Generalverdacht der konspirativen Geheimsprachigkeit gehegt. Dies trifft insbesondere auf die Gruppe der russlanddeutschen Inhaftierten zu, welche sich untereinander zumeist konsequent muttersprachlich austauschen. Aus diesem Grund unterliegt die russischsprachige Gefangenengruppe inoffiziell einer Sonderbehandlung, die in manchen Fällen auch in eine Schlechterstellung gegenüber anderen fremdsprachigen Migrantengruppen münden kann.«[31]

In Bayern ist diese Schlechterstellung sogar gesetzlich fixiert. Im dortigen Strafvollzugsgesetz steht geschrieben: »Der Anstaltsleiter oder die Anstaltsleiterin kann Schreiben anhalten, wenn [...] sie ohne zwingenden Grund in einer fremden Sprache abgefasst sind [...]; ein zwingender Grund liegt in der Regel nicht vor bei einem Schriftwechsel zwischen deutschen Gefangenen und Dritten, die die deutsche Staatsangehörigkeit oder ihren Lebensmittelpunkt im Geltungsbereich des Grundgesetzes haben.« Eine Regel, findet nicht nur die Linguistin Klocke, gegen Russlanddeutsche. Denn diese sind es ja vor allem, die zwar die deutsche Staatsangehörigkeit besitzen, aber sich oft auf Russisch austauschen müssen.

Anstaltsleiter Jörg Schäfer sagt, in Rheinland-Pfalz würden die Gefangenen aus der ehemaligen Sowjetunion rund 15 Prozent ausmachen. »Das ist eine Gefangenengruppe, zu der wir nach wie vor schwer Zugang bekommen.« Es bestehe ein Problem mit der »Subkultur«, sagt er.

Seit Jahren wird von Seiten der Anstalten behauptet, die russischsprachigen Gefangenen hätten eine Art Mafia gebildet, die selbst außerhalb des Gefängnisses operiere. Sex, Drogen, Menschenhandel – alles geplant und gesteuert von russischen Kriminellen in deutschen Knästen? Diese These stützt auch der Anstaltsleiter, als er in einem Fernsehbericht im lokalen SWR-Fernsehen sich sehr besorgt über die Zustände zeigt. Er sagt über die Russlanddeutschen: »Die Gruppe ist abgeschottet, hat eine eigene Struktur, die für Außenstehende nicht gänzlich nachvollziehbar ist. [...] Es gibt ja immer wieder die sich hartnäckig haltenden Gerüchte über Schutzgeld.« Er schaut jetzt sehr nachdenklich und fährt dann fort: »Dafür haben wir hier keine Anhaltspunkte. Wir müssen davon ausgehen, dass solche Sachen im Hintergrund eine Rolle spielen. [...] Wir gehen davon aus, dass Dinge geschehen, die nicht rechtens sind.« Am 22. November 2010 wird der Bericht in erweiterter Fassung sogar überregional im *Report Mainz* ausgestrahlt. Titel des Beitrages: »Gefahr aus dem Knast – Wie die Russenmafia Verbrechen unter den Augen der Justiz organisiert.« Genau diese transportierte Gefährlichkeit der Gefangenen könnte dem Anstaltsleiter gelegen kommen. Der Fernsehbeitrag wirkt, als würde sich hier jemand wappnen. Gegen mögliche Vorwürfe, dass anderthalb Jahre für die verschärften Haftbedingungen ein unerklärlich langer Zeitraum sind, um einzelne Gefangene zu disziplinieren.

Der Bericht funktioniert, denn die Schlägerei, die sich bis zu den Fernsehleuten herumgesprochen hat, wird genau hier eingeordnet: als das Werk russischer Banden. Kritische Fragen an Jörg Schäfer unterbleiben.

Der Bremer Kriminologe Johannes Feest runzelt die Stirn, wenn er an die Vorfälle in der JVA Diez denkt. Allerdings deshalb, weil er das Vorgehen der Anstaltsleitung nicht versteht. Er erkundigt sich. Niemand antwortet dem renommierten Strafrechtsprofessor, seine Nachfragen verlaufen im Sande – bis heute. Die unterstellten mafiösen Strukturen bei Russlanddeutschen hält er allerdings für eine beliebte Legende, die seit Jahren immer wieder auftauche. Tatsächlich, sagt er, gehe es oft um Diskriminierung.

Der Anstaltsleiter Jörg Schäfer beteuert auf Nachfrage, Diskriminierung läge ihm fern: »Wir haben damit ja kein Problem. Ich schätze die russische Kultur. Die Musik Rachmaninows, die Literatur Dostojewskis.« Er betont: »Wir müssen diesem kulturellen Hintergrund mehr Wertschätzung entgegenbringen.« Er sei, sagt Schäfer, keiner dieser Hardliner. Im Gegenteil, er lehne einen repressiven Strafvollzug ab und beobachte die rechtspolitischen Verschärfungen der letzten Jahre mit Sorge. Durch die Schlägerei in der Anstalt jedoch sei ein »Phänomen entstanden, wo wir uns gegenseitig Grenzen aufgezeigt haben. Die Gefangenen haben diese Grenze dann überschritten.« Dieser Anstaltsleiter klingt fürsorglich. Aber tut er wirklich alles, um die Härten des Vollzuges im Sinne der Häftlinge und der Allgemeinheit zu entschärfen? Die Geschichte der Familie A., deren Söhne in der JVA Diez inhaftiert waren, legt einen gänzlich anderen Schluss nahe.

Die Familie A. kam aus Russland nach Deutschland. 1994 lebt die Familie A. noch in einem Aussiedlerheim in Sachsen. Die Mutter erinnert sich nur ungern an diese Zeit: »Wir hatten dort eine Wohnung in einem Haus, wo acht deutsche Familien lebten. Sie haben uns dort gehasst, weil wir aus Russland kamen und noch dazu schlecht auf Deutsch sprachen.« Ein Jahr später zieht die Familie in den Westen. Die beiden Söhne von Frau A. beherrschen eine Kampfsportart und sind über 1,90 Meter groß. Sie geraten in Konflikte, schlagen schließlich einen Mann zusammen und kommen zunächst mit einer Bewährungsstrafe davon. Ihr Anwalt ermahnt die beiden zu besonderer Vorsicht. Aber schon drei Jahre später kommen sie wegen räuberischer Erpressung ins Gefängnis: in die JVA Diez.

Als die Mutter ihre Arbeit verliert, zieht sie mit ihrer behinderten Tochter in ein anderes Bundesland. Der Besuch der beiden Söhne in Rheinland-Pfalz wird immer beschwerlicher, sie schafft es kaum noch, weil die Tochter unter Depressionen und epileptischen Krampfanfällen leidet. Die Familie bemüht sich deswegen darum, eine Verlegung in das Bundesland zu erwirken, in dem die Mutter jetzt wohnt. Nach Nordrhein-Westfalen. Ein Martyrium beginnt.

Die JVA Diez stellt sich quer, wo es nur geht. Auf die Anfrage von Frau A. reagiert die Anstalt negativ. Die Anstaltspädagogin begründet die Ablehnung einer Verlegung in die nähere Umgebung der Mutter so: »Die von Ihnen vorgetragenen Besuchsschwierigkeiten sind regelmäßig eine Nebenfolge der Strafhaft, die der Strafgefangene in Kauf nehmen muss. [...] Eine Abweichung vom Vollstreckungsplan ist deshalb nur bei Vorliegen außergewöhnlicher Umstände gerechtfertigt, die in Ihrem Fall nicht ersichtlich sind.« Die epileptischen Anfälle der behinderten Schwester, die es der Mutter fast unmöglich machen, ihre Söhne zu besuchen, reichen einer Pädagogin nicht aus.

Das Bundesverfassungsgericht vertritt allerdings eine andere Rechtsauffassung: »Die Verlegung eines Gefangenen in die JVA eines anderen Landes kommt rechtlich nicht erst dann in Betracht, wenn sie zur Behandlung oder aus Resozialisierungsgründen unerlässlich ist, sondern bereits dann, wenn [...] seine Eingliederung hierdurch gefördert wird«, urteilen die obersten Richter. Weiter heißt es: »Für das Resozialisierungsziel, auf das der Strafvollzug von Verfassung wegen auszurichten ist, haben die familiären Beziehungen des Gefangenen wesentliche Bedeutung.« Dieses Urteil fällt das Bundesverfassungsgericht im Jahr 2006. Der Fall, den die Richter verhandelt hatten, war nahezu deckungsgleich mit dem der Familie A. Frau A. ist deswegen zuversichtlich und legt mit dem Hinweis auf das Urteil der Verfassungsrichter Berufung ein. Endlich nun, denkt Frau A., wird sie auch ihre Söhne öfter im Gefängnis besuchen können. Doch diese Zuversicht trügt. Die JVA stellt sich quer und will partout nicht, dass die Söhne in ein anderes Gefängnis verlegt werden.

Die Trennung der Söhne von der Mutter sei »eine zwangsläufige und unvermeidliche Folge jeder Strafverbüßung«. Die stoische Begründung klingt wie eine Tonbandansage. Die JVA Diez sieht sich über die Rechtsauffassung der Karlsruher Richter erhaben. Die Anstalt lehnt eine Verlegung schließlich am 1. März 2007 erneut ab.

Die juristischen Auseinandersetzungen ziehen sich hin. Eine schreckliche Zeit für die Familie, die sich kaum noch sieht. Schließlich verpflichtet die Strafvollstreckungskammer des Landgerichts Koblenz die JVA Diez zur Verlegung. Das Gericht gibt Frau A. ebenfalls Recht. Das jedoch interessiert die JVA Diez überhaupt nicht. Der Anstaltsleiter heißt zu diesem Zeitpunkt Norbert Henke. Er legt beim rheinland-pfälzischen Justizministerium Rechtsbeschwerde ein und stößt auf offene Ohren bei einem Bekannten. Der dort zuständige Sachbearbeiter heißt Jörg Schäfer – der Mann also, der später selbst die JVA leiten soll. Im September 2008 unterstützt Schäfer daher den Anstaltsleiter. Auch erachtet er den Wunsch der Familie A. als unwesentlich. Schäfer schreibt ohne Begründung: »Ich schließe mich den Ausführungen der Begründung des Leiters der Justizvollzugsanstalt Diez vollinhaltlich an. Ich beantrage, den Beschluss des Landgerichts Koblenz – Strafvollstreckungskammer Diez – vom 04.08.08 – aufzuheben und die Sache zur neuen Entscheidung an die Strafvollstreckungskammer zurückzuweisen.«

Er ignoriert sowohl das Urteil des Landgerichts Koblenz als auch die Rechtsauffassung des Bundesverfassungsgerichtes sowie die drei Jahre, die Frau A. schon darauf wartet, dass ihre Söhne in ihre Nähe verlegt werden.

Die Geschichte geht weiter. Der zweite Senat des Oberlandesgerichts Koblenz verwirft die Rechtsbeschwerde, die Schäfer »vollinhaltlich« unterstützt, als unzulässig. Plötzlich aber weigern sich Schäfers Kollegen vom Justizministerium in Nordrhein-Westfalen. Nun wollen auch sie die Gerichtsurteile nicht akzeptieren. Die Gefangenen sollen in kein Gefängnis in NRW aufgenommen werden. Wieso sich die Ministeriumsmitarbeiter beider Bundesländer plötzlich so einig sind, kann nicht rekonstruiert werden. Klar jedoch ist, dass sich erneut ein Gericht mit der Sache befassen muss, das Oberlandesgericht Hamm. Auch dieses entscheidet im Sinne der Familie A. und wirkt schließlich auf das Justizministerium in NRW ein. Am 9. Juni 2009 muss das Justizministerium schließlich nachgeben.

Seit fast vier Jahren kämpft Frau A. zu diesem Zeitpunkt bereits gegen die abstruse Rechtsauffassung der JVA Diez und der Justizministerien in Rheinland-Pfalz und Nordrhein-Westfalen. Immer wieder bekommt sie Recht, doch die Anstalten und Ministeriumsmitarbeiter weigern sich, es der Mutter leichter zu machen, ihre Söhne zu besuchen. Wieso sollte man auch Kriminellen entgegenkommen?

Unterdessen wird Jörg Schäfer zum neuen Anstaltsleiter in Diez berufen. Der Mann, der Dostojewski und Rachmaninow und die russische Kultur so schätzt. Hier wird er sich wohlfühlen. Noch bevor das Justizministerium der Familie A. im Juni widerwillig zu ihrem Recht verhilft, kommt es allerdings zu der erwähnten Schlägerei zwischen den Russlanddeutschen im Gefängnis. Auch die beiden Brüder A. sind beteiligt.

Plötzlich kann es mit einer Verlegung der Brüder gar nicht mehr schnell genug gehen. Hals über Kopf werden sie in Gefangenentransporte gesteckt. Jeder kommt in einen anderen Knast – als wollte man sie verschwinden lassen. Auch jetzt interessiert sich die Anstaltsleitung nicht für ein juristisch sauberes Verfahren, denn niemand informiert den Anwalt der beiden. Der heißt Christoph Rühlmann und ist heute noch empört über diese Willkür des Anstaltsleiters Jörg Schäfer: »Eine Verlegung in einer Nacht- und Nebelaktion in eine JVA in einem anderen Bundesland, noch dazu ohne Information des Anwaltes, bedürfte gewichtiger Gründe.« Die werden ihm nicht genannt. Über Monate wird ihm die Akteneinsicht verwehrt. Er kann also die für eine Verteidigung nötige Analyse der Beweise nicht vornehmen. Telefonisch, so berichtet Rühlmann, begründe der Anstaltsleiter Schäfer die Aktion mit »mafiösen Strukturen«, die die Brüder aufgebaut hätten. Sie müssten »außer Landes geschafft werden«.

Unliebsame Gefangene auf diese Art loszuwerden, ist eine rechtlich höchst problematische Praxis in Deutschlands Knästen. Denn es existieren ja Vollzugspläne, die eine Wiedereingliederung in die Gesellschaft organisieren und ermöglichen sollen, in ihnen werden die Schritte beschrieben, die zu gehen sind, bis das Haftende erreicht wird, ebenso das Verhalten des Inhaftierten. Diese Art der Gefangenentransporte macht die Resozialisierung jedoch fast unmöglich. Die nur inoffiziell gehandhabte Praxis nennt sich »verschuben« – bereits im 18. Jahrhundert gab es so genannte »Bettlerschübe«, bei denen Bettler aus einer Stadt oder einem Land in eine andere Stadt oder ein anderes Land verjagt wurden. Intern gibt es auch die Bezeichnung »Knasttourismus«. Dabei werden Täter, die als besonders gefährlich gelten, in kurzen Intervallen ständig in neue Anstalten verlegt. Unter Anstaltsleitern gibt es darüber eine stille Übereinkunft. Das bestätigen sowohl Häftlinge als auch ein intimer Kenner deutscher Gefängnisse. Er heißt Harald Preusker und war schon in vielen Knästen Leiter, unter anderem in Bruchsal und Stammheim. Später kümmerte er sich als Ministerialdirigent um den sächsischen Strafvollzug. Er sagt: »Es gibt Gefängnistourismus. Das Argument ist Tapetenwechsel. Ein Gefangener kommt nicht klar, eckt überall an, dann spielen auch die Bediensteten nicht mehr mit, dann ruft man den Kollegen an und sagt: ›Ich habe da einen, der muss weg.‹ Dann sagt der: ›Ich habe auch einen‹, und zack ist der Deal gemacht. Rechtlich ist das problematisch. Der Vollstreckungsplan sagt deutlich, woran man sich halten soll. So kann man auch jemanden zermürben. Die Verlegung als Sanktionsmittel ist unzulässig, auch wenn einige Leiter das schönreden. Das ist ein dunkles Kapitel.«

Es trifft auch die Söhne von Frau A. Und liest man sich die Begründung noch einmal durch, mit der die JVA eine Verlegung in die Nähe der Mutter ablehnte, klingt das nahezu zynisch: »Einer kontinuierlichen Behandlung im Strafvollzug ist es nicht förderlich, wenn Gefangene zu oft verlegt werden …« Für die Verschubung scheint das nicht zu gelten. Frau A. wartet noch heute darauf, ihre Söhne öfter besuchen zu können. Wären sie keine Russlanddeutschen – vielleicht gäbe es all diese Probleme nicht.

Die Schlägerei in der JVA Diez und die drakonischen Maßnahmen, die Anstaltsleiter Jörg Schäfer daraufhin verhängt hat, fügen sich nun zu einem hässlichen Mosaik. Die Beteuerungen des Knastchefs, das Wohl der Insassen im Blick zu haben und berechtigte Sicherheitsinteressen möglichst ausgewogen balancieren zu wollen, klingen jetzt hohl.

Bezogen auf die Sicherungsmaßnahmen nach der Schlägerei spricht Schäfer von einer »Zwickmühle«: einerseits der Gefahr, »bestimmte Maßnahmen zu überziehen und Leute über Gebühr zu belasten«, und andererseits die Sicherheit der Institution aufrechtzuerhalten. Doch war die Schlägerei wirklich so ein Exzess? Ärztlich müssen lediglich zwei Gefangene behandelt werden, gesteht Jörg Schäfer. Er beteuert: »Die Maßnahmen, die wir getroffen haben, waren weit von Willkür entfernt, sind aber erheblich gewesen.« Nach Willkür wurde gar nicht gefragt. Der Anstaltsleiter verspricht: »Noch im Laufe des Jahres [2010] werden wir Normalbetrieb haben.«

Nachfrage beim Justizministerium. Die Antwort kommt am 22. Dezember: »Sie haben angefragt, ob derzeit noch Häftlinge unter den verschärften Sicherheitsmaßnahmen in Diez inhaftiert sind. Dies ist nicht der Fall.«

16 Anstalten machen Anstalten: Systematischer Rechtsbruch im Knast

Ganz schön rau die Verhältnisse in Diez. Eine Ausnahme in Deutschland? Das dürften sicherlich diejenigen meinen, die nicht von Verschwörungstheorien beseelt und von der Durchtriebenheit des Staates überzeugt sind, die sich vielmehr auf gesunde Weise den Glauben an einen Rechtsstaat bewahren konnten. Sie liegen in diesem Fall aber falsch. Der ehemalige Anstaltsleiter Harald Preusker sagt: »Da gibt es immer Anstalten, die sich nicht um Gerichtsentscheidungen scheren. Das Bundesverfassungsgericht hat Bayern zigmal gerügt in Strafvollzugssachen. Dieser Ungehorsam gegenüber Gerichten ist nicht ganz so ungewöhnlich.« Das Gleiche berichtet der Rechtssoziologe Johannes Feest, der so viele Fälle dieser Art zusammengetragen hat, dass er diesem Phänomen sogar einen Namen geben musste: Er nennt das »renitente Strafvollzugsbehörden«. Nie gehört? Damit sind Sie keine Ausnahme. Was jenseits der Mauern hohe Wellen schlagen würde, kann sich im Schattenreich der Knäste ungestört ausbreiten. Wen interessiert, was mit den Gefangenen passiert?

Stellen Sie sich vor, Sie klagen gegen Ihre Kündigung, gehen freudig strahlend aus dem Gericht: Ihr Glaube an den Rechtsstaat wurde soeben gestärkt, Ihr Verständnis von Demokratie gefestigt, denn Sie haben über Ihren Arbeitgeber den Sieg davongetragen. Und dann passiert: nichts. Absolut nichts. Man ignoriert Sie, man ignoriert das Rechtssystem, Ihr Arbeitgeber stellt Sie nicht wieder ein, das Gerichtsurteil nimmt er mit einem Achselzucken hin. Sie klagen wieder. Und wieder geschieht nichts, obwohl Sie auch bei der nächsten Instanz Recht bekommen. Das zieht sich über Jahre hin und während der ganzen Zeit verschanzt sich Ihr Arbeitgeber hinter seiner abstrakten Arroganz der Nichtbeachtung. Sie sehen ihn nicht, Sie hören ihn nicht, Sie merken nur das fehlende Gehalt auf Ihrem Konto.

So etwas passiert mit Menschen, die im Gefängnis sitzen, in einer Umgebung, die so konstruiert wurde, dass sich die Gedanken eines Menschen früher oder später auf ihn selbst richten wie gebündelte Sonnenstrahlen unter einem Brennglas. In dieser Umgebung wird jeder erwartete Brief, der verspätet eintrifft, zum Beweis für das Desinteresse des Verfassers, jede Freundin, die ihre Bahn verpasst, wird zum Horrortrip. Das ist nicht theatralisch, sondern eine Folge der Haftsituation. So denken Menschen, deren Strafe das Warten ist. In einer solchen Lage wird vieles als Unterdrückung erlebt und manches davon ist eine schlichte Tatsachenbeschreibung. In der Regel kümmert dies niemanden. Und plötzlich siegt ein Gefangener vor Gericht. Die Richter bescheinigen ihm mit amtlichem Siegel: »Du hast Recht!« Trotzdem wird er weiter ignoriert. Für einen Gefangenen muss so etwas um ein Vielfaches schlimmer sein als die nicht zurückgenommene Kündigung des Arbeitgebers. Auf acht Quadratmetern zwischen Betonwänden und Türen ohne Klinke spielt sich die Welt ausschließlich in seinem Kopf ab. Jedes Urteil, das die Anstalt ignoriert, sorgt für größere Unordnung und Turbulenz in den Hirnwindungen.

Draußen kann schon der Wechsel des Telefonanbieters zum Martyrium werden. Die Melodie in der Warteschleife, nicht beantwortete Schreiben – wenn Sie aus diesem ganzen Ärger eine Potenz bilden, könnte das eine Annäherung an den Seelenzustand eines Inhaftierten ergeben. Wie sollen Menschen, die wegen ihrer Vergehen gegen die Rechtsordnung eingesperrt werden, so Achtung vor dem Rechtsstaat lernen? Das ist jedenfalls ziemlich sicher nicht der Weg, der zu einer gelungenen Resozialisierung führt.

Die Mehrheit der Inhaftierten büßt für schlimme, einige für extrem schlimme Dinge. Jeder, der sich mit dem Thema befasst, weiß jedoch auch, dass der Freiheitsentzug in dieser Umgebung mehr als ein hartes Los ist. Das unterschreibt jeder Anstaltsleiter, egal welcher Gangart er sich verpflichtet fühlt. In unserem Rechtsstaat ist dies die Strafe. Gleichzeitig haben Gefangene jedoch auch Rechte.

Um auf das Problem der »renitenten Strafvollzugsbehörden« überhaupt aufmerksam zu werden, braucht es Menschen, die sehr genau hinschauen. Denn es handelt sich ja stets um Einzelfälle, die nicht über repräsentative Befragungen ausfindig gemacht werden können. Nötig sind also Leute wie Johannes Feest. Er hat schon einmal vor über 20 Jahren zum »renitenten Strafvollzug« veröffentlicht. Das Problem hat sich in den letzten Jahren jedoch wieder verschärft. Er betont, »in rechtsstaatlicher Hinsicht konnten wir bereits im Jahr 1987 auf zwölf weitere Fälle hinweisen und 1997 im Rahmen einer systematischen Untersuchung zeigen, dass das Phänomen vielgestaltig, aber keineswegs selten ist«. Bei Renitenz geht es um »Fälle, in denen die Vollzugsverwaltung sich ausdrücklich weigert, eine im konkreten Fall gegen sie ergangene gerichtliche Entscheidung umzusetzen«.[32]

In der JVA Hamburg-Fuhlsbüttel beispielsweise kam es vor einigen Jahren zu Unruhen zwischen den Gefangenen. Die Anstalt verhängt daraufhin wie in Diez besondere Sicherungsmaßnahmen, die für alle Gefangenen gelten. Unter anderem betreffen diese Maßnahmen einen Mann, der ohnehin schon in einer Sicherheitsstation sitzt. Nun wird er zusätzlich unter Verschluss genommen und darf nicht mehr telefonieren – ein Kollateralschaden. Der nun mehrfach gesicherte Gefangene klagt gegen den Anstaltsleiter wegen Freiheitsberaubung. Ein Mann mit Sinn für Humor, aber er bekommt Recht! Auch wenn sich die Anstalt zunächst über das Urteil hinwegsetzt, das Landgericht Hamburg entscheidet im Sinne des Mannes. Auch die gegen das Urteil eingelegte Rechtsbeschwerde wischt das Oberlandesgericht schließlich vom Tisch. Das Oberlandesgericht Hamburg bestätigt, dass der beschuldigte Anstaltsleiter »der Freiheitsberaubung hinreichend verdächtig« sei. Er wird nur deswegen nicht angeklagt, weil sich der inzwischen freigelassene Gefangene auf einen Vergleich einlässt und 4900 Euro kassiert.

Einer von unzähligen kuriosen Fällen, von denen die Öffentlichkeit keinerlei Notiz nimmt und die genau deswegen auch möglich sind. Lange Zeit ließen sich die Gerichte von den Anstalten auf der Nase herumtanzen. Das ändert sich mittlerweile. So schildert Feest den Richterspruch des Landgerichts Gießen von 2005, das in einem solchen Fall von Renitenz drastisch von »einem eklatanten Rechtsbruch« spricht. Ein Hamburger Richter sagt bei einem Vortrag 2007 zum Strafvollzug: »Hamburg steht Hessen, wenn es um rechtswidriges Handeln, um Missachtung von Gerichtsentscheidungen geht, in nichts nach.« Die Justizbehörde verlangt daraufhin einen Beleg für diese These. Allein die Hamburger Strafvollstreckungsrichter konnten auf die Schnelle neun Fälle dokumentieren.

Man muss sich nur bei Strafverteidigern umhören und stößt schnell auf weitere Fälle. Sebastian Scharmer arbeitet in einer Berliner Kanzlei. Er sagt: »Ich war erstaunt über den Umfang und die Offenheit, mit der JVAen Dinge hinauszögern und willkürlich vorgehen und sich über das Gesetz stellen.« Das kann vor allem deshalb passieren, weil die Anstalten besondere Rechte haben: Ihnen steht ein größerer Ermessensspielraum zu, der sich auch gerichtlich nicht überprüfen lässt, denn Knäste sind ja selbst Teil des Justizapparats. Doch eine Möglichkeit gibt es: Wenn ein Anwalt die »Unfehlbarkeit« der Knäste widerlegen kann, dann hat er – im juristischen Jargon – die Möglichkeit der »Ermessensreduktion auf Null«. Er kann den gesetzlich vorgesehenen Ermessensspielraum also umgehen. Doch auch wenn einem Anwalt dieses äußerst seltene juristische Kunststück glückt, wenn er es also schafft nachzuweisen, dass es für eine Anstalt nur noch eine einzige verbleibende Möglichkeit zum Handeln gibt – nämlich im Sinne des Inhaftierten –, selbst dann weigern sich manche Anstalten.

Das Sanktionsspektrum wiederum ist vielgestaltig und die einzelnen Strafen sind fast nicht nachweisbar. Aus der Sicht eines Gefangenen besteht beispielsweise stets die Gefahr, täglich durchsucht zu werden; wegen bestimmter Auffälligkeiten, die früher keine Rolle spielten, nun gegängelt zu werden; auf die Bearbeitung von Anträgen plötzlich monatelang warten zu müssen. Das passiert sicher nicht in der Regel, aber Gefangene, die der Anstaltsleitung unbequem sind, weil sie intensiver als andere auf ihre Rechte pochen, werden schnell zur Zielscheibe.

Eine andere Methode, die Rechtssicherheit Gefangener zu hintergehen, ist besonders listig, weil sie so nachhaltig wirkt: Es geht ums Geld, genauer um die Festlegung des Streitwerts. Denn danach richtet sich das Honorar des Anwalts. Der liegt bei Strafvollzugssachen auch zum Schutz des Gefangenen in der Regel nicht besonders hoch. Das macht die Arbeit für Strafverteidiger, die sich mit Gefangenenfragen beschäftigen, jedoch finanziell sehr unattraktiv. Das ist ein Problem, auf das auch schon Richter in ihren Urteilen unumwunden hinweisen. Im Fall eines Berliner Sicherungsverwahrten zum Beispiel versucht die Anstalt alles, um seinen Wunsch nach einer externen Therapie zu verhindern. Er gibt sich damit nicht zufrieden und setzt auf einen juristischen Beistand. In erster Instanz bekommt zunächst das Gefängnis Recht, im März 2010 wirft das Berliner Kammergericht diese Entscheidung aber über den Haufen und betont, künftig »darauf zu achten, daß die gesetzlichen Gebühren hoch genug sein müssen, um die Tätigkeit des Verteidigers wirtschaftlich vertretbar erscheinen zu lassen und dem Gefangenen oder Verwahrten so die Inanspruchnahme anwaltlichen Beistandes zu ermöglichen. Der Streitwert muss höher festgelegt werden, als es das Landgericht getan hat. Ihn auf nur 100 Euro zu bemessen, war abwegig.« 100 Euro Streitwert sind ein plausibler Grund, den Rechtsschutz aufzugeben. Bereits an anderer Stelle kritisiert das Oberste Berliner Gericht im März 2010, dass sachfremde Erwägungen »objektiv willkürlich« den Ausschlag dafür geben, dem Gefangenen seine Therapie zu verwehren.

In einer anderen Sache aus dem April 2010 vor dem Berliner Kammergericht geht es um einen Mann, der unter anderem wegen Totschlags im Gefängnis sitzt. Er ist mittlerweile ein Greis. Aber die Anstalt stuft ihn als zu gefährlich für den offenen Vollzug ein – nach mehr als 20 Jahren Haft. Damit jemandem der offene Vollzug gewährt wird, ist es für bestimmte Täter sehr hilfreich, zuvor eine Therapie zu machen. Doch die Therapie wird dem Mann verwehrt. Dafür sei der Mann zu alt, so die Anstalt. Eine kafkaeske Argumentation, bei der der Anstaltsleiter »nicht auf das jahrelange beanstandungsfreie Vollzugsverhalten eingegangen sei«, wie das Gericht später kritisiert. Die Ablehnung des offenen Vollzugs sei daher falsch.

Doch trotz dieser richterlichen Entscheidung kommt der Inhaftierte immer noch nicht in den offenen Vollzug. Die Anstalt hält es nun für dringend geboten, den Greis vor einer Vollzugslockerung zu therapieren. Erstaunlicherweise stimmt nun eine Kammer zu. Wieder klagt der Gefangene, neue Entscheidung. Im Urteil vom April 2010 heißt es jetzt deutlich: »Die Beachtung der rechtskräftigen Entscheidung eines Gerichts erfordert es aber, daß die Vollzugsbehörde nicht den Eindruck erweckt, gegen die Bindewirkung der Entscheidung zu opponieren. [...] Die Einheitlichkeit der Rechtssprechung gebietet es auch, daß der Senat gerichtlichen Versuchen, ein derartiges Verhalten gutzuheißen, aus Rechtsgründen entgegentritt.« Als »kaum verbrämte Mitteilungen« bezeichnen es die Richter, dass der Gefangene während des Rechtsstreits mehrfach vom Anstaltsleiter unter Druck gesetzt wird, sein Verhalten in dieser Sache zu ändern, »verbunden mit der Aufforderung, die gerichtliche Geltendmachung seiner Interessen zu unterlassen«, rügen die Richter. Ein Anwalt, der Ähnliches häufig erlebt, sagt, im Gefängnis sei die Tür weit auf für Willkür und Machtmissbrauch: »Die lachen mich manchmal aus am Telefon.« Seine Drohung mit juristischen Konsequenzen habe für die Anstalt selten Auswirkungen und Zuständige würden ihm das manchmal recht deutlich zu verstehen geben.

In ihrem Urteil werden die Berliner Richter auch an einer Stelle sehr grundsätzlich: »Der Senat bemerkt, daß er die Erfahrung, daß ein Gefangener nach einem Sieg vor Gericht ›heruntergeschrieben‹ wird, nicht nur in diesem Verfahren gemacht hat, sondern daß ihm dieses Phänomen in letzter Zeit mehrfach begegnet ist; er wird ihm seine Aufmerksamkeit widmen.«

Der perfekte Inhaftierte aus Sicht mancher Anstaltsleiter ist der Häftling, der nicht aufmuckt, der den Vollzug nicht stört und der die Bürokratie nicht durch unvorhergesehenes Verhalten irritiert. Der perfekte Häftling ist ein Duckmäuser, einer der macht, was ihm gesagt wird. Dieser Häftling ist ein Mensch, der seine Verantwortung auf Anweisung abgibt, eine Strategie der Anpassung verfolgt, auf Befehle wartet und sich ansonsten still verhält – vermutlich innerlich verhärtet. Sollte es dieser Gefangene nicht schaffen, sein Verhalten in Freiheit sofort abzulegen, dann bekommt er Probleme. Denn in der Wirklichkeit draußen werden viel eher die Qualitäten des anderen Häftlings gefordert: Eigeninitiative, Engagement und auch Hartnäckigkeit helfen weiter.

Zu den Aufgaben des Vollzugs steht im Gesetz: »Im Vollzug der Freiheitsstrafe soll der Gefangene fähig werden, künftig in sozialer Verantwortung ein Leben ohne Straftaten zu führen.« Es kann für ein Leben in Freiheit nicht dienlich sein, wenn Inhaftierte wie Menschen zweiter Klasse behandelt werden. Nicht nur formal sollte gelten: Die Bestrafung ist der Entzug der Freiheit. Nicht der Entzug der Selbstachtung, der Selbständigkeit oder des eigenständigen Denkens. Doch oftmals läuft es genau darauf hinaus: Gefangene bekommen mit ihrer Inhaftierung eine Nummer, Anstaltskleidung und ihre Zelle. Sie werden zu einem Verwaltungsvorgang, der möglichst reibungslos gemanagt werden soll. Bei aller Berechtigung der Sühne des Verbrechens – als Selbstzweck, im reinen Verwahrvollzug, werden Inhaftierte im Gefängnis gefährlicher für die Gesellschaft. Und irgendwann kommen die meisten wieder raus. Dies zu ändern, hieße den Rechtsstaat aufzugeben.

17 Der Unbeugsame: Briefwechsel mit einem Knastrebellen

Wer etwas über das Leben von Gefangenen erfahren möchte und sich auf die Suche begibt, der findet irgendwann im Internet Texte von Thomas Meyer-Falk. Und sein Foto, wie er die Faust zum Gruße erhebt. Seine Brille hat er am Bund seines Sweatshirts eingeklemmt. Er trägt einen Oberlippenbart und einen schmalen Streifen am Kinn, seinen Schädel hat er kahl rasiert. Thomas Meyer-Falk bezeichnet sich als einen »Red and Anarchist Skinhead«. Er identifiziert sich mit einer linksautonomen Gruppierung, die sich auf die Wurzeln der Skinheadbewegung beruft, auf den Protest gegen die Entwurzelung der Arbeiterschaft im London der sechziger Jahre. Redskins gelten kultursoziologisch betrachtet als ein Teil der Jugendkultur, ein Gegenentwurf zur bürgerlichen Welt und so etwas wie die politische Variante der Punks. Sie lehnen Konventionen und Kapitalismus ab und kämpfen gegen Rassismus und Fremdenfeindlichkeit. Thomas Meyer-Falk identifiziert sich also mit einer Kultur, deren Kern die Rebellion ist.

1996 begeht er einen Banküberfall, noch bei der Geiselnahme in der Bank wird er überwältigt. In einem Brief – getippt auf einer Schreibmaschine, die Großbuchstaben sind nach unten verschoben – beschreibt er, was damals in ihm vorging: »Vor der Inhaftierung 1996 hatte ich vor mit dem zu erbeutenden Geld legale, wie illegale Aktivitäten zu finanzieren (im linken Spektrum), insbesondere zeitnah als eine Art Fanal Justizpersonal in Mannheim zu töten. Eine sozial-revolutionäre Vorstellung, gepaart mit einer unbändigen Wut. Für Wünsche nach einer bürgerlichen Existenz war kein Raum. Als Kind/Jugendlicher wollte ich (sinnigerweise) einmal Jurist werden, war dann auch mit 18 kurzzeitig Tutor an der Volkshochschule in Sonthofen (was die Richter später etwas amüsant fanden: neben Einführung in das bayr. Schulrecht, stand auch Einführung in das Strafrecht im VHS-Plan).«

1997 ergeht das Urteil: elf Jahre und sechs Monate Haft. Danach Sicherungsverwahrung. Er bleibt sitzen, als die Richter das Strafmaß verkünden. Er erkennt den Staat und seine Autoritäten nicht an und sagt, er habe mit einer ähnlichen Strafe gerechnet. In Briefen bedroht und beleidigt er Politiker wie Roland Koch und Gerhard Schröder. Seine Strafe erhöht sich deswegen noch während seiner Haft um weitere fünf Jahre und drei Monate. Er kommt kurz in Stammheim und Straubing in Absonderung, wird also von anderen Häftlingen komplett isoliert. Dann wird er nach Bruchsal verlegt, weiterhin in strenger Einzelhaft. Bruchsal ist auf Täter spezialisiert, die als besonders gefährlich gelten. Die Justiz befürchtet, er könne eine Geiselnahme planen, außerdem bestehe bei Thomas Meyer-Falk, dem linken Staatsgegner, Fluchtgefahr.

Jedes Gefängnis hat Gefangene, die mit den Jahren zu »Knastjuristen« werden, die juristische Einzelfragen auf Augenhöhe mit Rechtswissenschaftlern erörtern können. Meyer-Falk ist so einer. Er klagt für die Offenlegung der Rechnung der berühmten Grillparty von Trinwillershagen. Angela Merkel hatte den damaligen US-Präsidenten George W. Bush 2006 zum Wildschweinessen in ihren Wahlkreis eingeladen (die Rechnung lag bei rund 8,7 Millionen Euro, davon 5,7 Millionen für den Einsatz der Polizisten aus anderen Bundesländern). Die gleiche Offenlegung setzt er durch für einen Gefängnisneubau bei Berlin – Sicherheitsaspekte inbegriffen. Thomas Meyer-Falk ist eine Art Knast-Intellektueller. Er schreibt viel, lässt sogar eine Homepage betreiben. Freunde von ihm transkribieren seine Texte und veröffentlichen sie im Internet. 2010 hat ein kleiner Verlag eine Sammlung seiner Schriften herausgebracht.

Meyer-Falk analysiert Bundestagsanfragen und rezensiert Bücher, die sich mit rechtspolitischen Fragen beschäftigen. Außerdem dokumentiert er die Situation anderer Gefangener und schreibt über kleinere und größere Kämpfe zwischen Inhaftierten und über die aus ihrer Sicht ungerechte Behandlung durch die Anstaltsleitung. Zu Uwe K. etwa schreibt er: »lange Jahre in Haft vermochten ihn, einen wahren Künstler, auch noch so massive Disziplinarversuche der JVA nicht dazu bewegen, von seinem Lebensinhalt, dem Tätowieren zu lassen. Für die JVA Bruchsal stellte dieses beharrliche Vorgehen ein schwerwiegendes Indiz für künftiges kriminelles Verhalten dar (nach der simplifizierenden Logik: Wer sich nicht an die Knasthausordnung hält, wird auch Gesetze nicht achten und Verbrechen begehen). Dem Landgericht Karlsruhe war diese Anstaltslogik allzu simpel und sie entließ den Gefangenen in Freiheit. Sie tat das, was auch das JVA-Personal hätte tun können, sie veränderte den Blickwinkel: ›Dass der Verurteilte ein hohes Verantwortungsbewusstsein gegenüber der körperlichen Unversehrtheit seiner Mitmenschen hat, hat sich (paradoxerweise) gerade auch in seinen zahlreichen verbotenen Tätowierungen […] gezeigt. [Der Verurteilte] verstand es, sich eine Ausrüstung zu konstruieren, die beim Tätowieren das Verletzungsrisiko gering hält.‹«

Thomas Meyer-Falk hat in seiner Zelle einen Schreibtisch, und an den setzt er sich schon ab 4.30 Uhr und schreibt. Er hat sich eine Rolle, eine Identität für das Gefängnis geschaffen: Thomas Meyer-Falk, der Anwalt der Gefangenen. Er selbst taucht in seinen Texten meist nur als Kommentator auf, manchmal mit Tendenz zur Häme. Dennoch handeln die Texte immer auch von ihm, etwa wenn er den Anstaltsleiter per Internet kritisiert für »die Streichung von 23 Besuchstagen im Jahr 2010, das Verbot der Bezahlung von Büchern und Zeitungen durch Dritte (z. B. Freunde / Verwandte), sowie einen Weihnachtsgruß, in welchem ein Zitat eines Songs der Böhsen Onkelz zu finden war.« Es gibt daraufhin eine Auseinandersetzung, weil Thomas Meyer-Falk zu diesem Zeitpunkt Mitglied der Gefangenenvertretung (GV) war. »Um das Klima nicht zu belasten, denn die GV hat die Interessen aller Gefangenen der JVA Bruchsal zu vertreten, erklärte ich meinen Rücktritt aus der GV«, schreibt er auf seiner Homepage..

Wenn ein Inhaftierter zwei Drittel seiner Strafe abgesessen hat, kann er die vorzeitige Entlassung beantragen. Bei Meyer-Falk winkt die Anstalt ab. Er schreibt dazu in einem Brief: »Ursächlich sei, dass ich keine ›echte Empathie mit den Opfern [meiner] Taten‹ zum Ausdruck bringe, vielmehr den objektiven Tatbestand in Frage stelle, wenn ich schreibe, Politiker/Richter hätten sich von mir bedroht g e f ü h l t. Zwar sei ich im ›Umgang mit den Bediensteten der JVA [...] deutlich zurückhaltender geworden‹ (bezogen auf meine ›Beschwerdefreudigkeit‹), jedoch ermöglichte ich nach wie vor, so die Anstalt in ihrer jüngsten Stellungnahme, dem Personal keinen ›tieferen Zugang zu [meinem] persönlichen Erleben und Empfinden‹.«

Ein Gutachter soll daher eine Kriminalprognose für ihn erstellen. Mit einem Gefangenentransport müsste Thomas Meyer-Falk deswegen in ein anderes Gefängnis überstellt werden.

Bei diesen Gefängnistransporten sitzen die Inhaftierten in einer Art Käfig mit Sichtschlitzen, eng und je nach Temperatur auch stickig. Die Fahrten dauern wegen der Zwischenstopps in anderen Haftanstalten oft Tage. Diese Transporte sind die Hölle. Der Anwalt und Rechtswissenschaftler Helmut Pollähne schreibt über die Transporte, »die tagaus tagein hunderte von Gefangenen kreuz und quer durch die Republik kutschieren, verschuben, wie das offiziell heißt, über viele Tage, manchmal Wochen hinweg, von Verschubungszelle zu Verschubungszelle, unter unwürdigen Bedingungen; oftmals wissen Angehörige oder Anwälte (auch die zuständigen Richter) tagelang nicht, wo sich der Gefangene gerade aufhält. Ein alltäglicher Skandal, der deutlich mehr Aufmerksamkeit verdient.«[33]

Meyer-Falk kommentiert die Transporte so: »Die allermeisten Gefangenen machen das Spiel der Justiz mit, steigen brav in den Bus und sitzen dann artig in den Transportzellen; nur um hinterher wütend davon zu berichten, wie übel die Bedingungen dort gewesen wären und man doch ›eigentlich‹ etwas dagegen tun müsse.« Er kennt diese Prozedur und lehnt die Verschubung und damit auch die Kriminalprognose ab. »Und dann ist da auch noch die Frage nach den (eigenen) Prinzipien! […] Will ich meine Bewegungsfreiheit um den Preis der moralischen Korrumpierbarkeit zurückgewinnen, in dem ich mich auf die mal mehr, mal weniger subtilen Spiele dieses Staates einlasse?«

Für Thomas Meyer-Falk ist das eine rhetorische Frage. Er stellt seine Prinzipien über seine persönliche Freiheit und wahrscheinlich über die Vernunft. Mit seiner radikalen Haltung bekommt er in den autoritären Strukturen einer Anstalt Probleme. In einem Umfeld, in dem Peperoni und Mohnstrudel als Sicherheitsrisiken verboten sind, weil pulverisierte Peperoni eine Waffe darstellen und Mohnstrudel als Ausrede für einen positiven Drogentest fungieren könnten. Er schreibt: »Habe ich jemals z. B. einen Wärter der mich provozierte physisch angegriffen? Nein. Oder einen Mitgefangenen? Ebenfalls nein. Ich nehme mir jedoch die Freiheit über Missstände im Strafvollzug zu berichten, sie öffentlich zu machen, anstatt sie ›sozialadäquat‹ unter den Teppich zu kehren.«

Nach seinen Haftbedingungen befragt, verweist er in seinem Brief auf andere Gefangene. Ein Treffen lehnt er ab. Doch schriftlich ist er bereit, über sein Leben Auskunft zu geben: »Gegen 3.55 Uhr in der Früh schaltet sich das Radio ein (so ich nicht sowieso schon wach sein sollte): Mittelwelle mit mdr-info. Ich stehe auf, erledige die Morgentoilette, putze die Zelle. Danach lese ich, schreibe. 6.15 Uhr geht die Zelle auf, ich gehe duschen, gebe meine Post ab (die nach wie vor von der Anstaltsleitung zensiert wird). 6.40 Uhr wird die Zelle verschlossen und ich lese, höre Radio (neben SWR2, DLF auf Mittelwelle swr-Contra, bzw. nachts eben mdr-info) und schreibe. 11.15-11.45 Uhr ist die Zelle erneut geöffnet, um 11.45 gibt es Mittagessen. Bis 15 Uhr dasselbe ›Programm‹ wie eben beschrieben. 15.00-16.45 ist die Zelle geöffnet, ich kann von 15.15-16.15 in den Hof, oder im

Flügel Mitgefangene sprechen. 16.45 Uhr wird die Zelle bis zum nächsten Morgen verschlossen. Ich höre Radio (SWR2-Forum, HR2, bzw. DLF) und gehe gegen 19.00 Uhr / 19.30 Uhr zu Bett.«

Wenn Thomas Meyer-Falk aus dem Fenster schauen möchte, muss er sich auf einen Stuhl stellen. Das Zellenfenster ist in etwa zwei Metern Höhe angebracht. Er kann von dort aus auf die Rückseite einer Turnhalle und die Gefängnismauer blicken. Trotz allem sind diese Bedingungen vergleichsweise komfortabel, denn davor saß er in Einzelhaft. Diese Möglichkeit der Absonderung ist bei besonders gefährlichen Gefangenen nach § 89 Strafvollzugsgesetz möglich: »Die unausgesetzte Absonderung eines Gefangenen (Einzelhaft) ist nur zulässig, wenn dies aus Gründen, die in der Person des Gefangenen liegen, unerlässlich ist. Einzelhaft von mehr als drei Monaten Gesamtdauer in einem Jahr bedarf der Zustimmung der Aufsichtsbehörde. Diese Frist wird nicht dadurch unterbrochen, dass der Gefangene am Gottesdienst oder an der Freistunde teilnimmt.«

Thomas Meyer-Falk ist länger als drei Monate isoliert. Ihn hält die Anstalt zwischen Herbst 1996 und 2007 mit kurzzeitiger Unterbrechung rund ein Jahrzehnt in Einzelhaft. Zu anderen Gefangenen hat er nur akustisch Kontakt, er kann mit ihnen durch die Gitterfenster und die verschlossene Tür reden. Aus Zeiten der RAF ist der Begriff der Isolationshaft noch als politische Form der Folter bekannt. Die Zeitschrift *Kursbuch* veröffentlichte zu dem Thema 1973 gar einen eigenen Band.

Anfang 2010 stellen die Grünen die Anfrage an das Justizministerium Baden-Württemberg, »inwieweit es zutrifft, dass in Einzelfällen eine langdauernde Absonderung von Strafgefangenen oder Sicherungsverwahrten der JVA Bruchsal stattfindet«. Die Antwort des Justizministeriums lautet wie folgt: »In der Justizvollzugsanstalt befinden sich aufgrund der nach dem Vollstreckungsplan bestehenden Sonderzuständigkeit für besonders gefährliche Gefangene [...] regelmäßig Gefangene wegen Gefährlichkeit oder Fluchtgefahr in Absonderung. Während der Absonderung sind diese Gefangenen nicht zur allgemeinen Arbeit oder zu Freizeitmaßnahmen zugelassen, können jedoch im Rahmen eines Sonderhofs den Hofgang absolvieren und in einem eigens für sie eingerichteten kleinen Betrieb arbeiten. Die Dauer der Absonderung bestimmt sich danach, inwieweit sie aus Gründen der Sicherheit und Ordnung erforderlich ist.« Die Übersetzung des Behördensprechs: Ja, es gibt verschärfte Einzelhaft, und ja, bei manchen Gefangenen dauert sie schon sehr lange an.

Einer dieser Fälle ist Thomas Meyer-Falk. Bei ihm dauerte die Isolierung sogar unglaublich lange. Er selbst zählt Gründe für diese Absonderung von den anderen Gefangenen der Anstalt in Bruchsal auf: »Ich machte meinem Unmut über Staat und Justiz freimütig Luft, was es dann auch leicht macht, die Isolation fortdauern zu lassen (einige Jahre betrieb ich so genanntes Confronting: angesichts der eingeschränkten Handlungsmöglichkeiten in Isolationshaft, bedrohte ich systematisch einzelne Juristen der JVA, etc. in schriftlicher Art und Weise. Es gab jene, die das dann bitterernst nahmen und sich fürchteten, und jene, die es eher sportlich nahmen. Nichtsdestotrotz brachten mir die Briefe summa summarum fünf Jahre drei Monate Gefängnis ein).«

Anstaltsleiter und Mitarbeiter von Justizministerien sprechen von Absonderung oder Einzelhaft. Das klingt nicht so grausam, wie es für den Gefangenen sein mag, für den diese Form der Disziplinierung schon über Jahre andauert. De facto geht es um mehr oder weniger stark ausgeprägte Formen der Isolation. Wie stellte sich das bei Meyer-Falk dar? »Kontakt zu Mitgefangenen bestand letztlich immer, da man sich von Fenster zu Fenster durch Rufen verständigen konnte. Ob nun in Stammheim, Straubing oder hier in Bruchsal. In Bruchsal erfolgt zudem die Absonderung auf dem Stockwerk in speziellen ›Sicherheitszellen‹, so daß man akustisch am Alltag teilnimmt. Tagesablauf: wie oben, nur daß der Zellenaufschluss entfiel.«

Im Laufe der Jahre darf er schließlich mit einem weiteren Gefangenen im Hof spazieren. Sonst bleibt die Einzelhaft aufrechterhalten – mit entsprechenden seelischen und körperlichen Folgeerscheinungen: »Unwillkürlich fing ich an, mit mir selbst zu sprechen.« Die langen Jahre in seiner Zelle, allein mit sich und seinen Gedanken, trüben schließlich seine Konzentrationsfähigkeit. »Ich kann mich voll und ganz auf etwas konzentrieren, z.B. Ihnen diese Zeilen zu schreiben. Aber höre ich a. d. Flur das Klirren der Schlüssel der Wärter, einen schreienden Gefangenen, etc. wandert die Aufmerksamkeit dorthin. Habe ich mit mehr als einer Person zu tun, fällt es schwer, sich darauf zu konzentrieren, herauszufinden, welche einkommenden Signale nun die relevanten sind. ›Information overflow‹ – es treffen zu viele Informationen zur selben Zeit ein. Im Alltag, wie Sie ihn erleben, muss Ihr Gehirn ganz automatisch filtern, welche Signale für Sie aktuell von Bedeutung sind. Wenn Sie die Straße queren, hören, riechen, sehen und spüren Sie eine Unmenge an Informationen. Aber ihr Gehirn filtert für Sie. Bewusst nehmen Sie kaum Marke, Farbe der Autos, die Kleidung der RadfahrerInnen, die Aufschriften auf den Bussen, das Geschrei der Kinder, das Bellen des Hundes, die Werbebotschaften auf all den Plakaten und die ganzen Verkehrszeichen wahr. In einer reduzierten, reizarmen Welt wie der im Gefängnis, allzumal in Isolationshaft, verlernt das Gehirn, sich solch einer Reizflut zu stellen: die Mauer, auf die Sie schauen, war gestern noch genauso grau, wie sie es heute ist und sie es morgen sein wird. Die Fliese a. d. Boden hat noch genau an derselben Stelle einen Sprung. Alles, was von diesem Alltagsgrau und der Routine abweicht, wird sofort bewusst wahrgenommen; aber da selten etwas dieser Art geschieht, wird es umso deutlicher wahrgenommen. Kommen dann jedoch zwei, drei, vier verschiedene Informationen zur selben Zeit, weiß das Gehirn schlicht nicht welches nun die relevante Information ist oder in welcher Reihenfolge am sinnvollsten vorzugehen ist.«

Meyer-Falk schreibt mir, er befinde sich im ständigen inneren Dialog: »Ein permanenter Dialog vom Erwachen bis zum Einschlafen. Irgendwann fiel es schwer, die Aufmerksamkeit bewusst nach außen zu richten; entstand z. B. bei Besuch eine Gesprächspause, war ich binnen Sekunden in Gedanken sonst wo und hatte Mühe dann das Gespräch mit dem Gegenüber fortzusetzen. Noch heute passiert mir dies immer aufs Neue; aber ich habe mich damit angefreundet – denn Langeweile ist mir fremd:) Sicher ist es etwas sonderbar, wenn das Gegenüber sagt: ›Hallo Thomas, ich bin noch da!‹, aber in einer Welt wie der des Gefängnisses trifft man allerorten sonderbare Menschen, da fällt das dann letztlich nicht so sehr auf, wie es vielleicht in Freiheit auffallen würde.«

Auch körperlich wirkt sich die Absonderung zu anderen Häftlingen auf ihn aus. Die lange Abschottung macht ihn geräuschempfindlich. »Selbst ein leises, fernes Geräusch kann mich heute noch rasend machen, es dann ›auszublenden‹ fällt schwer.« Sein Blickwinkel verengt sich. »Leichte Erregbarkeit: d.h. es reichte eine ›dumme‹ Bemerkung eines Wärters und ich wurde ungehalten. Weitgehende Verlagerung des menschlichen Kontakts auf den Schriftwege, denn hier fällt mir die Kommunikation letztlich leichter als vis-à-vis.«

Aus diesem Grund lehnt Thomas Meyer-Falk schließlich auch ein Treffen in der JVA Bruchsal ab. »Ich schätze die Distanz des Briefes und lasse mich nur schwer und ungern auf persönliche Begegnungen zu und mit Menschen ein, welche ich nicht kenne. Weshalb ich Sie auch bitte, mir meine Absage nicht zu verübeln.« Er schreibt, er brauche die Rituale; Abweichungen von seinem zeitlich starr organisierten Tagesablauf bereiten ihm Probleme. Sich auf unerwartete Situationen einzustellen, fällt ihm nach eigenem Bekunden zunehmend schwer.

Sein Vater besucht ihn nun zwei- bis dreimal im Jahr, mit seiner Schwester telefoniert er und zu seinem Bruder bestehe sporadischer Briefkontakt. Seine Mutter habe sich 1996 »suizidiert«. Er schreibt, die lange Isolation habe bei ihm »sicher mit dazu beigetragen, vorhandene Persönlichkeitsakzentuierungen, eben eine gewisse Distanz zu anderen Menschen, deutlich hervortreten zu lassen«.

Ich frage ihn in einem Brief, welche Rolle die Hoffnung für ihn spiele. Er antwortet: »Ich neige nicht zu Sentimentalitäten, also auch nicht dazu, mich trügerischer Hoffnung hinzugeben. Aktuell spielt Hoffnung keine Rolle; sicherlich ›hoffe‹ ich, wie man so sagt, alt und grau zu werden, und ich ›hoffe‹, dass mich Frau XY weiter besucht, etc., aber darüber hinaus ›hoffe‹ ich recht wenig. Was keineswegs defätistisch gemeint ist, sondern einer realistischen Sicht der Dinge geschuldet. Haft kann Menschen kaputt machen – sie tut es nicht zwangsläufig. Haft kann Beziehungen zerstören – sie tut es jedoch nicht zwangsläufig. Ich denke es gibt keine allgemeingültige Antwort; außer der vielleicht, daß unterm Strich, in der Summe, Haft mehr Schaden anrichtet als Nutzen bringt und es deshalb wirklich an der Zeit ist, über Abschaffung nachzudenken. Wer heute möchte, der kann im Einzelfall die Haftzeit ohne weiteres nutzen: Lesen, Lernen, Ausbildung machen, an sich arbeiten. Das im Bereich der Anti-Knastbewegung so zu äußern, wäre wohl nicht political correct; was ja verständlich ist, denn die Inhaftierten könnten all das auch außerhalb der Gefängnisse tun. Knast kann aber eben auch Solidarität bedeuten; zwischen denen ›draußen‹ und jenen ›drinnen‹. Gefängnis kann Beziehungen stiften. Menschen in Kontakt bringen, die sich sonst vielleicht nie begegnet wären. Das soll nicht als Plädoyer für Knäste verstanden werden, dagegen würde ich mich verwahren; aber es gilt neben den Defiziten auch auf Aspekte hinzuweisen, die ein Licht im Dunkeln sind.«

Ist das nun die Geschichte eines Inhaftierten, der übertreibt, der sich in der Abgeschlossenheit der Hochsicherheitsmauern der JVA Bruchsal vielleicht wichtigmachen möchte? Ein politisch verirrter Anarchist, der seinen Hass auf den Staat durch eine abstruse Geschichte zu untermauern versucht? Isolation, Absonderung, Einzelhaft über einen Zeitraum von über einem Jahrzehnt: Ist das tatsächlich möglich in Deutschland? Sind diese Zeiten nicht längst passé? Ist unser Gefängniswesen nicht zumindest in dieser Hinsicht humaner geworden?

Aufschluss darüber kann der Anstaltsleiter selbst geben. Er

gilt als umgänglicher und erfahrener Anstaltsleiter und heißt Thomas Müller. Auf meine Anfrage meldet er sich schon am nächsten Tag. Thomas Meyer-Falk! Der Fall sei eine absolute Ausnahme, betont er und erklärt, Meyer-Falk habe Todeslisten geführt und zahlreiche »subtile Drohungen« ausgesprochen. Er habe zudem sämtliche Kontaktaufnahmen verweigert. Einmal habe Müller ihn in dessen Zelle aufgesucht. Meyer-Falk habe ganz ruhig gesprochen und dann schließlich gesagt, Müller solle in drei Jahren wiederkommen. Später, sagt der Anstaltsleiter, habe ihm Meyer-Falk sein Erleben geschildert: Als Müller ihn in seiner Zelle besucht habe, da habe er kurzzeitig überlegt, ihn mit einem Handkantenschlag an den Hals zu töten. Allerdings bestätigt Müller auch, dass der Gefangene in Haft nie durch Gewalt aufgefallen sei. Er habe sich in der Rolle des gefährlichen politischen Häftlings eingerichtet und daraus sein Selbstwertgefühl gespeist. Und in diesem Glauben wollte ihn die Anstalt wohl lassen, »andernfalls«, so Müller, »hätte Thomas Meyer-Falk seinen Ankündigungen vielleicht Taten folgen lassen müssen«.

Tatsächlich bestätigt der Anstaltsleiter die langjährige Einzelhaft. Zehn Jahre Einzelhaft, zehn Jahre Einsamkeit, damit aus Worten keine Taten folgen – das baden-württembergische Justizministerium musste dafür alle drei Monate seine Zustimmung geben – zehn Jahre lang. Auch das bestätigt der Anstaltsleiter. So führt die vielleicht berechtigte Besorgnis einer Institution zu einer langjährigen Isolationshaft. Und alle Kontrollinstanzen – allen voran das Justizministerium von Baden-Württemberg – spielten mit.

Im Mai 2011 ist Thomas Meyer-Falk 40 Jahre alt. 2013 hat er seine gesamte Strafe für den versuchten Bankraub mit Geiselnahme und die Drohungen und Beleidigungen abgesessen. Dann beginnt die Sicherungsverwahrung. Eine Haft nach der Haft, nachdem die juristische Schuld verbüßt ist. Thomas Meyer-Falk wird eingesperrt für ein Verbrechen, dass er noch gar nicht begangen hat, aber in der Zukunft begehen könnte.

Auf unabsehbare Zeit im Knast sitzen solche Täter, die keine Reue für ihre Vergehen zeigen und denen Gutachter in der Regel eine andauernde Gefährlichkeit attestieren (siehe dazu Kapitel 24). Wenn für Meyer-Falk die Sicherungsverwahrung beginnt, kann er alle zwei Jahre eine neue Entscheidung über seinen weiteren Verbleib im Gefängnis beantragen. Ändert sich nichts an seiner Prognose, dann wird Thomas Meyer-Falk im Gefängnis sterben. Buchstäblich lebenslänglich, ohne je einen Mord begangen zu haben.

18 An Einsamkeit gewöhnt: Eingemauert im Terroristentrakt

Wer Günther Finneisen in der Haftanstalt Celle besuchen will, ist erst einmal verdächtig. Denn der Mann haust in einem Hochsicherheitstrakt der Stufe 1. Er sitzt im Gefängnis des Gefängnisses. Es gibt nicht viele Orte in Deutschland, die so abgeschirmt sind. Hier verwahrte die Bundesrepublik früher ihre größten Staatsfeinde – Knut Folkerts etwa, den RAF-Terroristen und vermeintlichen Mörder von Generalbundesanwalt Siegfried Buback. In diesem Trakt wird heute sogar die Post vor Günther Finneisen »beschützt«, mitunter kehrt sie an den Absender mit dem Vermerk »Annahme verweigert« zurück. Jeden Brief, den Finneisen bekommt und schreibt, lesen vor dem Empfang oder vor dem Versand die Mitarbeiter der JVA Celle. Aus unerfindlichen Sicherheitsgründen.

Anfang April 2010 steckt Post von Günther Finneisen im Briefkasten, geschrieben mit einer Schreibmaschine. Auf das obere rechte Viertel seines Briefes hat er eine Karikatur gezeichnet: Ein Gitter, in dem eine Längsstrebe fehlt, am abgesägten Stumpf ist ein Zettel befestigt, auf dem steht: »ES WIRD ZEIT DAS WIR LEBEN.« Er beginnt seinen Brief so: »moin moin kai! du merkst schon, das ich finde, das wir der herr und onkel so ruhig weglassen können, sonst kommt dabei eh nix raus [...] und so nach fast genau (23.5.) 15 jahren einzelhaft am stück gehen mir eh man redewendungen sonstwo vorbei [...] nun, ich würde heucheln, wenn ich jetzt jubelarien auf dein vorhaben so was als buch bringen zu wollen loslies, [...] aber ich hab auch nicht vor dich davon abzuhalten, von daher könnte/würde ich schon was dazutun, wenn du es gebrauchen kannst/willst. Also gucken wir doch einfach mal. […] so nen besuch hier wird mit vollem sicherheitswahn sein, also auch hinter panzerglas und so […] gruß und power durch die mauer.«

Die Mauer, die Finneisen meint, besteht aus zusammengesteckten Betonriegeln. Zwei verschiedene Graustufen wechseln sich ab, massiv und gedrungen wirkt diese Festung. Seitlich versetzt befindet sich der Eingang. Ein Beamter sitzt in seiner Pforte aus Panzerglas. Würde man an die Scheibe klopfen, würde das dahinter wohl niemand hören. Um mit dem Vollzugsmitarbeiter zu sprechen, muss sich der Besucher tief zu ihm herunterbeugen – Kommunikation funktioniert hier nur mit Demutsgeste. Und wer zu früh kommt, darf auch wieder gehen, einen Warteraum scheint es nicht zu geben. Der Personalausweis muss in eine Klappe gelegt werden, sie schnappt zu und der Ausweis wird nach innen gezogen. Die Eingangstür besteht aus halbrundem Panzerglas. Der Besucher muss sich auf einen gemalten Kreis stellen, und erst wenn man mit beiden Füßen innerhalb dieses Kreises steht, schließt sich das Glas um einen wie eine riesige Schutzhülle.

Im Vorraum gibt es eine Toilette und eine Wand mit Schließfächern. »Lassen Sie alles, was Sie nicht brauchen, hier und schließen Sie es ein«, sagt der Mann. »Und brauchen tun Sie nichts«, sagt er, »gar nichts.« Der Beamte, der auch hier im Innern noch gläsern abgeschottet bleibt, macht mit dem Kopf eine Bewegung in Richtung Tür. Wenn der Besucher diesen Hinweis richtig interpretiert, entsichert sich das Schloss mit einem »Kirrrr« und man darf eine Stufe weiter.

Ein Mitarbeiter des Vollzugsdienstes übergibt wortkarg eine Besucherplakette. Weiter geht es durch den Rahmen eines Metalldetektors, zusätzlich tastet der Vollzugsbeamte den Besucher mit einem Stabdetektor ab. Dann folgt eine sorgfältige Leibesvisitation mit weißen Gummihandschuhen, Desinfektionsspray steht griffbereit. Das Procedere ist Routine. Der JVA-Mitarbeiter sagt, man solle nun die Schuhe ausziehen. Mit ihnen verlässt der schweigsame Mann den Raum; ein Mensch, der nicht bewusst unfreundlich, aber überaus sachlich und verschlossen bleibt. Vermutlich werden die Schuhe nun geröntgt. Das alles ist eine sehr aufwendige Prozedur für ein Gespräch mit einem Häftling, der auf der anderen Seite einer Panzerglasscheibe sitzen wird.

Wenig später darf man die Schuhe wieder anziehen, über einen kurzen Gang im hellen Kunstlicht geht es durch mehrere Türen auf einen kleinen Innenhof, vielleicht so groß wie die Fläche einer Turnhalle. Der Eingang des nächsten Gebäudes hat eine Art Käfig als Vorbau. Im »Käfig«, also an der Eingangstür zum nächsten Gebäude, stehen schon zwei weitere Mitarbeiter des Vollzugsdienstes. Mit ihnen geht es in das nächste Gebäude. Erst, wenn sich die Eingangstür hinter dem Besucher und den beiden Männern geschlossen hat und verriegelt ist, öffnet sich die nächste Tür zu einem kleinen Besucherzimmer im Hochsicherheitstrakt. Am Ziel.

Der Raum misst vielleicht sechs Quadratmeter. Das Geräusch einer Tür ist zu hören, die jemand verschließt, und es entsteht kurz der Eindruck, als würde an diesem Ort auch der Schall verschluckt. In den Ohren piept es. Die Wand wird von einer Panzerglasscheibe in einem grauen Stahlrahmen durchbrochen, dahinter befindet sich ein weiterer Raum mit spiegelbildlicher Einrichtung. Vor der Glasscheibe stehen ein Tisch und ein Stuhl. An der Seite ist ein Lautsprecher eingelassen, eine runde perforierte Stelle im Rahmen ist das Mikrofon.

Nach kurzer Zeit öffnet sich im anderen Raum gegenüber die Tür und Günther Finneisen kommt herein. Er lacht und hebt zum Gruß die Hand. Er ist ein großer und dürrer Mann, eigentlich eher ein Gerippe. Seine Wangen sind gelblich blass und stark eingefallen, sehr tiefe, schmale Furchen graben sich in sein Gesicht. Das lange Haar ist schütter. Günther Finneisen trägt blaue Anstaltskleidung, sein Hemd hat er hochgekrempelt, seine beiden Unterarme sind mit blassblauen Tätowierungen übersät.

15 Jahre ohne direkten Kontakt zu anderen Inhaftierten: keine Berührungen, keine gemeinsamen Stunden, keine Freundschaft. Nichts. Verschiedene Häftlinge sagen, niemand sei in

Deutschland so lange eingebunkert worden wie Finneisen. Auf seiner Station kann die Anstalt die Menschen so voneinander isolieren, dass sie jahrelang nebeneinander leben, ohne sich zu Gesicht zu bekommen. Die einzigen direkten Ansprechpartner von Günther Finneisen sind die Mitarbeiter des Gefängnisses. Doch zwischen ihnen verläuft ein tiefer Graben: hier die Vertreter der Justiz, dort der Kriminelle. Dieser Mann befindet sich also in völliger Einsamkeit in einem Umfeld, das ihn vor allem als Risiko wahrnimmt. So muss es zumindest in den ersten Jahren gewesen sein. Wer Finneisen heute sieht, kann kaum mehr von dieser Annahme geleitet sein. Jetzt ist er vermutlich nur noch in der Sicherheitsstation, weil er schon immer dort war – nach all den Jahren hinterfragt das hier niemand mehr. Herr Finneisen ist zu einem Teil des Inventars geworden.

Er sitzt ruhig, fast buddhistisch sanft an seinem Tisch und lächelt während der ganzen Besuchszeit. Hinter ihm an der Wand, in der rechten Ecke, hat sich ein Vollzugsmitarbeiter auf einen Stuhl gesetzt. Er soll beim Gespräch zuhören, wirkt aber müde und abwesend. Ihn interessieren diese Geschichten nicht, er starrt ins Leere. Nach der Hälfte der Zeit löst ihn sein Kollege ab. Auch in seinem Gesicht zeichnet sich keinerlei Interesse ab. Man sieht nur Langeweile.

Günther Finneisen sagt: »Man kriegt einen an die Waffel. Die Konzentration. Es fehlen die Worte.« Er spricht die wenigen Sätze mit norddeutschem Einschlag aus. Ob denn nicht ein Ende seiner Einzelhaft nach so langer Zeit absehbar sei? »Ich habe keine Ahnung, ob es Lockerung gibt. Ich denke da auch gar nicht drüber nach. Da wird man nur verrückt.«

Das Fenster seiner Zelle, beschreibt Günther Finneisen, sei mit einem Lochblech versehen und lasse sich nur eine Hand breit weit öffnen, darauf folge das Gitter und schließlich ein engmaschiger Draht. Alle Räume, die er nach einem Aufschluss betreten könne, seien videoüberwacht. Seine Zelle nicht. Es gebe Lautsprecher und Gegensprechanlagen. Finneisen, der mit dem Zeichnen von Karikaturen die Zeit totschlägt, dürfe zwar

Bleistifte besitzen, aber keinen Anspitzer. Das sei zu gefährlich, selbst hinter all den Mauern, dem Stahl und dem Panzerglas sei die winzige Klinge eines Bleistiftanspitzers noch eine Gefahrenquelle; etwas, das die Integrität dieser Anstalt gefährden könnte. Wenn er auf den gesonderten Hof gehe, müsse er sich davor und danach einmal komplett umziehen, sagt er. Die Anstaltskleidung, die er tragen müsse, passe dann manchmal nicht, beklagt er. Dies diene mitunter der Belustigung der Mitarbeiter des Vollzugsdienstes.

Immer lächelt er, wenn er von diesen Dingen erzählt. Es ist sein Leben. »Hier ist nichts«, sagt Herr Finneisen, »keine Lautstärke! Das ist bestimmt nicht das Bild, was man sich von einem Sicherheitsknast macht.«

Stille, Einsamkeit, eine Zelle ohne natürliches Licht, keine Freiheit, keine Freunde oder Partner, nie etwas Neues, immer der gleiche Geruch nach Reinigungsmitteln, keine unerwarteten Ereignisse, nie neue Möbel, immer und überall dasselbe, immer der gleiche Tagesablauf, über anderthalb Jahrzehnte über 5000 Tage, über 1 300 000 Stunden lang nur auf sich selbst verwiesen, gefangen in einem Standbild – wie hält man das aus? Vielleicht schafft man das nur, wenn man sich so ein buddhistisches Wesen wie Günther Finneisen anlegt.

Wie kommt Günther Finneisen in so einen Sicherheitstrakt?

Die Antwort auf eine Parlamentsanfrage zu den Sicherheitsabteilungen im niedersächsischen Strafvollzug lautet so: »Die Arbeitsgruppe definierte ›Gefährlichkeit‹ als ›Ausbruchsbereitschaft in Verbindung mit eigener oder fremder Gewaltbereitschaft‹. Diese Art von Gefährlichkeit sei kein Persönlichkeitsmerkmal und lasse sich auch nicht mit angemessener Sicherheit vorhersagen. Die Gefährlichkeitsprognose müsse auf individuelle Gefährdungsmomente aus Persönlichkeitsanteilen abstellen, die sich aus Faktoren wie erhöhtes Misstrauen, offensichtliche Feindseligkeit, mangelnde Aggressionskontrolle, Gefühlsarmut, Machtstreben, subkultureller Druck, Unberechenbarkeit, erhöhte Kränkbarkeit, mangelnde Bindungsfähigkeit usw. ergäben.«

Zu den Sicherheitsstationen heißt es in einer Broschüre des niedersächsischen Justizministeriums: »In den Sicherheitsstationen werden vor allem besonders gewaltbereite beziehungsweise erhöht fluchtgefährdete Gefangene untergebracht. [...] Die Unterbringung erfolgt aufgrund einer Sicherheitsverfügung. Die Gründe für die Unterbringung und deren Dauer sind vielfältig. Sie reichen von der kurzzeitigen Krisenintervention nach selbst- oder fremdgefährdenden Vorfällen bis hin zur unumgänglichen langjährigen Unterbringung eines potenziellen und gefährlichen Geiselnehmers.« Dort steht weiter: »Ziel jeder Unterbringung ist es, den Gefangenen so schnell wie möglich (wieder) in den Normalvollzug zu integrieren. [...] Einzelheiten können an dieser Stelle aus Sicherheitsgründen nicht dargestellt werden.«

Was hat Günther Finneisen getan? Er sagt: »Ich wurde wegen Raub verurteilt und hab die 15 Jahre Höchststrafe damit erzielt, dass ich mit einem anderen hier einen Beamten als Geisel nahm, am 21. Mai 95. Wir sind mit Geld und Porsche aus dem Knast raus, leider nicht lange. Nun, seitdem bewege ich mich eben nur noch in Solohaltung.«

In einem Presseartikel aus dem Jahr 1995 steht: »[...] brutal und berechnend kidnappte Peter Strüdinger zusammen mit seinem Komplizen Günther Finneisen vergangene Woche den JVA-Beamten D. Peter Strüdinger sitzt wegen versuchten Totschlags noch bis zum Jahre 2006. Günther Finneisen wurde wegen verschiedener Eigentumsdelikte verurteilt. Nach 51 Stunden Geiseldrama und einer 38-stündigen Verfolgungsjagd quer durch Niedersachsen stellten Polizeibeamte eines Sondereinsatzkommandos (SEK) aus Köln die Gangster in Osnabrück.«

Diese Geiselnahme war die schlimmste Tat von Günther Finneisen. Wer seinen Kumpan von damals fragt, dem sagt er, Günther sei der Mitläufer gewesen, er hätte nie die Federführung gehabt. Aber er war dabei. Davor hat er vor allem Autos geklaut, Diebstähle begangen. Er ist jemand, der sich nicht besonders strategisch äußert, mangels Alternativen hat er sich hier eine Verbrecheridentität zugelegt. Herr Finneisen sagt: »Wenn die mich in den Hof schicken, dann suche ich den Notausgang.«

Die Flucht passiert zu einem politisch ungünstigen Zeitpunkt – ein anderer Ausbruch vier Jahre zuvor zieht bereits einen parlamentarischen Untersuchungsausschuss nach sich. So etwas soll nicht noch einmal passieren. Glücklicherweise gibt es die Terroristentrakte noch. Zur Verwendung dieser Hafträume steht im Vollzugsplan des Landes Niedersachsen aus dem Jahr 2010: »Die bundeseinheitliche Verwaltungsvorschrift zu § 89 StVollzG (vgl. Erlass vom 17.12.2007, 4403 – 305.83) wird für nicht anwendbar erklärt.« Der Paragraf beinhaltet diesen Passus: »Einzelhaft von mehr als zwei Monaten Gesamtdauer in einem Jahr bedarf der Zustimmung der Aufsichtsbehörde.« Im Fall von Günther Finneisen sind es nicht wenige Monate in einem Jahr, es sind viele Jahre in einem Leben.

Wenn Finneisen in der Anstalt Celle einmal seine Sicherheitsstation verlassen muss – allerdings passiert das so gut wie nie –, dann immer gefesselt. Er sagt: »Besuche sind eine seltene Sache. So schön ist das für Besucher hier auch nicht. Besuche sind nicht so wichtig.« Er hat einen Bruder, doch der findet, wie Günther Finneisen lebt, sei pervers, es gab zehn Jahre keinen Kontakt. Finneisen behauptet: »Mit sich selbst beschäftigen war schon immer meine Stärke.« Was soll er auch sonst sagen? Einen Fernseher hat er nicht, der mache doof. Er findet die Vorstellung, dass draußen jeder mit einem Handy herumläuft, sehr merkwürdig. Ebenso, dass Leute mit einem Navigationsgerät zur Arbeit fahren. Er ist im Knast zwar Nichtraucher geworden, aber in eine Kneipe zu gehen und da raucht dann keiner?

»Ich lebe von Montag bis Freitag. Freitag gibt es Fisch. Das Zeitgefühl verliert sich.« Sein Tagesablauf sieht immer gleich aus: 5.30 Uhr aufstehen, 6.00 Uhr Briefe abgeben, 7.00 Uhr Hofgang bis 8.30 Uhr, 11.30 Uhr Mittagessen, 14.00 Uhr Hofgang, 18.00 Uhr Küche, dann wieder in die Zelle; Montag, Mittwoch, Freitag: duschen; 30 Euro Taschengeld gibt es im Monat, Arbeit hat er nicht, in all den Jahren konnte er 200 Euro sparen. Ob er sich manchmal vorstelle, nach Celle in die Innenstadt zu gehen, 500 Meter von hier? Das findet er grausam, die vielen Menschen! »Eine Berg- und Talbahn« wäre das, sagt er. Er blickt matt, die Augen liegen tief im Schatten ihrer Höhlen. Beim Hofgang ist er schnell müde. Sein Körper spielt jetzt auch nicht mehr mit: Wie die Sinne verkümmern auch die Muskeln.

Es ist nicht viel Zeit zu sprechen. Auch schreiben tut Finneisen kaum. Mit einer Schrift, die verrät, welche Anstrengung ihn die Zeilen gekostet haben, entschuldigt er sich Monate später mit wenigen Sätzen auf einer Postkarte: »Und das hat sicher nix mit dir zu tun, sondern ich hab hier sooo meinen Blues. Und den in ernste worte zu bringen … Etwas geduld, brief folgt baldmöglichst. Fini.« Es folgt kein weiterer Brief.

Es ist nicht leicht zu verstehen, was diese Haftbedingungen aus einem Menschen machen. Ahnen kann man es, aber um es wirklich zu wissen, zu verstehen, gibt es nur wenig Material. Es gibt kaum »Vorbilder« und es findet sich kein Fall wie seiner, der dokumentiert ist, niemand, der anderthalb Jahrzehnte isoliert wurde, wo bereits Monate die Zustimmung des Ministeriums bedürfen. Ein Gefangener, der 1970 für zweieinhalb Jahre in Isolationshaft kam, beschreibt die Wirkung so: »Häufige Schwindelgefühle, plötzlich auftretend, ziemlich verschwommen, erinnert ein bisschen an Seekrankheit … Müdigkeit, manchmal bis zur totalen Erschöpfung, eine völlig neue Erfahrung für mich … Starkes Schlafbedürfnis, nicht in der üblichen Form, sondern jede einzelne Zelle scheint ausgebrannt, ohne daß man dann tatsächlich Schlaf finden könnte … Lange Perioden der Übelkeit, nicht sehr schlimm, kein Brechreiz, nur durch Dauerzustand lästig … Herz- und Kreislaufbeschwerden … Fing schon im ersten Jahr recht harmlos mit so einer Art innerer Vibration an, steigerte sich zu einem inneren Schüttelfrost, den ich äußerlich bewusst unterdrücken musste … Die folgenden Symptome machten sich besonders in Ruhelage, also abends im Bett, bemerkbar: heftiges inneres Zittern, Blut rauscht, Herzschlag durch den ganzen Körper fühlbar, Schläge sind ungleichmäßig, kurzes Aussetzen, dann Trommelwirbel, dazu Doppelschläge mit so einer Art Oberschwingung, vermischte sich alles, bis der eigentliche Herzschlag in ein stotterndes Summen überging ... Das Ganze kam immer in Wellen, in einem Wellental krabbelte ich meistens die zwei Meter bis zum Klo, weil die Beine ein bisschen wacklig waren, und verbrachte dort manch muntere Nacht.«

Heute interessiert sich scheinbar niemand dafür, aber als es die Kinder der Mittelschicht trifft, als die RAF Deutschland bedroht und die Terroristen in Isolationshaft kommen, ist das ein Skandal. In einem Text beschreibt der Psychiater Sjef Teuns die Folgen der Isolation: »Die Herstellung und Aufrechterhaltung einer künstlichen Umgebung, die sich einerseits durch ihre Konstanz und Unveränderlichkeit und andererseits durch willkürlich dosierte Reize – auch im Schlaf – auszeichnet, legt im Laufe der Zeit die Sinnesorgane lahm und führt zu einer Desintegration und extremen Desorientierung des so isolierten Individuums, so wie etwa lang andauernde, erzwungene Bewegungslosigkeit zu einer Erschlaffung der Muskulatur, zu Gelenkversteifungen und Knochenverformungen führen kann. Andererseits werden die ihrer Nahrung beraubten – deprivierten – Sinnesorgane besonders empfindlich gegenüber auch geringfügigen Veränderungen in der Umwelt und geben diese als überproportionale Signale an das Gehirn weiter. Das kann sich äußern in unverhältnismäßigen Reaktionen der Angst oder der Freude oder der Wut. Jedenfalls führt die künstlich herbeigeführte Desorientierung des Individuums durch sensorische Deprivation nach kürzerer oder längerer Zeit mit Sicherheit zu unverhältnismäßigen Reaktionen auf Umweltreize.«[34] Veröffentlicht wird der Text 1973 im *Kursbuch 32* in der Ausgabe »Folter in der BRD. Zur Situation der Politischen Gefangenen«.

Die Terroristen konnten sich Anwälte leisten, sie hatten Kontakte zu Journalisten. Günther Finneisen besitzt 200 Euro. Er kennt niemanden und ihn kennt niemand.

Das Justizministerium Niedersachsen schreibt: »Bei der Unterbringung in Sicherheitsstationen des Landes Niedersachsen handelt es sich nicht um ›Isolierhaft‹, sondern um die unausgesetzte Absonderung eines Gefangenen (Einzelhaft). [...] Die

Diskussion über die mit dem Vollzug langjähriger Freiheitsstrafen verbundenen psychischen Belastungen bzw. Veränderungen wird seit Jahren kontrovers geführt. In Venzlaff & Foerster, *Psychiatrische Begutachtung* 1999, Seite 321, beschreibt Conrad, dass die Vorstellung eines gleichförmigen und klar umschreibbaren Haftschädigungsbildes nicht aufrechterhalten werden konnte.«[35] Verschiedene Studien ließen keine eindeutigen Rückschlüsse auf Schäden zu, sondern deuteten »zunächst eher auf eine mit den Jahren ansteigende Fähigkeit der Inhaftierten hin, sich an die Haftbedingungen anzupassen«.

Nichts anderes blieb auch Günther Finneisen übrig. Mit den Jahren hat er sich zu einem Höhlenbewohner entwickelt, seine Anpassung ist seine Degeneration. Aber über den Gefangenen der JVA Celle finden die Mitarbeiter des niedersächsischen Justizministeriums keine Studie.

Ein Geräusch, dann öffnet sich eine Tür im Besucherzimmer, hier im Hochsicherheitstrakt der JVA Celle in Niedersachsen. Einer der Beamten betritt den Raum. »Die Zeit ist um«, sagt er in die Erstarrung hinein. Eine Stunde von mittlerweile rund 130 000 Stunden, die Günther Finneisen dahinvegetiert. Allein, in jahrelanger Folter. Er winkt, lächelt aus einem geisterhaften Gesicht und dann ist er wieder weg, im Trakt verschluckt.

»Sie wollen das doch nicht aufschreiben?«, fragt einer der Beamten. »Das stimmt hinten und vorne nicht.«

Die Beklemmung fährt mit im Zug, hinaus aus dem schönen Städtchen Celle mit seinen pittoresken Fachwerkhäusern. Ein Beamter, der für die Öffentlichkeitsarbeit der JVA zuständig ist, bestätigt einen Monat später, dass Finneisen seit 1995 in der Sicherheitsstation sitzt. »Aber nicht ohne Grund«, sagt er.

Ende Dezember 2010 steckt eine Weihnachtskarte im Briefkasten. Geschrieben hat sie Peter Strüdinger, Finneisens ehemaliger Kumpan. Er teilt mit: »Günther Finneisen hat das lächerliche Angebot erhalten mit einem anderen Gefangenen in die Küche der S-Station gehen zu können oder mit dem in die Freistunde zu gehen. Lächerlich nach 15 ½ Jahren Isohaft.«

19 Kaum einer sitzt länger als er: Deutschlands gefährlichster Gangster?

Im Juni 2010 finde ich diese E-Mail in meinem Postfach:

»Sehr geehrter Herr Schlieter,
ich bin in der JVA Sehnde für die Öffentlichkeitsarbeit zuständig, unter anderem auch für die Kontaktaufnahme und -pflege von Medienvertretern in verschiedensten Belangen. Wie mir bekannt wurde, beabsichtigen Sie ein Interview mit einem bei uns untergebrachten Gefangenen und möchte Sie daher darauf aufmerksam machen, dass Sie bei einem beabsichtigten Interview vorab eine ›Dreh- und Interviewerlaubnis‹ der Pressestelle des niedersächsischen Justizministeriums benötigen, ohne eine eben genannte Erlaubnis ist ein Interview mit einem Gefangenen in Niedersachsen nicht genehmigt. Gern bin ich Ihnen bei der Frage behilflich, wo und wie Sie eine solche Erlaubnis erhalten.
Ich verbleibe mit freundlichen Grüßen
JVA Sehnde«

Meine Antwort lautet:

»Sehr geehrte Frau XY,
vielen Dank für Ihre Nachricht. Sobald ich entsprechende Fragen haben sollte, kontaktiere ich Sie sehr gerne. Doch noch befinde ich mich in der Recherche. Wie genau wurde Ihnen mein Anliegen ›bekannt‹, wie Sie es formulieren?
Mit freundlichen Grüßen
Kai Schlieter«

Ihre Antwort wiederum:

»Hallo Herr Schlieter,
Bei Gefangenen, die sich, wie Herr Strüdinger, in der besonders gesicherten Abteilung befinden, wird der Telefon- und Schriftverkehr überwacht, daher habe ich Kenntnis erhalten.
Sommerliche Grüße aus der JVA«

Eine sehr freundliche und zuvorkommende Mitarbeiterin der Öffentlichkeitsarbeit, die sorgsam E-Mail-Adressen recherchiert und verdammt schnell reagiert. Das ist im Justizvollzug nicht die Regel. Schon gar nicht in Niedersachsen, wie das beklemmende Leben von Peter Strüdinger belegt. Diesen Mann hält die deutsche Justiz seit fast 40 Jahren im fahlen Licht verschiedener Zellen gefangen, mehr als die Hälfte dieser Zeit in Hochsicherheitstrakten. Sie haben ihn unter verschärften Bedingungen erst eingemauert und dann jahrelang schmoren lassen. Das geht bis heute so.

Vielleicht hängt die Mühe der JVA-Mitarbeiterin mit der Haftdauer und der Art der Vollstreckung zusammen. Wahrscheinlich erklärt sich ihre besondere Beflissenheit mit den Methoden, mit denen der Staat seit Jahrzehnten versucht, Peter Strüdinger auf den rechten Weg zu bringen. Es gibt für diese Behandlung keine rationale Erklärung. Tatsächlich bringt sein Fall die Justiz in Niedersachsen zunehmend in Erklärungsnöte, denn es wird hier offensichtlich gegen höchstrichterliche Entscheidungen verstoßen. Zur Erinnerung, die Bundesverfassungsrichter urteilen am 3. Juli 2006: »Mit der Menschenwürde wäre es unvereinbar, wenn der Staat für sich in Anspruch nähme, den Menschen zwangsweise seiner Freiheit zu entkleiden, ohne dass zumindest die Chance für ihn bestünde, je wieder der Freiheit teilhaftig werden zu können.«

Wer sich mit dem Leben Peter Strüdingers beschäftigt, der merkt schnell, dass Menschenwürde etwas Abgehobenes, ein hehres Wort sein kann. Seit einer Ewigkeit kämpft er dafür, aus dem Hochsicherheitstrakt in den Normalvollzug verlegt zu werden. Mehr fordert er gar nicht. Strüdinger will in eine einfache Zelle, will Hofgang mit anderen Inhaftierten – er will behandelt werden wie ein »normaler« Gefangener und nicht wie eine tickende Zeitbombe oder ein unberechenbares Monster. Peter Strüdinger möchte nach all den Jahren in den Genuss der überschaubaren Freiheiten kommen, die anderen Häftlingen im Strafvollzug möglich sind. Aber so, wie er dahindämmert, das will er nicht mehr ertragen. Die Bedingungen in der Sicherheitsstation der JVA Sehnde gewährleisten gerade mal sein physisches *Über*leben. Leben bleibt hier ein Luxus. Eine Auflistung des Chefs der Sicherheitsstation der JVA vom 15. Juli 2010 gibt einen Überblick über die Restriktionen:

»1. Unterbringung
a) Sicherheitsstation
2. Entzug / Vorenthaltung von Gegenständen
a) nur notwendigste Ausstattung ohne gefährliche Gegenstände
b) nur Plastikgeschirr
3. Kontrollen / Beschränkungen
a) tägliche Haftraumkontrollen
b) monatliche Haftraumrevision
c) Zellenrevision durch den Revisionsdienst in unregelmäßigen Zeitabständen
d) überwachte Telefonate nach vorheriger Genehmigung durch 214.5 (Abteilungshelfer)
e) Überwachung des Schriftwechsels (gem. § 30 NJVollzG), Textkontrolle durch 214.5 (Abteilungshelfer)
f) Einzelbesuch mit dem Verbot des Körperkontakts, Besuchsüberwachung: optisch und akustisch
g) Besuche nur im Trennscheibenraum
h) Öffnen des Haftraums mit zwei Bediensteten
i) Begleitpflicht auf allen Wegen durch zwei Bedienstete
j) kein Auf-/Umschluss, der Haftraum ist ständig unter Verschluss zu halten (gem. § 81 Abs. 2 Nr. 3 NJVollzG)

k) Einzelfreistunde (gem. § 81 Abs. 2 Nr. 4 NJVollzG)
l) Einzelduschen (gem. § 81 Abs. 2 NJVollzG)
m) Ausschluss vom Gottesdienst (Einzelseelsorge) (gem. § 54 Abs. 2 NJVollzG)
n) keine Teilnahme an gemeinschaftlichen Veranstaltungen und Sport (gem. § 81 Abs. 2 NJVollzG)
o) körperliche Durchsuchung (gem. § 77 Abs. 2 NJVollzG) vor und nach Nutzung von Arbeitsraum, Besuchsraum, Freistundenhof
p) Tragen von Anstaltskleidung
q) Bastelverbot
r) kein gemeinschaftlicher Arbeitseinsatz (mit Gef. des Normalvollzugs gem. § 81 Abs. 2 Nr. 3 NJVollzG)
4. Aus- / Vorführungen
a) Begleitung durch drei Beamte, Anlegen von Hand- und Fußfesseln, Mitführen von Schusswaffen und Anlegen von Schutzwesten, Amtshilfe der Polizei bei Aus- und Vorführungen.«

Aus der Sicht eines Häftlings, der 2010 bereits 37 Jahre im Gefängnis sitzt – und davon die längere Zeit unter diesen verschärften Bedingungen –, ist es verständlich, wenn er da raus will. Peter Strüdinger will das wie Sauerstoff. Es geht in erster Linie darum, in diesem Leben überhaupt jemals eine Aussicht auf Freiheit zu bekommen. Nur für einen Straftäter, der sich im Normalvollzug bewähren durfte, ist ein Haftende überhaupt erst denkbar. Doch das alles wird ihm seit Jahrzehnten verwehrt.

Denn Peter Strüdinger hat von den Medien das Etikett »Deutschlands gefährlichster Geiselgangster« erhalten. Für diese Furcht vor ihm gab es gute Gründe. Strüdinger galt als Ausbrecherkönig. Die letzte Flucht gelingt ihm zusammen mit Günther Finneisen im Mai 1995 aus der JVA Celle. Strüdinger ist ein Tüftler und Techniker, ein Waffennarr und Bastler. Er baut eine Pistole und eine Bombenattrappe und überwältigt so die Beamten in der Anstalt. In jenem Mai 1995 fordern Strüdinger und Finneisen als Fluchtfahrzeug einen silbergrauen Porsche 928 und 200 000 DM Bargeld. Damit rasen sie davon. Es gelingt ihnen aber nicht, die Polizei abzuschütteln, die Beamten bleiben den Ausbrechern dicht auf den Fersen. Finneisen ruft sie per Telefoninterview mit dem Nachrichtensender n-tv dazu auf, den Rückzug anzutreten. Es nützt nichts. Die beiden geraten außer Rand und Band. Bündelweise werfen sie bei ihrer Flucht Geldscheine aus dem Fenster. Dann werden sie schließlich in Osnabrück durch Zivilfahnder gestoppt und von einem Sondereinsatzkommando überwältigt.

Es ist der dritte Ausbruch, der aus der JVA Celle gelingt. Politiker schalten sich nun ein. Der damalige niedersächsische CDU-Vorsitzende und heutige Bundespräsident Christian Wulff etwa. Er spricht von den »Versäumnissen in der Umsetzung von Sicherheitskonzepten« und fordert die sozialdemokratische Justizministerin Heidrun Merk zum Rücktritt auf. Es gebe »zuviel Freiheiten für Straftäter«, kritisiert der Vorsitzende des Bundes deutscher Kriminalbeamter. Und sein Kollege vom Bund der deutschen Strafvollzugsbediensteten weist auf »Grenzen des liberalen Strafvollzuges« hin.

Die Tat schockiert die Öffentlichkeit. Das mag eine Erklärung dafür sein, warum der Drang nach Sicherheit für die Behörden zu einem Phantasma anwächst. Zu einem Wahn, der Günther Finneisen 15 Jahre Isolationshaft beschert und Peter Strüdinger endgültig im Sicherheitstrakt einmauert. Sie bringen zu viel Unordnung in den Justizapparat – solche Vorkommnisse sollen sich niemals wiederholen.

Peter Strüdinger hat den weitaus längeren Teil seines Lebens eingesperrt hinter Stahl und Beton verbracht. Er schreibt in einem Brief, dass er bereits seit dem Sommer 1973 inhaftiert ist. »Davon 3 Jahre Psychatrie (unschuldig wie sich rausstellte) also ich habe schon zu zeiten gesessen wo der Vollzug noch Sühnevollzug war Strafvollzugsgesetz gab es noch nicht der Vollzug war beinhard und schon damals hies es Hotelvollzug, wie währe den der vollzug aus sicht der Leute gut Kugel am Bein Schlüssel wegwerfen?« In einem späteren Brief entschuldigt er sich für seine mangelhafte Rechtschreibung und die fehlerhafte Interpunktion: »Für heute nun aber wirklich schluß bitte sehn Sie über schreibfehler hinweck ich habe nur 3 Jahre Volksschuhle gemacht, ist wirklich so!«

Peter Strüdinger lebt bis zu seinem sechsten Lebensjahr bei seiner Großmutter. Seine Mutter arbeitet als Krankenschwester, seinen Vater lernt er nie kennen. Schon früh schwänzt er die Schule und reißt mehrmals aus. In der Familie eckt er an, schließlich bringt seine Mutter den schwierigen Jungen in eine psychiatrische Klinik. Sie tut dies auf den Rat einer Ärztin, die 1967 bei Strüdinger eine Epilepsie zu erkennen meint. Für Strüdinger beginnt nun eine Odyssee durch verschiedene Heime der Bundesrepublik. 1973 kommt er in den Knast. Er ahnt damals nicht, dass er auch die nächsten 40 und wahrscheinlich auch 50 Jahre nicht mehr legal in Freiheit verbringen wird.

Was rechtfertigt diese moderne Marter? Zunächst begeht Strüdinger einen Diebstahl, einen versuchten Raub und leistet Widerstand gegen Vollstreckungsbeamte. Ein Gericht verurteilt ihn zu vier Jahren Jugendstrafe. Bei Freigängen aus der JVA Vechta in Niedersachsen bricht er 1976 in ein Haus ein, seine Jugendstrafe verlängert sich um weitere drei Jahre. Er wird daraufhin in die Psychiatrie verlegt. Jahre später berichtet er, wie er mit geistig Behinderten in einer Zelle leben musste: »Ich war verzweifelt bei dem Gedanken, als halbwegs normaler Mensch unter Geisteskranken vegetieren zu müssen.« Er hält die Gefangenschaft nicht aus und bricht auch hier aus der Klinik aus. Den Tragebügel eines Transistorradios baut er zu einem Stilett um und überwältigt mit anderen Patienten die Pfleger. Dabei verletzt er einen am Hals, einen weiteren am Rücken, einen lebensgefährlich. Kein Kavaliersdelikt, aber am 16. Januar 1978 stellt er sich freiwillig – nur zwei Tage nach der Flucht. Strüdinger, der keineswegs unzurechnungsfähig ist, wird im August 1979 in den Normalvollzug verlegt. Er strengt sich nun an, lässt sich auf keine krummen Dinger mehr ein.

Bis zu dem Tag, an dem er Gudrun das erste Mal sieht. Er lernt sie beim Freigang kennen und verliebt sich gnadenlos. Aber Gudruns Mutter gefällt der Umgang mit dem Verbrecher nicht. Sie verbietet ihrer Tochter den Kontakt zu Strüdinger. Er ist in Haft, sie ist draußen – zwischen ihnen liegen nun Welten. Peter Strüdinger erträgt die Situation kaum und begeht einen folgenschweren Fehler, als er an einem Tag im Januar 1982 die Distanz und die Enge der Zelle nicht mehr erträgt. Bei einem Hafturlaub nimmt er eine Geisel und verletzt schließlich bei einem Schusswechsel zwei Polizisten.

Wegen der Fluchten und seiner Gewaltbereitschaft schlägt die Justiz mit voller Härte zu. Peter Strüdinger bekommt 15 Jahre Haft plus Sicherungsverwahrung. Eine Situation zum Verzweifeln. Gudrun besucht ihn zwar in der JVA Celle. Doch er will zu ihr, nimmt sich erneut vor auszubrechen. Es gelingt ihm zwei Jahre später, im Mai 1984. Wieder bringt er mit einem anderen Gefangenen einen Beamten in seine Gewalt. Er hat sich aus einem Bettpfosten eine Waffe gebaut und befestigt eine Sprengkapsel am Hals des JVA-Mitarbeiters. Strüdinger feuert zum Beweis aus seiner selbst gebauten Schusswaffe zweimal auf einen Schrank und ein Fenster. Bei einem Test, den Beamte später durchführen, durchschlägt das Projektil der selbst gebauten Waffe glatt einen Schweinebauch.

In einem BMW und mit 300 000 DM fliehen er und sein Kumpan aus dem Knast. Zivilfahnder überwältigen die beiden Gangster später an einer Fußgängerampel in Bremen. Strüdinger landet wieder im Knast. Er versucht sich zu erhängen, doch es misslingt. Später setzt er sich eine Injektion mit einer HIV-verseuchten Spritze, um sein Leben zu beenden. Die zunehmende Frustration und die Aussicht, sein Leben im Gefängnis zu verbringen, treiben ihn in seinen letzten Ausbruchsversuch – 1995, zusammen mit Günther Finneisen.

In einem Brief schreibt er an seine Mutter: »Die Stunden draußen waren so schön. Ich habe einen herrlichen Sonnenuntergang erlebt und wunderbare Natur.« Nur zwei Tage verbringt er in Freiheit. Sie kosten ihn weitere sieben Jahre Gefängnis. Die

Zeitungen nennen Peter Strüdinger nun »Deutschlands gefährlichsten Geiselgangster«. Von nun an verlässt er den Knast nicht mehr. Seine Mutter und der Stiefvater ziehen in die Nähe, um ihn öfter besuchen zu können. Rund 20 der fast 40 Jahre sitzt er unter besonders gesicherten Bedingungen, »im Trakt«, wie er schreibt. Die Justiz isoliert den Mann fast so lange in Einzelhaft wie Günther Finneisen (siehe Kapitel 18).

Mit dieser Behandlung aber geraten die Behörden und die Anstalt mittlerweile in Zugzwang. Der Sicherheitsreferent des niedersächsischen Justizministeriums hat sich der Sache angenommen. Um Peter Strüdinger nach all den Jahren in den Normalvollzug zu verlegen, ist jetzt ein Gutachten nötig. Es soll einschätzen, ob das normale Gefängnis zu unsicher für Peter Strüdinger ist, ob er nach den vielen Jahren noch derart gefährlich sein kann. Es ist auch eine Aussage über die mangelhaften Bemühungen, diesen Menschen zu resozialisieren. Die Justiz selbst geht davon aus, dass diese Haftbedingungen für seine persönliche Entwicklung nicht förderlich waren.

Im September 2009 schreibt der Sicherheitsreferent des Ministeriums an Strüdinger. »Da ich auch in Ihrem Interesse nur ein Gutachten akzeptiere, das höchsten Qualitätsstandards genügt, habe ich im deutschen Sprachraum herausragende Köpfe der forensischen Psychiatrie angesprochen und neben Herrn Prof. Dr. Leygraf auch Herrn Prof. Dr. Hans-Ludwig Kröber, den Direktor des Instituts für Forensische Psychiatrie Charité Universitätsmedizin Berlin, gewinnen können. Beide prägen die forensische Forschung in erheblichem Maße und haben sich in der Lehre vor allem mit ihren Lehrbüchern, die inzwischen als Standardwerke gelten, eine hohe Reputation erarbeitet.«

Strüdinger lehnt alle Gutachter ab, er selbst möchte sich von Dr. Wolf-Dieter Michaelis aus Hannover begutachten lassen. Der Sicherheitsreferent aber schreibt: »Da ich für die [...] Gutachten nur die besten Diagnostiker haben wollte, ist Herr Dr. Wolf-Dieter Michaelis nicht meine erste Wahl gewesen, womit ich seine Arbeit nicht bewerten will.«

Diese zweite Wahl schreibt bereits am 5. Juni 1996 an die Staatsanwaltschaft Lüneburg, dass Strüdinger unter diesen Haftbedingungen kein besserer Mensch werden kann, »daß nicht zu erwarten war, daß er sich in Haft ohne wesentliche Veränderungen seiner Umgebung, seiner Haftbedingungen und seiner Betreuungssituation künftig wesentlich anders verhalten würde als bis dahin. Die dann anschließenden 10 Jahre Haft [ab 1984 in der Sicherheitsstation der JVA Celle, Anm. d. A.] sind trotz ungünstigster betreuerischer geschweige denn therapeutischer Möglichkeiten, trotz sehr erheblicher sicherheitstechnisch bedingter vollzuglicher Einschränkungen und Einengungen und trotz prognostisch ungünstiger vollzuglicher und fachdienstlicher Befürchtungen äußerlich […] glimpflich verlaufen.« Der Gutachter, den das niedersächsische Justizministerium nicht erneut bestellen möchte, kommt schon 1996 zu dem Schluss: »Gemessen an der Lebensgeschichte, Straffälligkeit und Vollzugskarriere von W. [Strüdinger hat den Namen geändert, mehr dazu weiter unten] kann auf die letzten 10 Jahre bezogen kaum von einer weiteren Zunahme der Gefährlichkeit und von dem Deutlichwerden einer noch ungünstigeren Prognose gesprochen werden.«

Für den Gutachter ist klar: Die Flucht 1995 »läßt sich letztlich aus psychologisch-psychiatrischer Sicht nur einem letzten verzweifelten depressiven Aufbäumen gegenüber einer als unbeeinflußbar und unabänderlich erlebten extremen […] Lebenssituation zuordnen«. Die Sicherungsverwahrung, die bei Peter Strüdinger noch ausstehe, habe »dazu beigetragen, die vollzuglichen Bemühungen um diesen höchst problembelasteten Inhaftierten sozialtherapeutisch und rehabilitativ gering zu halten und vor allem sicherheitstechnischen Überlegungen unterzuordnen«.

Diesen Gutachter kann der Sicherheitsreferent nicht wieder bestellen. Alle seine Ratschläge, die eine Resozialisierung Strüdingers hätten fördern können, missachten die Anstalt und das Justizministerium. Und das 14 Jahre lang. Nichts ändert sich für ihn. Ganz im Gegenteil, diese verschärften Bedingungen werden sogar gegen ihn ins Feld geführt: Einer, der so lange im Sicherheitstrakt sitzt, sei zu gefährlich für den Normalvollzug – weil er zu lange im Sicherheitstrakt sitzt. Eine Zwickmühle, an deren Beseitigung sich nun das niedersächsische Justizministerium den Kopf zerbricht. Mindestens 14 Jahre zu spät. Es klingt verräterisch oder zynisch, wenn der Mann vom Ministerium 2010 schreibt, »dass niemand Interesse daran hat, Sie länger als erforderlich in einer Sicherheitsstation unterzubringen«. Es gab ja Chancen, Strüdinger hätte längst resozialisiert werden können, doch die Justiz verhindert dies gezielt.

Eine solche Chance bestand beispielsweise im Oktober 1995. Zu dieser Zeit bekommt sein Leben wieder einen Sinn. Peter Strüdinger hat sich erneut verliebt und er heiratet sogar. Es gibt ein Foto von diesem Tag. Der Mann, der dort im Hochzeitsanzug zu sehen ist, wirkt glücklich und zuversichtlich. Eine intensive Beziehung entsteht, mit schmachtenden Briefen und unzähligen Besuchen. Strüdinger ändert sogar seinen Namen und heißt jetzt W., es wirkt, als wolle er ein neues Leben anfangen, den alten Strüdinger abstreifen und in eine neue Identität schlüpfen. Vergebens.

In den Augen der Justiz ändert sich nichts. Dieser Mann ist ein Ausbrecher, ein unkalkulierbares Sicherheitsrisiko, das einer Sonderbehandlung bedarf. Beispielsweise soll er sich nicht zu sehr mit einem Gefängnis vertraut machen können – er könnte Lücken im System finden. Ab 1996 schicken sie ihn deswegen auf eine unfreiwillige Reise. Für Peter Strüdinger beginnt ein juristisch äußerst fragwürdiger Knasttourismus. Er bleibt nur noch für wenige Monate in einem Gefängnis, dann folgt der nächste Knast. Kein Anstaltsleiter will ihn zu lange bei sich haben. Sie verschuben ihn nach Hamburg, Werl, Düsseldorf, Bielefeld, Hannover, wieder Bielefeld, wieder Hannover bis 2005, Oldenburg für 47 Tage, dann JVA Sehnde, 2008 kurz Rosdorf, dann wieder Sehnde. Bei diesen Reisen lässt sich ein Leben in Freiheit nicht vorbereiten. Vollzugspläne, das Instrument, mit dem Anstalten die Resozialisierung ihrer Verbrecher organisieren, haben keinerlei Funktion mehr. Denn Strüdinger ist nicht lange genug an einem Ort, um beispielsweise seine Ungefährlichkeit unter Beweis stellen zu können. Immer von neuem gilt er als der gefährliche Ausbrecher, der unter besonders verschärften Bedingungen wegzusperren ist. Was zählt, ist ausschließlich die Sicherheit. Der Mensch Strüdinger ist nur noch ein Faktor – ein Unsicherheitsfaktor.

Dabei wird nicht nur er, sondern auch seine Frau bestraft. Immer neue Anstalten, stets anderes Personal, andere Bundesländer und die ständigen Reisen nehmen sie mit. In Nordrhein-Westfalen darf sie ihren Mann nicht mehr umarmen. Küsse sind jetzt ein Sicherheitsrisiko und werden verboten. Die Besuche finden nur noch hinter einer Trennscheibe statt. Hannover übernimmt diese Regelung. Auf einmal dürfen sich die beiden nicht mehr berühren. Strüdinger schreibt: »Ich habe meine [mittlerweile] Verstorbene Frau Angie hinter der Scheibe zusammenbrechen gesehen, und konnte Nichts machen als Schreiben an das Ministerium, die haben Gutachten angeordnet.«

Dabei ist eine intakte Beziehung nach draußen der sicherste Weg zur Resozialisierung. Es wäre die erfolgreichste Variante, ein Sicherheitsrisiko auszuschalten, denn die beiden lieben sich. Ein Sozialarbeiter der Aids-Hilfe aus Bielefeld schreibt: »Auch ein gefährlicher Unfall mit Totalschaden ihres Wagens hielt sie nicht davon ab, ihren Mann weiterhin so oft wie möglich in Bielefeld zu besuchen. [...] Deutlich spürbar war bei beiden der Wunsch nach mehr Nähe. So war bei den Besuchen von Frau W. in der JVA immer der Lippenstiftabdruck ihres Mundes auf der Trennscheibe zu sehen. [...] Angesichts des intensiven Beziehungsverhältnisses und dessen positiven Auswirkungen auf Herrn W. ist dem Bedürfnis der beiden, sich wenigstens von Zeit zu Zeit körperlich spüren zu können – und sei es nur über einen Händedruck – besondere Bedeutung zuzuschreiben.« Diese Einschätzung stammt aus dem Jahr 1997.

Strüdingers Frau ist die erste Person, zu der er seit der Inhaftierung 1973 eine dauerhafte Beziehung aufbauen konnte.

Der Sozialarbeiter schreibt weiter: »Die Zeit der vollkommenen Perspektivlosigkeit, die bis zu Selbstinfizierung mit HIV führte und ihn beim letzten Ausbruch aus der JVA Celle das von ihm angenommene Erschießen durch die Polizei bereitwillig in Kauf nehmen ließ, ist beendet. Heute besitzt Herr W. neuen Lebenswillen. Er ist bemüht, seinen Gesundheitszustand so weit wie möglich stabil zu halten.«

Schon in einem Gerichtsurteil des Landgerichts Celle von 1996 heißt es über Strüdinger, wie die Aids-Hilfe Bielefeld in einer Stellungnahme im Juli 1997 zitiert: »Insbesondere hat er klar und glaubhaft zu verstehen gegeben, zukünftig [...] derartigen Gewalttaten zu entsagen und unter Hinweis auf die nunmehr für seine Frau bestehende Verantwortung zu erkennen gegeben, sich grundlegend ändern zu wollen [...]. Der Angeklagte W. ist nicht mehr gefährlich.«

Der Sozialarbeiter der Aids-Hilfe empfiehlt: »Der ernstzunehmende Wunsch des Herrn W., in einem überschaubaren Zeitraum auf legalem Weg aus der Haft entlassen zu werden, sollte durch das Aufzeigen realistischer Möglichkeiten hierzu gestützt werden.«

Auch bei manchen Mitarbeitern im Gefängnis findet sich eine solche Einschätzung. Die »Vollzugsplanfortschreibungskonferenz« – hier wird im mehrmonatigen Turnus der Haftverlauf besprochen[36] – hält am 2. Februar 1998 fest: »Insgesamt waren sich die Konferenzteilnehmer einig, daß dem Gefangenen eine Perspektive zu eröffnen ist.« Der Besuch darf nun wieder ohne Trennscheibe ablaufen. Dennoch, klar müsse auch sein, »daß außer einem üblichen Händedruck kein Körperkontakt gewährt wird. Der Besuch findet unter Aufsicht von zwei Bediensteten ›am langen Tisch‹ statt.« Die Scheibe ist weg. Nun sitzen sie an den beiden Enden eines »langen Tisches«.

Im gleichen Jahr stirbt seine Frau.

Als Randnotiz steht handschriftlich auf einem kopierten Vollzugsplan aus dem Jahr 2005: »Ich habe im S-Trakt eine Büste von Angie aus Hartwachs gemacht Größe 1:1.«

Die Anstalt selbst weiß nicht mehr, wie sie mit dem Gefangenen verfahren soll. Ein Mitarbeiter schreibt: »Die Konferenzteilnehmer kamen zu dem Ergebnis, erneut eine Begutachtung durch Dr. Wienecke in Auftrag zu geben mit der Fragestellung, ob eine Verlegung in den Normalvollzug vertretbar sei.«

Wenn eine Anstalt nicht weiterweiß, gibt sie Gutachten in Auftrag. Wienecke aber hatte bereits 2000 in einem Gutachten geschrieben, dass zwar »ein hohes Risiko hinsichtlich impulsiver, aber auch geplanter und bedenkenloser Handlungsweise in subjektiv als unerträglich empfundenen Konfliktsituationen« bestehe. Allerdings »käme in gehörigem zeitlichen Abstand auch der Umschluss mit anderen Gefangenen in Betracht«.

Das hätte in der Zwischenzeit längst passieren können. Fünf Jahre dürften als »gehöriger Abstand« gelten, denn das entspricht einer Haftstrafe, die bei nicht unerheblichen Verbrechen verhängt wird.

Dennoch gibt es in der Behandlung mit ihm nur winzige Fortschritte. Ab 2001 hört die Anstalt die Gespräche, die Strüdinger mit seiner Mutter führt, nicht mehr ab. Er macht mittlerweile seit dreieinhalb Jahren eine Therapie, auch Gespräche mit einer Sozialarbeiterin finden ohne Bewachung statt, 2002 darf er – gefesselt – das Grab seiner verstorbenen Frau besuchen. Immer wieder steht im Vollzugsplan von 2005 »beanstandungsfrei«. Bei einem erneuten Besuch am Grab verläuft alles: »beanstandungsfrei«. Als Peter Strüdinger wegen einer Gürtelrose ins Krankenhaus muss: »beanstandungsfrei«. »Bei seinem Aufenthalt im Nordstadtkrankenhaus (in der Pfingstzeit) bat er den zuständigen Arzt, ihn in die Anstalt zu entlassen, damit – aufgrund der personalintensiven Bewachung im Krankenhaus – die Bediensteten der Sicherheitsstation nicht ihre Freizeit für ihn opfern müßten, was für Ansätze von Einfühlungsvermögen spricht.« So steht es in der »Niederschrift über die Vollzugsplanfortschreibungskonferenz vom 25. August 2004« einer Vollzugsmitarbeiterin der JVA Hannover.

Auch bei allen Durchsuchungen seiner Zelle wird nichts gefunden. Also »zeigt die vollzugliche Entwicklung des Herrn W.

einen sukzessiv positiven Verlauf«. Vorherrschend aber bleibt die absurde Anstaltslogik, dass Strüdinger »aufgrund der Einzelhaft in der Sicherheitsstation nicht die Einhaltung der Regeln des Zusammenlebens unter Beweis stellen« konnte. Ansonsten gebe es »keine weiteren konkreten Anhaltspunkte für seine Gefährlichkeit«.

Gemäß dem Vollzugsplan wird Peter Strüdinger 2005 aus der JVA Hannover in die JVA Sehnde verlegt. Ein neuer Knast, in dem er wieder als ein Sicherheitsrisiko wahrgenommen wird. Am 12. Dezember wird im Vollzugsplan notiert: »Bereits nach zwei Monaten Unterbringung in der hiesigen Anstalt beantragt Herr W. erstmals die völlig unrealistische Verlegung in den Normalvollzug. [...] Herr W. ist aufgrund der Tatsache, dass er [...] die in seiner Person liegende Gefährlichkeit unter Beweis gestellt hat [...] weiterhin im geschlossenen Vollzug in der hiesigen besonders gesicherten Abteilung Stufe 1 B unterzubringen.« Bei der Konferenz nehmen teil: die stellvertretende Anstaltsleiterin, die Anstaltspsychologin, der Anstaltsseelsorger, der Fachbereichsleiter Sicherheit, der Vollzugsabteilungsleiter und zwei Mitarbeiter des Abteilungsdienstes. Für Strüdinger ist die Zeit wieder auf null gestellt. Alles beginnt wieder von vorne.

In der Zwischenzeit fängt Strüdinger wieder an, einer Frau zu schreiben. Er lernt sie über ein Inserat kennen, sie ist selbst inhaftiert, die beiden verlieben sich. 2007 kommt sie aus dem Gefängnis. In einer Stellungnahme der JVA Sehnde heißt es: »Herr W. forderte gelockerte Besuchsbedingungen mit Frau P.« Es klingt, als sei Strüdinger völlig verrückt geworden, als nehme er für sich das Pontifikat in Anspruch. Strüdinger wird klar, dass die ganze Geschichte sich wiederholen wird. Er droht daraufhin der Anstaltsleitung, Informationen ins Netz zu stellen, wie man aus dem Gefängnis ausbricht. Eine hilflose Gebärde mit Folgen, denn die JVA hat nun eine Bestätigung: Er habe damit »aktuell unter Beweis gestellt, dass er nach wie vor als gefährlich anzusehen ist und nach wie vor bereit ist, rücksichtslos vorzugehen, wenn es dem Erreichen eigener Ziele dient«.

Alle Fortschritte und die schon seit Jahren von Gutachtern geforderten Lockerungen, die eine Resozialisierung ermöglichen sollen, sind nun wieder nichtig. 2010 stellt die JVA Sehnde fest, »dass der mit Urteil vom 27.3.1984 festgestellte Hang zur Begehung erheblicher Straftaten [...] selbst unter dem Eindruck des Strafvollzuges gegeben war. Eine Positivprognose, dass dieser Hang auch unter freiheitlichen Bedingungen weiterhin aktuell gegeben ist, muss zunächst angenommen werden, zumal sich der Gefangene beharrlich weigert, an einer Begutachtung seiner Person [...] mitzuwirken.«

Der Gutachter, den das Ministerium nicht akzeptiert – Wolf-Dieter Michaelis –, schreibt bereits 14 Jahre zuvor zum Thema »Hang«, dass sich bei Strüdinger »wirksam werdende hangartige Neigungen weder zur Gewaltkriminalität noch zur Benutzung von Waffen feststellen« ließen. Ein Hang zu Gewalttaten ist eine Voraussetzung für die Sicherungsverwahrung, er begründet eine besondere Gefährlichkeit. Doch für Peter Strüdinger hat die Sicherungsverwahrung noch nicht einmal begonnen, sie setzt erst ein, wenn er seine reguläre Strafe verbüßt hat. Die Sicherungsverwahrung könnte Strüdinger bis 2022 im Knast halten. Er säße dann so lange im Gefängnis wie der vierfache Frauenmörder Heinrich Pommerenke, nämlich 49 Jahre. Mit einem Unterschied: Strüdinger hat nie einen Menschen ermordet.

1912 schrieb der Kriminologe Moritz Liepmann: »Nach 20 Jahren Strafhaft tritt dann regelmäßig das trübste, dritte Stadium ein. Das Vegetieren beginnt und siegt. Die Gefangenen werden stumpf und gefühllos, Maschinen, endlich Ruinen.«[37]

In der Weihnachtskarte, die Strüdinger im Dezember 2010 schickt, schreibt er noch: »Kröber hat mich nach Aktenlage als gefährlich eingestuft und das obwohl ich den Hirndeuter Kröber nie gesprochen habe.«

Das Risiko des Bösen

20 Der Verbrecherversteher: Deutschlands bekanntester Gerichtsgutachter

In der alten Villa im vornehmen Berlin-Dahlem könnte eine Edgar-Wallace-Verfilmung aus den sechziger Jahren spielen. Sie ist der ideale Ort für einen verschrobenen Professor, der abgeschieden von der Welt anmaßende Experimente mit Menschen unternimmt, der Filmtitel könnte lauten »Das Laboratorium des Professor Kröber«. Eine Hecke wuchert so dicht und hoch, dass die Gründerzeitvilla dahinter fast verborgen bleibt. Durch ein eisernes Zauntor gelangt der Besucher auf das Grundstück der Limonenstraße 27. Die Fassade könnte neuen Putz vertragen. Ein abschüssiger Weg führt an einem verwilderten Vorgarten entlang zu einer Holztür mit Briefschlitz, dort prangt ein Schild mit der Aufschrift: »Anmeldung«. Das alles wirkt aus der Zeit gefallen, verwunschen und morbide.

Hier arbeitet der wohl bekannteste Gerichtspsychiater Deutschlands: Professor Hans-Ludwig Kröber. Peter Strüdingers unfreiwilliger Gutachter. Ein Experte für das Entsetzliche, der Profiler für die echten Dr. Mabuses dieser Welt. In über 1000 Tätergehirne hat er sich bereits versenkt. Allein von Peter Strüdinger, sagt der, lägen dem Gutachter über 20 dicke Leitz-Ordner vor.

Professor Hans-Ludwig Kröber wird von der Justiz gefragt, wenn spektakuläre Fälle verhandelt werden. Er liefert auch ein Gutachten im Prozess um den Wettermoderator Jörg Kachelmann. Oft sind es aber die Fälle, die kaum fassbar sind, denen er mit seiner Ratio begegnen muss. Kröber begutachtet Mario M., den Verbrecher, der auf dem Dach der JVA Dresden stand und der die 13-jährige Stephanie 105 Mal vergewaltigte. Er analysiert auch einen Berliner Sado-Masochisten, der in seinem Keller ein Folterstudio nachbaute und dort eine Frau über Wochen quälte. Ein Mann, der seine Vorliebe von seinen Eltern »erbte«. Laut Kröber war der Keller perfekter und besser getarnt als Josef Fritzls Folterverließ.

Der Gutachter wird auch in die Schmökel-Kommission berufen. Der Mörder und Sexualstraftäter Frank Schmökel flieht insgesamt sechsmal aus dem Maßregelvollzug, begeht Vergewaltigungen von Minderjährigen und vergeht sich an Tieren und ihren Kadavern. Bei seiner letzten Flucht aus der Klinik Neuruppin bringt er einen Rentner um. Die Suche wird bis nach Polen und Tschechien ausgeweitet. Nachdem ihn die Ermittler fassen, investiert Brandenburg mehr als 20 Millionen Euro in die Sicherheit des Maßregelvollzugs.

Hans-Ludwig Kröber begutachtet ebenfalls den Fall des neunjährigen Mitja, von dem später Aufnahmen aus der Straßenbahn auftauchen, wie er neben seinem Mörder sitzt und lächelt. Kröber erkundet das Gehirn von Jessicas Mutter, einer Frau, die ihr Kind über einen Zeitraum von zwei Jahren verhungern lässt. Vielleicht einer seiner schlimmsten Fälle. Kröbers Job ist das Monströse.

»Hallo? Hallo hier oben!« Der Nervenarzt ist erschienen. Er steht auf einer Steintreppe, winkt und führt ins Haus; in das funktionale Büro eines Mediziners mit schwarzem Metallregal für Akten, Büchern und Habilitationen. Mit Schwarz-Weiß-Fotos an der Wand. Das Persönliche hält sich in Grenzen, hier geht es um die Sache. Mittlerweile ist sein Institut ins Karl-Bonhoeffer-Klinikum umgezogen.

An diesem Tag bestätigt Kröber nicht das Klischee eines entrückten Gelehrten, der sein Leben dem Studium des Abnormen verschrieben hat. Er ist ein nüchterner Arzt mit solidem naturwissenschaftlichem Weltbild. Ihm sind Effizienz und Eigenverantwortung wichtig. Er verlässt sich lieber auf Statistiken und Wahrscheinlichkeiten als auf tiefenpsychologische Erklärungsmodelle des Menschen; früher wollte er Mathematik studieren.

Er regt sich darüber auf, dass sich linke Politiker einerseits empören, dass die Justiz immer härter durchgreift; passieren jedoch Missbrauchsfälle in der Kirche, dann seien es die gleichen Politiker, die nun ihrerseits nach härteren Strafen riefen, weil das ins Weltbild passe. Kröber mag es zu polarisieren, er hasst *political correctness* und er prüft sein Gegenüber in dieser Hinsicht. Er findet: »Effizienzdruck ist schon ganz hilfreich. Das ist ein Gedanke, der 200 Jahre in der Justiz nie aufgekommen ist.«

In einem Artikel schreibt er: »Niemand käme auf die Idee, einem schwer persönlichkeitsgestörten Menschen eine 8-jährige stationäre Dauertherapie zu empfehlen, zudem noch unter Verschluss gegenüber der Außenwelt. Jeder würde auf Anhieb sagen, eine solche stationäre Dauertherapie ist ebenso unmöglich wie kontraproduktiv. Daran ändert nicht das mindeste, wenn dieser Persönlichkeitsgestörte ein Straftäter ist.« Er verabscheut die »Zeitvergeudung« bei Menschen, die mit Sicherungsverwahrung im Knast sitzen. Er schreibt zu dem Problem: »Zudem fand man bei der Durchsicht der Krankenakten bisweilen das Phänomen, dass die diagnostische Einschätzung auf der Strecke irgendwann verlorengegangen war. Der Patient wurde weiter irgendwie behandelt [...] ganz ohne Diagnose und ohne erkennbares Ziel.«[38] Ein Jahr ergibt das nächste, das erinnert ihn womöglich an die Planwirtschaft der DDR. Nachdem Kröber in den Wendejahren sehen konnte, wie die Menschen in den DDR-Knästen verwahrt wurden, habe er den Glauben an die Resozialisierung in der BRD wiedergefunden. Völlig verwahrloste Gefangene, die über die Jahre vergessen wurden, sagt er.

Kröber setzt eher auf Eigenverantwortung. Von ihm stammt der Satz: »Das ist Erwachsensein: Ein Mensch muss bewirtschaften, was er mitbekommen hat, auch wenn es wenig ist oder schlecht.« Wenn er nach dem Bösen sucht, dann blickt er deswegen mehr auf den Verbrecher und weniger auf sein Umfeld.

Er begutachtet auch Reinhard M., rechtshistorisch gesehen wohl einer der bedeutendsten Fälle, denn er führt dazu, dass die Bundesregierung nun die Sicherungsverwahrung komplett reformieren muss. M. klagt vor dem Europäischen Gerichtshof für Menschenrechte in Straßburg gegen seine Sicherungsverwahrung – und gewinnt im Dezember 2009 gegen die Bundesrepublik Deutschland (dazu mehr in Kapitel 24).

Kröber selbst hat den Mann als äußerst gefährlich eingestuft. Mittlerweile ist er frei, obwohl Kröber den Mann noch immer für höchst gefährlich hält: »Der war mal Gründer der Grünen Gefangenhaftgruppe in Schwalmstadt und hat versucht, seine Betreuerin zu erwürgen. Dann waren die Grünen nicht glücklich mit ihm und er wurde Neonazi und hat nun die Reichskriegsflagge über dem Bett hängen. Das ist ein Selbstdarsteller, aber respekteinflößend, der auch verdeutlicht: ›Mir kann keiner was sagen. Ich bin der Napoleon, ich bin der liebe Gott, der in seinem unermesslichen Ratschluss schon wissen wird, was er macht.‹ Das sind Leute, die sich gerne präsentieren, wie grandios sie sind, das alles hat aber nur einen Kanal. Als Sender, nicht als Empfänger.«

Kröber ist im juristischen Verfahren derjenige, der letztlich darüber entscheidet, wer gefährlich ist und wer in Haft bleibt. Fast immer folgen die Richter dem Gutachter. Diese Art des Verfahrens macht es leicht, Verantwortung abzugeben. Der Gutachter jedoch muss bei seiner Arbeit in die Zukunft schauen können. Er muss abschätzen, ob einer, der für seine Taten bestraft wurde, wieder rückfällig wird oder nicht. Kröber beschreibt das so: »Man muss rekonstruieren, was das für eine Gefährlichkeit war, welcher Art sie ist und wie groß sie ist. Ist das etwas Überdauerndes, was ständig anhält, was er psychisch braucht, um sich selber zu beweisen? Oder ist das stark umfeldgebunden? Hat das etwas zu tun mit dem Alter, mit Beziehungen? Man versucht herauszufinden, wie diese Gefährlichkeit damals strukturiert war. Es gibt sehr unterschiedliche Gefährlichkeiten, die unterschiedlich nah an der Person dran sind, die unterschiedlich wichtig sind. Der Punkt ist, dass man immer wieder von den Tätern lernen muss. Man hat nie ausgelernt. Man muss davon ausgehen, dass es den Tätern nicht weh tut, wenn sie Straftaten begehen. Man muss davon ausgehen, dass in dem Moment, wo sie es machen, dies eine wichtige Funktion ausfüllt.«

Kröber analysiert die Taten, liest Tausende von Seiten, die das Verbrechen wieder aufleben lassen – er will dabei gewesen sein. Er weist den Täter dann im Gespräch auch auf Widersprüche hin, wenn er versucht, die Tat schönzureden. »Bei Gruppendelikten mit Jugendlichen gibt es oft einen, der eigentlich sympathisch und nicht zerstörerisch ist, der aber Freunde hat und beweisen will, dass er loyal ist. Das ist häufig derjenige, der den größten Tatbeitrag leistet. Der ist häufig schon auf dem Absprung. Aber er ist noch einmal hingegangen und dann ist er mit drin. Das ist jemand, dessen Gefährlichkeit völlig anders eingeschätzt werden muss, als jemand, der seine ganze Männlichkeit daraus ableitet, dass er Zerstörungskraft hat, dass er kaputt machen kann, dass er unmittelbare Wirkungen setzen kann, die ganz erheblich sind. Man muss also versuchen herauszufinden: Wie hat das damals funktioniert und wie redet der heute darüber? Die Bekundungen von Reue halten die meisten nicht durch. Wenn man sich das immer wieder schildern lässt, wie das abgelaufen ist, dann landen die meisten dabei, dass sie in irgendeiner Weise die Tat bewerten. Teilweise als Rechtfertigungsstrategie. Teilweise wirklich neu. Sie verstehen, was sie falsch gemacht haben und ab welchem Zeitpunkt die Sache aus dem Ruder gelaufen ist. Teilweise sind sie genauso hasserfüllt wie zuvor. Sie finden Frauen sind eine Horde von Biestern, die in Wirklichkeit nur für Sex zu gebrauchen sind, den sie aber auch verweigern, was man mit Gewalt beantworten muss. Wichtig ist es, dass man die Zeugenaussagen und den Tathergang kennt. Schwierig sind die Begutachtungen, wo die Leute nur Süßholz raspeln.«

Schon Kröbers Eltern arbeiteten als Nervenärzte. Sein Vater war Chefarzt der Bodelschwinghschen Anstalten Bethel, die größte diakonische Einrichtung dieser Art in Europa. Das Areal in Bielefeld ist so riesig wie eine Stadt. Hier macht er auch seine Ausbildung zum Facharzt. »Ich habe schon sehr früh gelernt, zu unterscheiden, wer Patient war und wer nicht, wer krank war und wer gesund«, sagt er in einem Interview.[39] In den siebziger Jahren engagiert er sich in linken Gruppen. 1974 tritt er sogar als Kandidat des Kommunistischen Bunds Westdeutschland für die Bundestagswahl an. Wegen Widerstand gegen die Staatsgewalt bekommt er einen Eintrag ins Bundeszentralregister, der Verfassungsschutz beobachtet ihn, er fürchtet um seine Stellung als Arzt.

Kröber ist empfänglich für Widersprüche. In Zeitungsporträts konservativer Medien wirkt er wie ein Linker; schreiben linksliberale Journalisten über ihn, dann erscheint Kröber als Neoliberaler mit Hang zum Zynismus. Er möchte sich von niemandem festlegen lassen. Für einen Gutachter ist es wichtig, dass er nicht berechenbar ist. In einem Fragebogen ergänzt er den Satz »Wer es in meinem Geschäft zu etwas bringen will, der muss…« folgendermaßen: »anhaltend neugierig sein auf das wirkliche Leben«.

Deswegen ist Kröber einer, der die Täter nicht nur befragt. Er exploriert sie. Seine Befragungen sind wie eine Expedition. Mittlerweile hat er Standardwerke der Forensik geschrieben. Seine Ausrüstung ist sein Wissen über Täter und Tatmuster, über Tätertypen, über Wahrscheinlichkeiten. Er analysiert die Vorgeschichte, die Tat, den Zeitpunkt, daraus ergeben sich Quotienten, die in seine Berechnung mit einfließen. Diese Daten rastert er durch seine Erfahrungen. Er versucht das anhand eines Beispiels zu veranschaulichen: »Sie gucken vom Berg auf einen Reiter in der Wüste. Und Sie gucken sich das über eine bestimmte Zeitstrecke an und entwickeln eine Hypothese, wo er landen wird oder wo er Schluss machen wird, wie schnell er ist, wie er ausgerüstet ist, was er zu erledigen hat. Sie versuchen eine möglichst lange Zeitstrecke möglichst konkret zu erfassen, um die Bewegungsgesetze dieser Person in dieser Zeit zu erkennen. Dabei verlängere ich, was ich bis heute habe, in die Zukunft. Das machen wir alle. Wir gehen davon aus, dass bestimmte Personen infolge ihrer Einstellungen und Bewertungsmuster eine gewisse Stabilität haben. Es geht darum herauszufinden, was für eine bestimmte Person zeitstabil ist, was für sie wichtig ist, was für ihre Entscheidungen wichtig ist. Das lässt sich nur bis zu einem bestimmten Grad herausfinden. Dadurch werden Räume geschaffen, in denen wir uns entscheiden. Man kann annehmen, dass unsere zukünftigen Handlungen in diesem Feld liegen und nicht weit darüber hinausgehen. Aber was jemand wirklich tut, weiß man nicht. Aber wenn man über jemanden sagt, dass er mit 30-prozentiger Wahrscheinlichkeit ein Tötungsdelikt begeht, dann heißt das auch, dass er zu 70 Prozent wahrscheinlich kein Delikt begehen wird. Das heißt, dass viele Menschen gefährlich sind, ihre Tat aber nicht begehen. Das ist der Stoff von Dürrenmatt.«

Hans-Ludwig Kröber versucht hinter die Fassade von Verbrechern zu blicken, die nichts anderes wollen, als in die Freiheit entlassen zu werden. Er versucht Menschen zu lesen, Lämmer von Wölfen zu unterscheiden. Das hat in der Rechtsgeschichte eine lange Tradition, und das ist auch der Stoff, dem der Turiner Arzt Cesare Lombroso sein Leben gewidmet hat.

21 Im Gehirn der Täter: Die Suche nach dem Bösen

Vor allem eine Frage treibt den Arzt Cesare Lombroso (1835 bis 1909) um: Was macht den Menschen zur Bestie? Eines Tages trifft ihn die Erkenntnis wie ein Faustschlag. Vor sich auf dem Tisch liegt der Schädel des Räubers Giuseppe Vilella. Lombroso entdeckt eine Anomalie und wähnt sich, das Geheimnis des Bösen gerade zu lüften: »Beim Anblick dieser Hirnschale glaubte ich ganz plötzlich [...] das Problem der Natur des Verbrechers zu schauen. [...] die enormen Kiefer, die hohen Backenknochen, die hervorstehenden Augenwülste, [...] die handförmigen oder anliegenden Ohren, die bei Verbrechern, Wilden und Affen gefunden werden, die Gefühllosigkeit gegenüber Schmerzen, die extrem hohe Sehschärfe, die Tätowierungen, die übermäßige Trägheit, die Vorliebe für Orgien und die unwiderstehliche Begierde nach dem Bösen um seiner selbst willen, das Verlangen, nicht nur das Leben in dem Opfer auszulöschen, sondern den Körper zu verstümmeln, sein Fleisch zu zerreißen und sein Blut zu trinken«, schreibt er später.[40]

Lombroso leitet eine Irrenanstalt in Pesaro, bevor er Professor für forensische Medizin in Turin wird. Das Erlebnis mit dem Schädel des Giuseppe Vilella veranlasst Lombroso schließlich dazu, eine Biologie des Bösen zu verfassen, sein Hauptwerk *Der Verbrecher in anthropologischer, ärztlicher und juristischer Beziehung* von 1876. Er begründet damit die Lehre vom geborenen Verbrecher, einer Art Spezies neben den unbescholtenen Bürgern. Dies geschieht in einer Zeit, in der die Lehren eines Charles Darwin die Deutungshoheit erobert haben. Lombrosos Kollege etwa, der Kriminologe Enrico Ferri, schreibt 1896: »Daß der verbrecherische Mensch durch seine – ererbten oder erworbenen – Eigenschaften eine besondere Varietät der menschlichen Art ist.«[41]

Lombroso, der schon mit 32 Jahren zum außerordentlichen Professor einer Klinik für Geisteskranke wird, entwickelt eine Typologie des Verbrechers und macht Merkmale aus, an denen dieser eindeutig zu erkennen sein soll: die fliehende Stirn, der große Unterkiefer, eine Asymmetrie des Gesichtes, eine übergroße Spannweite der Arme, große Füße und Hände. Verbrecher hätten kleine, aber sehr bewegliche und blutunterlaufene Augen, zusammengewachsene Brauen und eine Adlernase. »Im allgemeinen sind bei Verbrechern von Geburt die Ohren henkelförmig, das Haupthaar voll, der Bart spärlich, die Stirnhöhlen gewölbt, die Kinnlade enorm, die Backenknochen breit – kurz ein mongolischer bisweilen negerähnlicher Typus ist vorhanden.« Lombroso, der Schädelmessungen an Tausenden von Soldaten und Strafgefangenen durchführt, kommt zu dem Schluss, dass Verbrecher eine evolutionäre Rückentwicklung des Menschen darstellen.

Auch sein Kollege Franz Joseph Gall (1758 bis 1828) meint, einen Zusammenhang zwischen der Schädelform eines Menschen und dessen Charakter zu erkennen. Er glaubt zudem, geistige Eigenschaften müssten bestimmten Gehirnregionen zugeordnet werden. Der Mann entwickelt sogar einen entsprechenden Gehirnatlas. Seine Arbeiten gelten als Vorläufer der Neurologie.

Die Vermessung des Verbrechers ist zu dieser Zeit ein beliebter Gegenstand. Die medizinischen Kriminologen der Vergangenheit gingen davon aus, dass der Verbrecher äußerlich zu entlarven sei. Seine natürliche Veranlagung zum Bösen finde Niederschlag in der Form seines Schädels oder der Beschaffenheit seines Äußeren. So etwas klingt heute bestenfalls skurril. Doch die Idee wurde nicht komplett beerdigt, sie ist vielmehr wiederauferstanden, zeitgemäß und scheinbar weniger absonderlich.

1966 etwa erregt der Fall von Richard Speck aus Chicago Aufmerksamkeit, bei dem nicht der Täter, sondern angeblich ein überschüssiges Y-Chromosom für einen brutalen Mehrfachmord verantwortlich sein soll. Der Verteidiger plädiert angesichts dieser Anomalie auf Schuldunfähigkeit, denn das Y-Chromosom führe zu erhöhter Aggressivität. Und tatsächlich kommt der Täter nicht in den Knast, sondern in eine Heilanstalt.[42]

Rund 40 Jahre später tourt der Neurowissenschaftler Kent Kiehl, Direktor des Mind Research Network in Albuquerque, mit einem 15 Meter langen Lastwagen durch New Mexico, USA. Er verschafft den harten Jungs im Knast einen lukrativen Nebenjob. Ein Dollar pro Stunde ist mehr als fürstlich für eine Tätigkeit, die im Liegen vonstatten geht: Der amerikanische Neurologe filmt die Gehirne von Strafgefangenen mit einem funktionellen Magnetresonanztomografen (fMRT). Tonnenschwer ist das Gerät, nur mit einem LKW lässt es sich transportieren. Mithilfe des fMRT sucht er eine bestimmte Population: den Psychopathen. Im Jahr 2010 hat er 1200 Insassen untersucht, angeblich konnte er 300 Psychopathen identifizieren. Wie bei Lombroso ist es eine Anomalie, die den Täter entlarvt. Mit dem Tomografen findet der amerikanische Forscher bei den Psychopathen ein verkümmertes limbisches System. Das ist das Areal, in dem unser Gehirn Gefühle verarbeitet. Er zeigt den Probanden schockierende Bilder im Tomografen. Wo bei »normalen« Tätern nun erhöhte Gehirnaktivität nachweisbar sei, wäre bei den Psychopathen im Truck von Mr. Kiehl rein gar nichts feststellbar.

Ein Beweis? Gibt sich der Verbrecher im Hirn zu erkennen? Haben Straftaten eine biologische Grundlage? Sieht man dem Menschen sein Verbrechen schon an, bevor er es begeht? Oder handelt es sich um Wissenschafts-Mumpitz, eine Lombroso-Lachnummer?

Bekannte Neurologen wie Gerhard Roth oder Wolf Singer vom Max-Planck-Institut für Kognitions- und Neurowissenschaften in Frankfurt am Main sagen: »Verschaltungen legen uns fest: Wir sollten aufhören, von Freiheit zu sprechen.« Beide sind Mitautoren eines »Manifests«, das elf Neuroforscher 2004 veröffentlichen und damit für einigen Wirbel sorgen. In ihrem Text heißt es: »Ebenso werden uns die zu erwartenden weiteren Fortschritte in der Hirnforschung vermehrt in die Lage versetzen, psychische Auffälligkeiten und Fehlentwicklungen, aber auch Verhaltensdispositionen zumindest in ihrer Tendenz vorauszusehen – und ›Gegenmaßnahmen‹ zu ergreifen.«[43]

Wolf Singer ist ein prominenter Vertreter seines Fachs. Er provoziert und behauptet gar, naturwissenschaftlich gesehen könne kein Mensch frei entscheiden. Das bedeute, dass auch niemand dafür verantwortlich sei, was er tue. Kriminelle können demnach nicht resozialisiert werden, sondern müssen von den Rechtschaffenden, also den Gesunden, separiert werden. Starker Tobak.

Sein Kollege, der Bremer Biologe und Präsident der elitären Studienstiftung des Deutschen Volkes, Gerhard Roth, schreibt: »Gewaltverbrecher mit erhöhter impulsiver Aggressivität zeigen gegenüber der Normalpopulation signifikant häufiger bestimmte strukturelle und funktionale Hirndefizite im Bereich des Stirnhirns und des Schläfenlappens sowie im limbischen System. […] Eine Verminderung der Aktivität des Frontalhirns durch Fehlentwicklungen führt zu einer erhöhten Risikobereitschaft, einer gesteigerten Impulsivität und ›unmoralisch‹-kriminellem Verhalten.«[44] Menschen wären demnach durch die Biologie weitreichend festgelegt. Man sollte sich daher »auf das Prinzip der Abschreckung, der Therapie und des Schutzes der Gesellschaft vor nachweislich nicht therapierbaren Straftätern« beschränken. Aus der Feder eines so prominenten Wissenschaftlers lässt sich das schwer als Nonsens abtun.

Kriminalität als biologischer Fehler. Roth und Singer halten die Willensfreiheit für neuronales Blitzgewitter. Sie behaupten, wir stünden an der Schwelle zu einer neuen Betrachtung des Verbrechers und der Kriminalität.

Auch der Psychologe Hans Markowitsch schlägt in die gleiche Kerbe. Er sagt: »Was wir für pathologisch halten, verändert sich mit neuem Wissen. Genau wie unser Begriff von Schuldfähigkeit: Im Mittelalter stellte man noch Tiere vor Gericht.« Unsere Neuronen gaukelten uns nur etwas vor. »Das gibt uns das Gefühl, wir handelten aus freier Entscheidung. Tatsächlich spielt sich unsere Gehirntätigkeit in großen Zügen unbewusst ab. Der freie Wille ist eine Illusion.«[45]

Moderne Hirngucker unterscheiden zwischen dem Menschen und seinem Gehirn. Sie befinden sich damit auf einem sehr alten Trampelpfad. Enrico Ferri schreibt 1896, »daß der freie Wille nur eine subjektive Illusion ist, welche durch die Psycho-Physiologie aufgehoben wird«. Bislang allerdings konnte sich der freie Wille wacker halten. »Kein Hirnmechanismus meines Erkenntnisapparats hindert mich daran, eine rote Rose grün zu nennen«, stellte schon der Göttinger Neurophysiologe Otto Creutzfeldt fest.[46]

Als Beweis für den Mythos der Willensfreiheit wird jedoch gerne folgender Versuch des Max-Planck-Instituts für Neurowissenschaften in Leipzig angeführt: Während die Probanden in einem Kernspintomografen liegen, sollen sie sich entscheiden, entweder mit der linken oder der rechten Hand einen Knopf zu drücken. Auf dem Bildschirm lassen sich die Aktivitäten des Gehirns abbilden. Schon zehn Sekunden, bevor den Versuchspersonen ihre Entscheidung selbst bewusst ist, flimmert sie glasklar für die Forscher auf dem Display. Es scheint so, als würden wir unbewusst gesteuert, als entscheide das Gehirn, bevor es der Mensch tut. Die Studie des Max-Planck-Instituts wird 2008 in der Fachzeitschrift *Nature Neuroscience* veröffentlicht. Sie ist die Wiederauflage eines berühmten Experiments von Benjamin Libet aus dem Jahr 1979. Auch damals wird vom Ende der Willensfreiheit schwadroniert.

Die Interpretationen der Neuro-Philosophen finden Anklang, denn sie treten mit einem Kostüm in Erscheinung, das Menschen überzeugt, das plausibel erscheint. Die modernen Neurowissenschaften fahren digitale Bildgebungsverfahren und Computertechnologie auf, Tomografen dringen in das Gehirn des lebenden Patienten vor und zeigen dort live, wie bestimmte Areale reagieren, bilden Stoffwechselaktivitäten in Echtzeit ab. In einer visuellen Kultur können so auch höchst verwegene Thesen überzeugen. Was Menschen sehen, glauben sie auch. Das Sichtbare, die neuronalen Bilder lenken davon ab, dass unzulässige Analogien gebildet werden. Sie suggerieren Tatsachen, wo grobe Vereinfachungen vorgenommen werden. Die Forscher setzen chemische Prozesse mit menschlichem Verhalten gleich.

In einer Studie in der Dezemberausgabe 2009 des Fachmagazins *Neuron* berichten der Neurologe Thomas Baumgartner und die Ökonomen Ernst Fehr und Urs Fischbacher von einem spannenden Experiment: Probanden sollen als Anleger oder Treuhänder Geld verwalten. Geprüft wird, ob die Spieler ihr Versprechen halten und den Gewinn gerecht aufteilen oder nicht. Mit einem funktionellen Magnetresonanztomografen (fMRT) sind die Forscher live im Gehirn dabei. Bei den Betrügern sehen sie erhöhte Aktivitäten in einer Hirnregion, die eine Rolle bei Emotions- und Kontrollprozessen spielt. Die These von Ernst Fehr: »Ein solcher Befund lässt folglich die Spekulation zu, dass Gehirnmessungen in ferner Zukunft nicht nur verwendet werden können, um Übeltäter zu überführen, sondern vielmehr sogar mithelfen können, betrügerische und kriminelle Machenschaften zu verhindern.«[47]

Heute entlarven Forscher das Kriminelle nicht mehr an den Ohren, sondern in der Molekularstruktur. Tatsächlich führen also die Fortschritte in der Hirnforschung und ihre neuen technischen Bildgebungsverfahren auch zu einer Wiederkehr der Vergangenheit. Diese neuen Untersuchungen liefern ebenfalls nur Indizien und die Zahl der Probanden ist so gering wie damit auch die empirische Beweiskraft der Studie. Vor allem aber werden recht schlau Beziehungen mit Ursachen vertauscht.

Der Philosoph Peter Bieri schreibt in einer Erwiderung auf die Neurologendebatte, dass sie die Perspektiven nicht vertauschen sollten. »Denken wir uns jemanden, der ein Bild zerlegte, um herauszufinden, was es darstellt: Wir würden ihn für verrückt halten. […] Man sucht in der materiellen Zusammensetzung eines Gemäldes vergebens nach Darstellung und Schönheit, und im selben Sinne sucht man in der neurobiologischen Mechanik des Gehirns vergebens nach Freiheit oder Unfreiheit. Es gibt dort weder Freiheit noch Unfreiheit. Das Gehirn ist der falsche logische Ort dafür.« Er schreibt weiter: »Nichts an unserer Erfahrung geschieht ohne physiologischen Hintergrund: nicht die Wahrnehmung, nicht das Denken, nicht das Fühlen. Doch niemand kommt auf die Idee, dass dieser physiologische Hintergrund den Gegenstand all dieser Erfahrungen zu bloßen Illusionen macht. Warum also beim Willen?«[48]

Die Turbulenzen, die jene Wissenschaftler erzeugen, die das Ende des freien Willens behaupten, sind kalkuliert und medientauglich zugespitzt. Denn Aufmerksamkeit ist rar und bedeutet in der Forschung materielle Zuwendung. Singer ist nicht ohne Grund Träger des Max-Planck-Preises für Öffentlichkeitsarbeit.

Die Biologie des Bösen erscheint wieder schick, die Gedanken daran fesseln selbst renommierte Wissenschaftler. Es finden zahlreiche Tagungen statt, die sich mit der Frage beschäftigen, ob das Strafrecht nicht besser wie ein überflüssiges Relikt zu behandeln sei. Publikationen zum Thema fluten den Markt. Der Forscher Hans Markowitsch sagt in einem Interview: »Bei schweren Straftaten holt man zunehmend externe Gutachter, die Vorentscheidungen für das Gericht treffen. Wenn man das weiterdenkt, könnte herauskommen, dass man das Gericht eigentlich gar nicht braucht. Ich selbst habe als Gutachter in einem Mordfall mit funktioneller Bildgebung die Glaubwürdigkeit einer Zeugin belegt.«[49]

Wenn die Bedeutung der Gutachter wächst, stellt sich die Frage: Wie gut können sie einschätzen, ob ein Mensch in der Zukunft ein Verbrechen begehen wird? Wie zuverlässig sind die Prognosen von Gerichtsgutachtern?

22 Das Geschäft mit Gewissheit: Kriminalprognosen und andere Hellseherei

Versetzen Sie sich einige Jahre zurück. Hätten Sie erwartet, dass unser gesamtes Finanzsystem in einer Kettenreaktion implodieren könnte, mit einem Schlag? Das wäre fast geschehen, als die Investmentbank Lehman Brothers im September 2008 in sich zusammenbrach. Finanzkrise, weltweite Rettungspakete: Hätten Sie das je vorhersehen können? Vermutlich nicht, denn selbst die Experten mussten passen. Die Prognosen erwiesen sich damit als fatal falsch. Das Institut für Wirtschaftsforschung (DIW) stellte aus diesem Grund 2009 sogar seine Vorhersagetätigkeit für Monate ein.

Das Wirtschaftssystem mag kompliziert sein, doch es folgt definierbaren Regeln. Das Verhalten des Menschen jedoch, seine Psyche, sein Verhalten in seiner sozialen Umwelt – sind da Vorhersagen nicht noch um einiges komplizierter als in der Wirtschaft? Zumal gerade dann, wenn gefährliches Verhalten vorhergesagt werden soll, also eine Art und Weise des Handelns, die vom üblichen Verhalten sehr stark abweicht? Verschiedene Forscher haben nachgewiesen, dass Prognosen in den verschiedensten Bereichen nur dann stimmen, wenn nichts Ungewöhnliches geschieht.[50] Prognosen sind also dann erfolgreich, wenn sie die Gegenwart vorhersehen. Niemand aber kann Außergewöhnliches berechnen. Aber genau darauf sollten Prognosen ja eigentlich vorbereiten. Hier wird deutlich, dass dieses Instrumente oft nicht mehr ist als eine wissenschaftlich angestrichene Form der Hellseherei. Moderner Hokuspokus.

Statistiker haben herausgefunden, dass beispielsweise die Wirtschaftsweisen der Bundesregierung in den vergangenen 30 Jahren kaum etwas an der Zuverlässigkeit ihrer Prognosen verbessern konnten. Sie lagen fast immer falsch. Trotzdem wird an ihren Vorhersagen festgehalten. Selbst für vermeintlich stabile Phänomene wie die Bevölkerungsentwicklung sind Prognosen so gut wie nicht möglich. Die Antibabypille und die Emanzipation brachten sämtliche schöne Berechnungen durcheinander. Nichts stimmte mehr.

Der 11. September, der Irakkrieg, die Ölpest der Deepwater Horizon: Die Zukunft ist ein riskantes Unterfangen. Wahrscheinlich deswegen wollen auch Juristen nicht vom Glauben an die Vorhersehung lassen. Mit gravierenden Folgen, wie sich zeigen wird. Richter treffen ihre Entscheidungen zunehmend erst mithilfe von Kriminalprognosen. Es gibt Urteils-, Entlassungs- und Vollzugsprognosen. Gutachten müssen zwar nicht von Psychiatern gestellt werden, meistens jedoch machen sie es. Diese Forensiker beurteilen dann, ob ein Täter besonders gefährlich und schuldfähig oder ob er psychisch krank ist. Kranke Täter kommen in den Maßregelvollzug, besonders gefährlich eingestuften Tätern droht nach Absitzen der eigentlichen Strafe die Sicherungsverwahrung. Bei der Sicherungsverwahrung wird also eine Tat bestraft, die noch gar nicht begangen wurde, ein Verbrechen, das ein möglicher Täter in einer möglichen Zukunft begehen könnte. Eine sehr wacklige Angelegenheit, wie auch das Urteil des Europäischen Gerichtshofes von Dezember 2009 belegt (siehe Kapitel 20). Die ersten, die in Deutschland die Sicherungsverwahrung einführten, waren übrigens die Nazis.

Um die Gefährlichkeit eines Täters zu beurteilen, obliegt es einem Gutachter abzuschätzen, wie wahrscheinlich er in Freiheit erneut zuschlagen wird. Diese Beurteilung ist wichtig, wenn ein Gefangener beispielsweise einen Antrag auf vorzeitige Entlassung stellt. Norbert Nedopil ist einer der renommiertesten Psychiater und Gutachter. In einem Aufsatz schreibt er:

»Wenn künftige Rückfälle vom psychiatrischen Sachverständigen nicht ausgeschlossen werden, muss der Untergebrachte entweder seine volle Strafe abbüßen oder er wird in der Einrichtung behalten, bis ein Psychiater zu der Beurteilung kommt, dass keine wesentlichen Straftaten von ihm zu erwarten sind.«[51] Das führt dazu, dass einige Täter und Kranke bis an ihr Lebensende eingesperrt bleiben (siehe den Fall Strüdinger, Kapitel 19).

Das war nicht immer so. Vielmehr spielte lange Zeit die Begutachtung von Rechtsbrechern kaum eine Rolle in der deutschen Psychiatrie, so Nedopil. »Gegen Ende des 20. Jahrhunderts kehrte sich dieser Trend allerdings wieder um.« Auf einmal reichen die qualifizierten Psychiater für die vielen angeforderten Kriminalprognosen sogar kaum noch aus. Der Bedarf an Prognosen, der Wunsch nach einem sicheren Blick in die Zukunft, ist rapide gestiegen.

Das kommt nicht von ungefähr und hat viel mit Politik zu tun. Und es gibt auch einen Auslöser dafür: Im August 1996 wird der Belgier Marc Dutroux verhaftet. Zu diesem Zeitpunkt liegt die Zahl der Sicherungsverwahrten in Deutschland auf einem historischen Tiefstand bei 176 Verwahrten. Dutrouxs' grausame Morde an vier Mädchen aber erschütterten viele Menschen, der Fall sorgte weltweit für Schlagzeilen und steigende Auflagen. Am heftigsten jedoch reagiert Deutschland. Von nun an werden die Gesetze immer wieder verschärft und die Zahl der Sicherungsverwahrten steigt bis heute.[52] Denn Dutroux »ist Synonym für alles Böse in dieser Welt«, wie der Chefredakteur der belgischen Tageszeitung *De Standaard* es formuliert. In Deutschland reagieren die Bürger besonders geschockt, weil fast gleichzeitig in Bayern ein siebenjähriges Mädchen sexuell missbraucht und ermordet wird. In diesem Fall war der Täter gerade vorzeitig entlassen worden. Schuld war also auch ein positives Gutachten. Wenige Monate später erleidet die zehnjährige Kim die gleichen Qualen. Auch hier ist es ein Wiederholungstäter. Er hatte zuvor eine Jugendstrafe wegen Mordes an einer Zwölfjährigen abgesessen.[53]

Diese Häufung und die vielen Schlagzeilen zu dem Thema lassen es ratsam erscheinen, dass die Politik Gesetze ändert. Die Fälle veranlassen die konservativ-liberale Bundesregierung 1997 zu der Auffassung: »Die in der letzten Zeit bekannt gewordenen schweren Straftaten, insbesondere an Kindern begangene Sexualdelikte, haben gezeigt, dass der Schutz der Bevölkerung vor Sexualdelikten und andere gefährliche Straftaten verbessert werden muss.«[54]

Es handelt sich um abscheuliche Verbrechen, für die ihre Täter eine gerechte Strafe verdienen. Jenseits der Abscheu und der Sanktion und Sühne dieser Verbrechen darf jedoch eines nicht aus dem Blickwinkel geraten: Rational betrachtet sind diese Fälle tragische statistische Ausnahmen. Durchschnittlich passieren acht vollendete und versuchte Sexualmorde an Kindern pro Jahr.[55] Auch die Einführung der verschiedenen Formen der Sicherungsverwahrung hat daran nichts geändert. Dennoch bilden diese absoluten Ausnahmen den Anlass für das »Gesetz zur Bekämpfung von Sexualdelikten und anderen gefährlichen Straftaten«. Es tritt im Januar 1998 in Kraft und ist das erste zahlreicher Gesetze, die in den folgenden Jahren zu einer massiven Ausweitung der Sicherungsverwahrung führen werden. Der Psychologe und Jurist Michael Alex kommt nach einer umfassenden Fallsichtung zu dem Schluss: »Beinahe jeder Wiederholungstäter der vergangenen Jahre ist unmittelbar Auslöser für eine jeweilige Gesetzesänderung im Bereich der Sicherungsverwahrung geworden.«[56] Eine totale politische Überreaktion.

2001 schreibt Bundeskanzler Gerhard Schröder mit einem Zitat Kriminalgeschichte und heizt die Stimmung für weitere Gesetzesverschärfungen an. Bei Sexualstraftätern müsse gelten: »Wegschließen – und zwar für immer!«

Im September 2002 vergewaltigt ein wegen sexueller Gewaltdelikte mehrfach Vorbestrafter eine Sechzehnjährige. Die vorbehaltene Sicherungsverwahrung wird nun auch auf Heranwachsende ausgedehnt, 2004 wird die nachträgliche Sicherungsverwahrung bundeseinheitlich eingeführt. Die Zahl der Sexualmorde ist da gerade wieder rückläufig. Richter können nun, falls beim Zeitpunkt der Verurteilung noch nicht klar ist, ob der Täter gefährlich ist, bis zu sechs Monate vor seiner Entlassung die Sicherungsverwahrung anordnen. Das wirkt auf viele Gefangene wie ein Damoklesschwert. Wen kümmert es. Die Stimmung, durch Schlagzeilen und auch durch Politiker angeheizt, ist eine andere. 2008 wird die nachträgliche Sicherungsverwahrung auch auf Täter ausgedehnt, die nach Jugendstrafrecht verurteilt wurden.

Innerhalb weniger Jahre ist es so zu einer drastischen Verschärfung der Gesetze gekommen. Bis 1998 konnten nur erwachsene Wiederholungstäter mit mindestens zwei weiteren schweren Straftaten für maximal zehn Jahre weggesperrt werden, jetzt prinzipiell sogar Jugendliche für den Rest ihres Lebens.

Michael Alex kommt im Vergleich mit anderen europäischen Ländern schließlich zu dem Fazit, dass es sich bei dieser harten Gangart seit 1996, seitdem der Fall Dutroux international bekannt wurde, »um einen spezifisch deutschen Weg zur Behandlung einer nicht ganz neuen Problematik« handelt.[57] Die Ursache sei »ausschließlich auf eine Veränderung des gesellschaftlichen Klimas zurückzuführen«. Auch Hans-Jörg Albrecht, der Direktor des Freiburger Max-Planck-Instituts für ausländisches und internationales Strafrecht, weist darauf hin, dass von den 47 Staaten des Europarats nur sieben die Möglichkeit kennen, einen Straftäter nach Verbüßung der Strafe im Gefängnis zu behalten, weil er noch als gefährlich gilt: Österreich, die Schweiz, Italien, die Slowakei, Liechtenstein, San Marino und Deutschland.[58]

Die Strafverschärfungen in Deutschland sind nur ein Ausschnitt. Insgesamt zeigen sie Wirkung. Aus Straftätern werden beispielsweise immer häufiger Kranke. Seit 1980 hat sich die Zahl der Straftäter im Maßregelvollzug, wo psychisch kranke Gewalttäter untergebracht sind, verdreifacht. Seit 2003 stieg sie von 7399 auf 9251 im Jahr 2010.[59] Das entspricht also einem Anstieg um rund 20 Prozent. Allein zwischen 1995 und 2008 hat sich die Zahl mehr als verdoppelt. Auch die Reform der Sicherungsverwahrung führt nun zu einer Umdefinition von Kriminellen zu Kranken (siehe Kapitel 24). Die Anzahl derer, die auch nach der Verbüßung ihrer Strafen in Haft bleiben, die Sicherungsverwahrten, steigt um 41 Prozent von 310 auf 524 Fälle im Jahr 2010. Und es werden wohl immer mehr.[60]

Das ist ein Grund dafür, warum die Kriminalprognosen eine Renaissance erfahren, warum die Erkundung der Zukunft von Gutachtern so einen Zuwachs erfährt. Die Ursache lässt sich recht genau datieren. Der Berliner Gerichtspsychiater Hans-Ludwig Kröber sagt: »Bis Anfang dieses Jahrtausends habe ich relativ selten mit dem Problem der Sicherungsverwahrung zu tun gehabt. In den achtziger Jahren war das nie Thema. Das Elend mit der Sicherungsverwahrung besteht darin, dass diese Maßregel ausgedehnt wird, tendenziell auf alle Wiederholungstäter. Es kommen nicht mehr nur die aller schwersten Fälle rein. Im sexuellen Bereich haben mittlerweile fast alle eine Chance, Sicherungsverwahrung zu bekommen. Diskutiert wird sie bei allen. Es wird an Gesetzen gedreht, damit man hinterher sagen kann, wir haben was gemacht. Man traut sich das manchmal als Gutachter schon nicht mehr zu sagen: Aber es gibt Leute, die mit 30 Jahren hochgefährlich sind, in Haft dann aber eine wichtige Veränderung durchleben und später nicht mehr gefährlich sind.« Doch auch diese Täter bleiben weggesperrt.

Der Forensiker Norbert Nedopil schreibt: »Der Bundeskanzler [Schröder, 2001] und die Presse erkannten nach einem Zwischenfall im Maßregelvollzug die Prognosegutachten als fehlerhaft; gleichzeitig werden Gesetze verabschiedet, die eine wahre Flut von Prognosegutachten nach sich ziehen, eine solche Flut, dass sie von den begrenzt vorhandenen kompetenten Prognostikern nicht mehr bewältigt werden kann, mit der Folge, dass auch Berufsanfänger oder in Prognosefragen Unerfahrene entsprechende Gutachten anfertigen müssen. Man kann sich ausmalen, welche Folgen das haben kann.«[61]

Gravierende. Einige Wissenschaftler haben dieses Problem sehr genau untersucht.

23 Falsche Prognose: Fatale Folgen

Der Richter verurteilt Johnnie Baxstrom zu drei Jahren Haft. Dann entdecken Experten bei Baxstrom eine geistige Umnachtung und stecken ihn für unbestimmte Zeit in das State Hospital von New York, wo die gefährlichsten Patienten des Staates hingebracht werden. 1966 jedoch stellt der Oberste Gerichtshof der USA fest, dass Baxstrom völlig zu Unrecht hier untergebracht wurde. Und nicht nur dies: Aus verfahrensrechtlichen Gründen ordnet der Oberste Gerichtshof die Freilassung aller 967 vermeintlich als gefährlich eingestuften Psychopathen an. Das Urteil der Richter gerät damit plötzlich zu einem bislang einmaligen Experiment. Denn nun lässt sich überprüfen, ob die prognostizierte Gefährlichkeit der Täter überhaupt zutrifft. Realität und Prognose lassen sich vergleichen, so genannte »richtige Positive« können von den so genannten »falschen Positiven« unterschieden werden. Das Ergebnis ist ein Desaster: Von 967 scheinbar hochgefährlichen Täter blieben je nach Berechnung bis zu 97,5 Prozent nach der Freilassung unauffällig. Ihre Kriminalprognosen waren also extrem unzuverlässig und meistens falsch.

Der Fall Baxstrom verdeutlicht, was der Glaube an die Prognosen bewirkt. Während falsche Wirtschaftsprognosen niemandem die Freiheit rauben, fallen die »falschen Positiven« – also die fehlerhaften Voraussagen der Gerichtsgutachter – in der Regel nicht einmal auf. Wenn ein Forensiker sagt, »dieser Mensch ist gefährlich, sollte er entlassen werden, begeht er mit großer Wahrscheinlichkeit eine Straftat«, dann bleibt der Täter nämlich in seiner Haftzelle. Das Fehlurteil bleibt fast immer unentdeckt. Das Urteil des Gerichtspsychiaters selbst führt also automatisch zum eigenen Beweis.

Gutachter, die Gefangenen eine negative Prognose erstellen, schützen nicht die Allgemeinheit, sondern in erster Linie sich selbst. Sie bewahren sich vor der auch für sie selbst viel schlimmeren Alternative: vor einem Fehlurteil, das öffentlich wird. Riskiert es ein Gutachter, einen Täter für ungefährlich zu befinden, so besteht die Möglichkeit einer erneuten Straftat. Wird der Täter tatsächlich rückfällig, so wird diese Fehleinschätzung bekannt, denn sie verursacht Leid. Die Presse skandalisiert den Fall, das Renommee ist dahin, im schlimmsten Fall haftet der Gutachter. Im Gegensatz dazu: Wie soll einem Psychiater nachgewiesen werden, dass er Inhaftierte zu Unrecht für gefährlich eingestuft hat?

Es ist deswegen menschlich nachvollziehbar, dass Gutachter zur Negativprognose tendieren. Wer will schon etwas riskieren für diese mies beleumundete Klientel? Für Verbrecher, die eine Schuld auf sich geladen haben?

Auch Politiker unterstützen Gutachter in ihrer Tendenz zur negativen Beurteilung der Verbrecher. Manchmal lässt sich das sogar nachweisen. Der sächsische Staatsminister für Justiz bringt nach einem schweren Rückfalldelikt eine Presseerklärung heraus. Darin steht: »Mein erklärtes Ziel ist es, dass Zweifel am Therapieerfolg künftig nicht mehr zu Lasten der Allgemeinheit und zu Lasten der Opfer von Rückfalltätern gehen, sondern allein zu Lasten des Täters.«[62] So denkt wohl auch die Allgemeinheit: Besser einen Täter zu viel im Gefängnis als ein neues Opfer. Allerdings hat dieses Denken den Rechtsstaat bereits hinter sich gelassen. Willkommen im Präventivstaat.

Es klingt plausibel, wenn Politiker fordern, dass »gefährliche« Straftäter hinter Schloss und Riegel gehören. Vergessen wird hierbei, dass diese Maßnahme die Gesellschaft langfristig nicht sicherer macht. Alle verfügbaren empirischen Belege zeigen, dass die Menschen im Knast nicht ungefährlicher werden, im Gegenteil. So sind laut Harald Preusker 63 Prozent der Strafgefangenen und Sicherungsverwahrten bereits vorbestraft. Er schreibt: »Je härter die Sanktion, desto häufiger der Rückfall. So werden 57 Prozent der Strafgefangenen nach Vollverbüßung rückfällig, aber nur 45 Prozent der Verurteilten, die eine Bewährungsstrafe bekommen haben. Es gibt noch keine belastbaren Erkenntnisse, ob der Strafvollzug mit seinen Behandlungsmethoden in der Lage ist, Rückfälligkeit zu vermeiden.«[63]

Aber zurück zu den Prognosen und hier einmal ganz grundsätzlich gefragt: Was heißt das eigentlich: »gefährlich«? Und wie kann jemand »ungefährlich« werden? Wenn über Freiheit oder Knast entschieden wird, muss Gefährlichkeit sicher gemessen werden. Aber geht das überhaupt?

Der Bundesgerichtshof definiert Gefährlichkeit als eine »erhöhte Wahrscheinlichkeit für die schwere Schädigung von Personen«; das Bundesverfassungsgericht ergänzt, dass die Gefährlichkeit »gegenwärtig« sein müsse. Der Forensiker Hans-Ludwig Kröber sagt im Interview für dieses Buch: »Klar ist, dass die Prognosen immer wackliger werden, je länger der Zeitraum wird. Dass wir aber in einem überschaubaren Zeitraum relativ zuverlässige Prognosen machen können, das ist ja belegt, sonst wäre man davon abgekommen.« Stimmt das?

Der bereits erwähnte Jurist und Psychologe Michael Alex hat das Gegenteil belegt. In seiner Studie, die 2010 erschien, umgeht er das eingangs geschilderte Dilemma, dass zu Unrecht als »gefährlich« eingestufte Täter in Haft niemanden von ihrer Ungefährlichkeit überzeugen können.[64] Alex untersucht Fälle, bei denen in den Jahren 2001 bis 2006 nachträgliche Sicherungsverwahrung angeordnet wurde, die jedoch wegen obergerichtlicher Entscheidungen nicht durchgeführt werden konnte. Er konnte also eine Gruppe von Menschen untersuchen, die offiziell als »gefährlich« eingestuft wurden, dann jedoch wegen eines Urteils auf freien Fuß gesetzt werden mussten. Insgesamt kommt Michael Alex auf 77 als besonders gefährlich geltende Täter. Er geht nun der Frage nach, wie sie sich in Freiheit bewährt haben. Dafür zieht er Daten des Bundeszentralregisters heran. Im Ergebnis zeigt sich, dass von den als besonders »gefährlich« eingestuften Tätern nach ihrer Freilassung zwölf erneut ins Gefängnis kamen. Das entspricht 16 Prozent. Und von diesen zwölf begingen »nur« zwei erneut Sexualdelikte und zwei Raubdelikte. Von 77 als »gefährlich« eingestuften Tätern wurden also tatsächlich nur vier zu Recht so eingestuft. Bei insgesamt 65 Prozent aber kam es zu keiner neuen Eintragung ins Strafregister. 65 Prozent sitzen damit zu Unrecht. Die anderen machten sich wegen Delikten strafbar, bei denen eine Geldstrafe verhängt oder eine Bewährungsstrafe ausgesprochen werden musste.

Viel mögen sich fragen: Wäre es nicht besser gewesen, auch die 65 Prozent ehemaliger Täter in ihren Zellen zu lassen, um die zwei Sexualdelikte zu verhindern? Aus Sicht der Opfer ist diese Sichtweise verständlich. Aber Menschen unschuldig in Haft zu halten widerspricht elementaren Grundsätzen des Rechtsstaates. Die Täter hatten bereits ihre Schuld nach den Mechanismen abgetragen, die sich unsere Demokratie dafür ausgedacht hat. Die Ergebnisse von Michael Alex veranschaulichen also, dass der Rechtsstaat bei der Kriminalprognose auf die Probe gestellt wird: Um wirklich gefährlicher Täter habhaft zu werden, muss mit Schrot geschossen werden. Eine Vielzahl von Tätern muss zu Unrecht weiter inhaftiert bleiben – je nach Studie zehn- bis 20-mal so viele. »Vor diesem Hintergrund verwundert es umso mehr«, schreibt der Psychologe Alex, »welch großes Vertrauen in die Zuverlässigkeit der Aussagen von psychiatrisch/psychologischen Sachverständigen bei Gericht bis hoch zum Bundesverfassungsgericht, der Politik und der Öffentlichkeit besteht.« Vielmehr »entbehrt das Vertrauen von Gesetzgeber und Bundesverfassungsgericht in die Zuverlässigkeit der Prognosebeurteilung einer empirischen Grundlage«.[65]

Die Absicht ist jedoch klar: Es geht darum, eine Öffentlichkeit, die über Jahre erst in Angst versetzt wurde, nun zu beruhigen. Die Hardliner der Politik verschaffen sich somit die Nachfrage nach Law-and-Order selbst.

Auch der Tübinger Strafrechtsprofessor Jörg Kinzig konnte mehrfach nachweisen, dass Kriminalprognosen nicht nur manchmal danebenliegen und sich kaum von Kaffeesatzleserei unterscheiden. 2008 etwa untersucht er Sicherungsverwahrte, die aus formal-rechtlichen Gründen freikommen. Von 22 als »gefährlich« begutachteten Tätern wurden nur acht (rund ein Drittel) überhaupt rückfällig. Von diesen acht wurden lediglich zwei Straftäter mit einem schweren Raub und einer schweren Brandstiftung straffällig – also mit Straftaten, vor denen die Sicherungsverwahrung die Allgemeinheit schützen soll. Nicht einmal zehn Prozent saßen also zu Recht.[66]

Wie soll jemand auch menschliches Verhalten vorhersagen? Menschen sind komplexer als Börsenkurse oder die wirtschaftliche Entwicklung – und schon hier versagen wissenschaftliche Wahrsager. Prognosen *über* Menschen beschäftigen sich immer mit Entscheidungen *von* Menschen, die weit in der Zukunft getroffen werden. Der Trierer Soziologe Alois Hahn, der sich auch als Religionssoziologe für das Thema Prognosen interessiert, stellt dazu zutreffend fest: »Man könnte das nicht einmal für sich selbst mit absoluter Sicherheit sagen. Selbst bei größter subjektiver Ehrlichkeit könnte unsere Selbstprognose völlig falsch sein. Unsere Auffassungen können sich ändern, unsere Wertüberzeugungen und unsere Präferenzen ebenfalls.«[67] In unserer »aufgeklärten« Welt ist an die Stelle religiöser Prophetie die Prognose getreten. Das heißt: Heute glauben die Menschen weniger an religiöse Prophezeiungen, sondern an wissenschaftlich klingende Prognosen.

Die Komplexität der Handlungsentscheidungen des Menschen ist ein Grund, warum zutreffende Kriminalprognosen eine verzwickte Angelegenheit darstellen. Für die erheblichen Schwierigkeiten richtiger Prognosen gibt es aber auch mathematische Ursachen: Kriminalprognosen arbeiten mit so genannten Basisraten. Das Problem besteht darin, dass Gewaltverbrecher nicht zu den Durchschnittsbürgern zählen. Daher ist die Basisrate – also das Vorkommen von Mördern in einer bestimmten Bevölkerungsgruppe – zwar relativ stabil, aber sehr gering. Ein ungeschriebenes Gesetz der Kriminalprognostik lautet deswegen: »Alle Aussagen sind Wahrscheinlichkeitsaussagen. Sichere Aussagen über kriminelles Verhalten in der Zukunft sind nicht möglich.« Sie sind nicht einmal wahrscheinlich. Für die statistische Berechnung des Rückfallrisikos bezieht der Gutachter die Basisrate mit ein. Da etwa Sexualstraftäter eher eine Ausnahme darstellen, liegt die Basisrate hier (zum Glück) extrem niedrig – und damit auch die statistische Wahrscheinlichkeit eines Rückfalls. Experten gehen davon aus, dass mindestens 60 Prozent der inhaftierten Straftäter »falsche Positive« sind.

Der Jurist und Psychologe Michael Alex weist auf das Fehlen von Untersuchungen hin, mit denen sich bestätigen ließe, dass Prognosen erfolgreich das künftige Verhalten von Straftätern in Freiheit abzubilden imstande sind. Andererseits führt er Beispiele an, die nachdenklich stimmen: Mitte der neunziger Jahre kommen 33 als gefährlich eingestufte Täter aufgrund richterlicher Entscheidungen frei, 24 Prozent werden mit gefährlichen Straftaten rückfällig. Eine Untersuchung aus dem Jahr 2006 zeigt, dass die Rückfallquote gerade bei Sexualdelikten lediglich vier Prozent beträgt. Bei vorsätzlicher Tötung sind es 1,1 Prozent. Im Durchschnitt, schreibt Alex, liege die Rückfallquote für schwere Gewalt- oder Sexualdelikte zwischen zehn bis 25 Prozent.

Dennoch entscheiden unsichere Prognoseinstrumente über Freiheit oder Knast. Der Strafrechtsprofessor Jörg Kinzig schreibt, eine »interdisziplinäre Arbeitsgruppe behilft sich in ihren Empfehlungen zu ›Mindestanforderungen für Prognosegutachten‹ mit dem allgemeinen Hinweis, dass kriminalprognostische Gutachten ›eine einschlägige Erfahrung in der Exploration von Straffälligen, Kompetenz im eigenen psychiatrischen, psychologischen oder sexualmedizinischen Fachgebiet sowie gediegene kriminologische Kenntnisse‹ voraussetzten«. Bei diesen schwammigen Vorgaben sowie einem »wachsenden, durchaus lukrativen Gutachtenmarkt verwundert es nicht, dass verschiedene Disziplinen (Psychiatrie, Psychologie, Kriminologie) eine Zuständigkeit reklamieren«.[68]

Prognosen – die Grundlage der Prävention – erleben momentan eine Blütezeit, nicht nur bei der Sicherungsverwahrung, sondern auch bei anderen Straftaten.[69] Die Angst vor Unsicherheit soll durch unhaltbare Sicherheitsversprechen beruhigt werden. Die Justiz ist von dieser Angst gesättigt. Richter müssen riskante Entscheidungen treffen, im Zweifel überlassen sie diese Gerichtsgutachtern. Diese prognostizieren jedoch eher die Gefährlichkeit eines Täters, als mit einer Fehleinschätzung ihren Job zu riskieren. Die Justiz glaubt den Gutachten, denn bei allen Zweifeln nimmt die Wissenschaft hinsichtlich der Weltauslegung eine Monopolstellung ein. Das Prädikat wissenschaftlicher Fundiertheit macht Kriminalprognosen so attraktiv, obwohl ihre Trefferwahrscheinlichkeit das Gegenteil nahelegt. Der Frankfurter Strafrechtsprofessor Peter-Alexis Albrecht formuliert es so: »Prognostische Aussagen müssen sich dem kritischen Einwand stellen, angesichts der unübersehbaren Vielfalt möglicher Entscheidungssituationen, in die der Betreffende geraten kann, und der entsprechenden Vielfalt möglicher Reaktionen eigentlich Unmögliches zum Ziel zu haben.«[70]

Wie lässt sich Unmögliches rechtfertigen? Ganz einfach: mit Risiken, Unsicherheiten und Ängsten.

24 Sicher ist sicher ist Sicherungsverwahrung: Strafe zur Vorbeugung

Angst spielt besonders bei einer Gefängnisspezies eine große Rolle: bei den Sicherungsverwahrten. Die Sicherungsverwahrung ist die schärfste Sanktion im deutschen Strafrecht. Hier entscheiden Gutachter mit ihren Kriminalprognosen über Freiheit oder Gefängnis. Die Sicherungsverwahrung beginnt erst nach der Gefängnisstrafe, sie setzt also dann ein, wenn ein Täter seine juristische Schuld bereits verbüßt hat. Denn die Sicherungsverwahrung soll Taten in der Zukunft verhindern, sie ist de facto eine präventive Strafe und dient ausschließlich dem Schutz der Allgemeinheit.

Die Sicherungsverwahrung ist damit eine ziemlich fragwürdige rechtliche Institution, wie Juristen das nennen. Das hat auch der Europäische Gerichtshof für Menschenrechte so beurteilt. Mit einer fast sensationellen Entscheidung vom 17. Dezember 2009 zwingt der Gerichtshof die deutsche Bundesregierung, das Wegsperren grundlegend zu reformieren. Gesiegt hatte der Gefangene Reinhard M. gegen Deutschland.[71] Wie kommt es, dass sich Deutschland rechtswidrig verhält und gegen europäische Rechtsstandards verstößt?

Bis 1998 galt in Deutschland, dass ein Gefangener maximal zehn Jahre in Sicherungsverwahrung gesteckt werden durfte, danach musste er wieder entlassen werden. Diese zeitliche Obergrenze kippte die rot-grüne Regierung unter Gerhard Schröder (SPD). Von nun an können Sicherungsverwahrte bis zum Sankt-Nimmerleins-Tag im Knast sitzen, bis ihnen ein Gutachter die Gefährlichkeit abspricht – was bislang so gut wie nie geschehen ist.

Für Täter, die bereits vor 1998 in Sicherungsverwahrung gekommen sind, hat die Gesetzesänderung keinerlei Relevanz, denn man darf in Deutschland nur für etwas bestraft werden, wenn es dafür zum Zeitpunkt der Strafe auch ein Gesetz gibt. Eigentlich. Doch der Fall Reinhard M. zeigt etwas anderes. Der vielfach vorbestrafte Täter war im November 1986 wegen Mordversuches und Raubes zu fünf Jahren Haft verurteilt worden. Wegen seiner Gewalttätigkeit ordnete die Strafkammer Sicherungsverwahrung für maximal zehn Jahre an. Im September 2001 hätte er demnach freikommen müssen. Doch man berief sich auf die Gesetzesänderung von 1998, und mit dem Hinweis auf seine noch andauernde Gefährlichkeit wurde die Sicherungsverwahrung für M. verlängert.

Das Problem besteht aber darin, dass niemand für etwas bestraft werden darf, für das es zum Zeitpunkt der Tat noch kein Gesetz gab. Das verbietet das »Rückwirkungsverbot«. Die lateinisch beschlagenen Juristen sagen: »nulla poena sine lege« – »keine Strafe ohne Gesetz«. Das »Rückwirkungsverbot« ist kein Firlefanz, sondern ein wichtiges Prinzip des Rechtsstaates. So bedeutend, dass es Niederschlag im Grundgesetz findet. In Artikel 103, Absatz 2 steht: »Eine Tat kann nur bestraft werden, wenn die Strafbarkeit gesetzlich bestimmt war, bevor die Tat begangen wurde.« Das ist logisch. Es ist ja auch beispielsweise nicht möglich, ein Verbrechen zu begehen, wenn kein Gesetz existiert, gegen das verstoßen wurde.

In Deutschland gibt es darüber hinaus auch historische Gründe, dass Rückwirkungsverbot wertzuschätzen: Hitlers oberster Scharfrichter Roland Freisler strich es 1938 aus der Weimarer Verfassung. In einem Essay erinnert der Strafrechtler und Schriftsteller Ferdinand von Schirach daran: »Freisler interessierten solch kleinliche Rechtsgrundsätze nicht, im Durchschnitt fällte er jeden Tag drei Todesurteile. Er wollte, als er noch Staatssekretär war, die zwei Brüder Götze, die damals Autofallen auf den neuen Autobahnen aufstellten und Kraftfahrer überfielen, zum Tode verurteilt sehen. Einer der Brüder hatte zwei Menschen getötet, der andere hatte nur die Fallen mitgebaut, an den Morden war er nicht beteiligt. Als die Brüder verhaftet wurden, sorgte Freisler für ein Gesetz, das rückwirkend das Aufstellen von Autofallen unter Todesstrafe stellte. Danach konnten beide Brüder verurteilt werden, sie wurden hingerichtet.«[72]

Die Sicherungsverwahrung selbst geht übrigens auch auf die Nazis zurück, auf das »Gewohnheitsverbrechergesetz« von 1933.

Mit Tätern wie Reinhard M. hat es die Bundesregierung also plötzlich mit so genannten »Altfällen« zu tun, für die einerseits die Abschaffung der Zehnjahresfrist noch nicht gilt, die aber andererseits auch nicht aus dem Gefängnis entlassen werden sollen. Das gesellschaftliche Klima hat sich mittlerweile längst geändert, Politiker sagen nun, die Sicherungsverwahrung sei gar keine Strafe; sie diene nur dem Schutz der Allgemeinheit. Da es sich also um eine Maßregel handele, greife auch das Rückwirkungsverbot nicht. Selbst das Bundesverfassungsgericht folgte dieser wirklichkeitsfernen Begründung.

Tatsächlich werden die Täter ebenso wie andere Inhaftierte im Gefängnis untergebracht. Die formellen Hafterleichterungen, die eigentlich für Sicherungsverwahrte gelten müssten, drücken sich im Gefängnis oft nur in der größeren Bildschirmdiagonalen des erlaubten Fernsehers aus. Sonst gibt es keine Unterschiede. Wer sich bei dieser äußerst bedenklichen Form des Wegsperrens auf die Unterscheidung zwischen Maßregel und Strafe beruft, war nie im Knast oder betreibt Politik.

Das hat schließlich auch der Europäische Gerichtshof für Menschenrechte im genannten Urteil vom 17. Dezember 2009 so gesehen. Deswegen gab er der Klage von Reinhard M. aus der JVA Schwalmstadt Recht. Er bekam nach dem Urteil 50000 Euro für die überzähligen Jahre in Sicherungsverwahrung zugesprochen.

Die Sicherungsverwahrung mit ihren verschiedenen Formen[73] wird als Folge des Urteils nun grundlegend überarbeitet.

Eine Konsequenz ist bereits bedenklich: So werden die so genannten Altfälle wie Reinhard M. künftig als psychisch krank definiert, um das Strafrecht zu umgehen.[74] Was sich allerdings nicht ändert: Verbrecher, die wegen Sicherungsverwahrung im Knast sitzen, gelten als die gefährlichsten der Gefährlichen. Sie sind zwar eine Minderheit (2010: 524 Täter) im Gefängnis, doch ihre Fälle prägen das Bild vom Insassen in der Öffentlichkeit. Wer es wagt – bei aller Pietät für die Opfer – auch bei diesen Menschen auf Rechtsstaatlichkeit zu beharren, muss mit steifem Gegenwind rechnen. Das veranschaulicht ein Blick auf die Kommentare von Lesern im Internet. Alle folgenden Zitate stammen bewusst nicht von Boulevardmedien, es sind elektronische Lesermeinungen von der größten Regionalzeitung, der *Westdeutschen Allgemeinen*, dem gutbürgerlichen *Tagesspiegel*, der liberalen *Süddeutschen Zeitung* und der konservativen *Frankfurter Allgemeinen Zeitung*. Sie sind nicht repräsentativ, sondern das Resultat einer Recherche von 30 Minuten zum Stichwort »Sicherungsverwahrung«.

In der *Westdeutschen Allgemeinen* schreibt Jörg: »solche leute dürften nie frei rumlaufen … wird mal zeit für einen elektrischen stuhl bei genauer beweislage … warum wir immer nur die blöden steuern für die zahlen … die lachen sich doch kaputt … weg damit. hört sich alles krass an aber man sollte sich das überlegen was man macht … viel schlimmer dran sind die opfer.«

Auf *tagesspiegel.de* kommentiert ein anonymer Leser am 27. August 2010: »Ein tollwuetiger Hund ist auch noch ein Hund, aber wuerden sie ihn bei sich aufnehmen oder frei rumlaufen lassen? So sehr ich ihre Beharrlichkeit im Punkt Rechtsstaat auch verstehe, die Sache mit dem Mensch der immer noch ein Mensch ist ist mir nicht differenziert genug, wer sich unmenschlich verhaelt muss mit den Konsequenzen rechnen und wenn diese heissen weniger Rechte als andere Menschen, dann verstoesst das fuer mich gegen gar nichts, sondern ist logische Konsequenz aus einem bewussten Fehlverhalten zu dem ja niemand gezwungen wurde!«

Ein anderer Kommentator pflichtet bei: »Ich werde jedenfalls bis zum letzten Atemzug dafür kämpfen, dass diese ›Menschen‹ so hart wie nur irgend möglich bestraft werden und das Einzige was ich dabei ablehne ist die Todesstrafe, ansonsten kann es nicht hart genug sein! Wer glaubt die ›Bestien‹ können durch Psycho-›Mumbo-Jumbo‹ gezähmt werden ist einfach nur naiv und gefährdet in seiner Naivität die verwundbarsten Menschen unserer Gesellschaft!«

In der *Süddeutschen Zeitung* schreibt ein Leser: »Toleranz heißt aber nicht Gleichgültigkeit. Wer mehr als zweimal die Elementarregeln seiner Lebensgemeinschaft verletzt sollte nicht mehr mit Toleranz rechnen ... Gnade und Barmherzigkeit gibt's nur von Gott, auf der Erde leben Menschen und die sind zu schützen, und wenn einige dafür ihr leben lang eingesperrt werden müssen ... Das was die SZ hier euphemistisch als ›Experten‹ betitelt sind in Wahrheit doch nur täterfreundliche, linksgrüne alt 68er die uns dieses jämmerliche Kuscheljustizsystem eingebrockt haben! Deren subjektive Meinung sollte man hier aber besser keinerlei Beachtung schenken.«

In der *Frankfurter Allgemeinen Zeitung*: »Armes Deutschland! Ich würde so einen nach dem ersten Mal schon NIE wieder auf die Menschheit loslassen! So jemand hat sämtliche Chancen verspielt wie ein Mensch behandelt zu werden! Was denken sich bloß diese Psychologen und Richter dabei?? Oder die Gesetzgeben die keine härteren Gesetze verabschieden?«

Noch einmal die *Westdeutsche Allgemeine*. Vater22 meint: »Ich weiß nicht was da diskutiert werden muss, diese ›Wesen‹ (Mensch wäre eine beleidigung aller anderen Bürger) haben keine Rechte mehr zu haben. Wer sich an anderen vergreift um seine Perversionen auszuleben gehört an den Strick schade das es in unserem Land für solche ›Wesen‹ keine Todesstrafe mehr gibt. Sollte sich so ein ›Wesen‹ in meinem Umfeld aufhalten würde es mir das größte vergnügen bereiten ihm ›meine‹ auffasung von Recht zu zeigen. Unsere Justiz ist ein Witz, da bestimmen irgendwelche Sackoträger im EU-Rat was in Deutschland recht is und was nicht? Erinnert euch mal bitte daran welches

Land die EU überhaupt finanziert. RICHTIG Deutschland nicht die. Kinderschänder müssen beseitigt werden egal wie, da gibts kein aber oder besser noch Täter haben Rechte, nein wer sich schon nur als verteidiger solcher Monster meldet hat in meinen Augen nichts in der Juristik zu melden.«

Diese Äußerungen sind nicht ausschließlich Meinungen von Verirrten oder Rechtsradikalen, und auch wenn nicht repräsentativ ist, was in den anonymen Tummelplätzen im Internet versendet wird: Man erhält hier doch einen Einblick, der einen tiefgehenden Zweifel an demokratischen Institutionen erkennen lässt. Selbst aufgeklärte Menschen entwickeln in Gesprächen einen Furor, wenn es darum geht, Straftäter hart zu bestrafen, vielmehr noch, wenn die Rede auf diejenigen fällt, die in Sicherungsverwahrung ausharren – wer und warum er dort untergebracht ist, interessiert nur wenige. Kritiker, die auf die Unzuverlässigkeit von Prognosen hinweisen, gelten schnell als Erbsenzähler, als Elfenbeinturmbewohner, die das Leid der Opfer relativieren möchten. Aus Sicht der Opfer ist fast jeder Wunsch nach Strafe zu verstehen. Für sie geht es mit allem Recht zuerst um Sühne. Doch darauf hinzuweisen, dass mittels wissenschaftlich äußerst fragwürdiger Methoden Menschen nach Verbüßen ihrer Haft weiterhin im Gefängnis bleiben, ist kein Firlefanz. Es geht auch darum, Mechanismen deutlich zu machen, denn die Prognosen sind nicht selten das wissenschaftlich angestrichene Vehikel, das die Angst der Bevölkerung vor »gefährlichen« Straftätern legitimieren soll. Sie sind dann ein Instrument der Politik, die diese Angst geschürt hat und mit ihren Mitteln eine Sicherheit verspricht, die es in einem Rechtsstaat nicht geben kann. Einige Politiker sind dabei, unsere Gesellschaft in eine Sicherheitsgesellschaft zu verwandeln. Der Kriminologe Johannes Feest schreibt dazu, der »Schutz der Allgemeinheit vor Kriminalität durch Freiheitsentzug ist ein Versprechen, welches nicht eingehalten werden kann«[75]. Das macht gerade den rationalen Umgang oder gar die Verteidigung von Sicherungsverwahrten zu einer schwierigen Angelegenheit.

Aber es gibt sie, die Strafverteidiger solcher »Monster«. Doch sie sind selten, oft bleiben diese Täter im Gefängnis ganz auf sich gestellt. Denn nur wenige engagierte Strafrechtler nehmen solche wenig lukrativen Fälle an. Einer von ihnen ist Sebastian Scharmer. Er vertritt etwa 35 Sicherungsverwahrte. Ein Besuch in seiner Berliner Kanzlei.

25 Gleiches Recht für alle? Die Zombies der deutschen Justiz

Prenzlauer Berg. In einem Hinterhof in einer ruhigen Straße befindet sich die Kanzlei, in der Sebastian Scharmer arbeitet. Das Wartezimmer ist groß, Hefte der Antifa und Gewerkschaftspublikationen liegen aus. Eine ganze Etage hat die Kanzlei angemietet. Weitläufig und freundlich wirkt diese Rechtsvertretung, kein schnödes Büro. Es gibt einen Tresen mit Keksen, an der Seite steht ein Kicker. Manche Menschen, die im Berliner Justizwesen tätig sind, lästern, die Berliner Strafverteidiger seien so etwas wie die Rechtsabteilung der Grünen. Hier hat Sebastian Scharmer sein spärlich eingerichtetes Büro. Kartons stehen herum. Er kommt nicht dazu, sie auszupacken, er hat viel Arbeit. Momentan fährt er etwa regelmäßig nach Bayern in die JVA Straubing und kommt erst spät abends zurück. Er bezeichnet es als eines der mittelalterlichsten Gefängnisse in Deutschland. Scharmer muss häufig nach Bayern fahren, denn sein Spezialgebiet sind die Sicherheitsverwahrten, und von denen gibt es im christlich-sozialen Mutterland besonders viele, nämlich 73; nur in Nordrhein-Westfalen (148) und Baden-Württemberg (77) sitzen mehr Menschen in Sicherungsverwahrung.

Seit einigen Jahren kümmert sich Sebastian Scharmer um ihre Verteidigung. Ein anstrengender und schlecht bezahlter Job, doch dem Mittdreißiger geht es nicht ums Geld – ihm geht es um den Rechtsstaat. Einen Teil seines Referendariats absolvierte er bereits in der JVA Tegel, selbst im Wachturm schob er Dienst. Das machte ihn schließlich zum Strafverteidiger. »Dann hatte ich den ersten Sicherungsverwahrten. Für den habe ich bis Karlsruhe gekämpft und der hatte dann einen Zellengenossen und dann haben sich immer mehr gemeldet.«

Etwa 35 Sicherungsverwahrte vertritt Scharmer inzwischen. Aber selbst er will nicht jeden Täter verteidigen. »Ich habe Räuber, Betrüger, Betäubungsmitteldelikte. Das geht querbeet durch die Deliktsarten. Ich habe aber nur Sicherungsverwahrte ohne Sexualdelikte.«

Betrüger in Sicherungsverwahrung? Das mag vielleicht erstaunen, denn selbst Politikern bleibt oft unbekannt, dass nicht nur Mörder, Vergewaltiger und Kinderschänder in Sicherungsverwahrung kommen. Von 524 Sicherungsverwahrten im Jahr 2010 befinden sich 47 Prozent (248) wegen Sexualstraftaten in Haft; 19 Prozent (100) wegen Raub und Erpressung; 15 Prozent (80) wegen Gewaltdelikten; sechs Prozent (33) wegen Diebstahl, Unterschlagung und Betrug; rund drei Prozent (14) wegen gemeingefährlichen Straftaten; und drei Prozent (16) wegen sonstiger Delikte.

Einer von Scharmers Mandanten sitzt in der JVA Straubing. Er heißt Herr B., sein Urteil lautet: zehn Jahre Freiheitsstrafe mit anschließender Sicherungsverwahrung – wegen Haschischhandels. Er hat es kiloweise geschmuggelt und andere zum Schmuggel angestiftet. Das spricht für hohe kriminelle Energie. Herr B. wurde zudem bereits dreimal wegen Haschischhandels verurteilt. 1987 bekommt er ein Jahr und vier Monate auf Bewährung und übersteht diese. 1995 brummt ihm der Richter wegen Handel mit Haschisch fünf Jahre und neun Monate auf. Und im Jahr 2007 erwischt ihn die Polizei insgesamt mit rund 80 Kilogramm. Das Gericht verurteilt ihn zu zehn Jahren mit Sicherungsverwahrung. Scharmer erinnert sich: »Die Gefährlichkeit für die Allgemeinheit durch Haschischverkauf wurde vom Landgericht München I festgestellt. Sicherungsverwahrung, weil Cannabis gefährlich für die Allgemeinheit sei.«

Scharmer vertritt auch einen Steuersünder, der zu sieben Jahren und sechs Monaten Freiheitsstrafe und anschließender Sicherungsverwahrung verurteilt wurde. Dieser Täter habe durch seine Betrüge und Unterschlagung Firmen so geschädigt, dass Verträge aufgekündigt wurden, Aufträge ausfielen und deswegen Kredite nicht mehr getilgt werden konnten. Geschädigte waren neben dem Fiskus vor allem Banken, eine Autoverleihfirma und ein Rechtsanwalt. 1996 wird der Mann wegen Konkursverschleppung und Verletzung der Buchführungspflicht vom Landgericht München I zu neun Monaten Freiheitsstrafe verurteilt. Die Strafe wird zur Bewährung ausgesetzt. Nach überstandener Bewährungszeit wird die Strafe erlassen. »Der Mandant ist also Erstverbüßer«, sagt Scharmer. »Das Urteil umfasst 223 Seiten. Für die Begründung der Anordnung der Sicherungsverwahrung wurden gerade einmal eineinhalb Seiten davon aufgewandt.« Wenig Worte für eine Haft mit unbestimmter Dauer.

Bayerische Richter ordnen Sicherungsverwahrung besonders rigoros an, sagt Scharmer. Diese Form des Wegsperrens sei nicht nur juristisch problematisch, sie werde auch zweckentfremdet. Scharmer behauptet, manche Richter würden dem Angeklagten bewusst mit Sicherungsverwahrung drohen, um an dessen Geständnis zu gelangen. Das würde sich dann etwa so anhören: »Sie bekommen bei einem vollumfänglichen Geständnis zehn Jahre ohne Sicherungsverwahrung. Wenn Sie für Ihre Unschuld kämpfen, dann überlegen wir uns das noch mal.«

Ein Angeklagter bekommt die Sicherungsverwahrung, weil er sich nicht auf einen Deal mit dem Richter einlässt? Deals in Strafverfahren sind juristisch und ethisch äußerst umstritten. Die Suche nach der juristischen Wahrheit wird hier einem niedrigeren Bürokratieaufwand geopfert. Der Jurist und Journalist Heribert Prantl schreibt dazu: »Bis heute ist jedem Richter ein Geständnis lieber als ein Indizienprozess. Notfalls gehen Richter heute einen Deal ein, um ein Geständnis zu erhalten.«[76]

Aber Deals bei der Anordnung der Sicherungsverwahrung? Das klingt unglaublich. Scharmer sagt, das ließe sich leider schwer nachweisen, aber einige Wochen später kann er seine Anschuldigung auch untermauern. Der Anwalt schickt den Auszug eines Gerichtsurteils. Es geht um Betrug und Urkundenfälschung. Der Richter schreibt dort: »Die Kammer hatte dem Angeklagten am ersten Hauptverhandlungstag, bei Geständnis, eine Strafobergrenze von 5 Jahren und 6 Monaten in Aussicht gestellt. […] Die Frage der Anordnung der Sicherungsverwahrung hätte anders beurteilt werden können, als dies bei zunehmender Fortdauer des Verfahrens und den fortschreitenden Ergebnissen der Beweisaufnahme der Fall war. Diese ihm angebotene Möglichkeit hat der Angeklagte nicht wahrnehmen wollen.« Es kommt zur Sicherungsverwahrung. Solche Vorgehensweisen stellen das Rechtsverständnis auf den Kopf.

Scharmer stößt bei seiner täglichen Arbeit mit Sicherungsverwahrten noch auf andere Missstände. Damit diese Täter die Chance haben, sich zu bessern, brauchen sie in der Regel erst einmal eine Therapie. Ohne diese erstellen Forensiker aller Erfahrung nach überhaupt keine positive Kriminalprognose. Das heißt im Klartext: Keine Therapie zu bekommen bedeutet dann auf ewig zu schmoren. Therapieplätze aber sind entgegen der öffentlichen Meinung keine alltägliche Annehmlichkeit im Gefängnis, sondern Mangelware. Nur für drei Prozent aller Gefangenen gibt es Plätze. Gerade einmal 27 Prozent der Sicherungsverwahrten nahmen 2006 an einer psychologischen oder psychiatrischen Behandlung teil. Es gibt zu wenige Plätze und die Verlegung in sozialtherapeutische Einrichtungen fällt oft schwer – die Täter sind ja viel zu gefährlich. Der Anwalt Scharmer musste daher in bislang mehr als 20 Fällen klagen, damit seine Mandanten überhaupt therapiert werden dürfen.

Er beschreibt eine weitere krude Knastlogik: »Die Sozialtherapie sagt: ›Wir sind für Gewalt- und Sexualstraftäter da.‹ Da beschweren sich meine Mandanten: ›Der Kinderschänder von nebenan kommt raus in die Therapie und ich habe vier Diebstähle begangen und sitze hier seit 17 Jahren und da gibt es keine Therapie.‹«

Einen solchen Mandanten verurteilt das Landgericht Berlin 1998 wegen gefährlicher Körperverletzung zu einer Freiheitsstrafe von sechs Jahren und sechs Monaten plus Sicherungsverwahrung. Diese tritt der Mann ab 2005 an, kann zwischenzeitlich aber eine Therapie außerhalb des Gefängnisses beginnen, denn 2007 wird er wegen eines Fehlers des Landgerichts kurzfristig entlassen. Eigentlich eine gute Sache. 2008 kommt er nach einem neuen Beschluss wieder in Sicherungsverwahrung in die JVA Tegel. Weil er die Therapie fortsetzen möchte, beantragt er die dafür nötige Haftlockerung, aber die Anstalt weigert sich. Ist der Gefangene vielleicht tatsächlich zu gefährlich? Das ist zumindest die Meinung der Tegeler Anstaltsleitung. Die Richter sehen es jedoch anders und geben dem Mann Recht – sogar zweimal, denn die Anstalt verweigert die Haftlockerung für die Therapie. Um sich dem Urteil widersetzen zu können, beauftragt der Anstaltsleiter einen Gutachter und schreibt in einem Brief: »Im Gegensatz zu der Darstellung des Kammergerichts hat der Gutachter festgestellt, dass es keiner besonderen Situation bedarf, die dann zum Auslöser für eine Straftat wird. Somit könnte es zu einer Spontantat im Wege einer körperlichen Auseinandersetzung kommen.«

Klare Sache für die JVA, der Täter darf keine externe Therapie machen. Ende 2009 muss Scharmer deswegen erneut Rechtsbeschwerde einlegen. Die Richter zeigen sich nun sichtlich irritiert und schreiben in ihrem Urteil: »Es ist ihnen zwar nicht verwehrt, kriminalprognostische Instrumente ergänzend für die Beurteilung der Missbrauchsgefahr heranzuziehen. […] Dabei dürfen aber die unterschiedlichen Prognosekriterien nicht aus dem Blick geraten.« Weiter heißt es: »Das Gutachten darf sich mithin nicht mit der Aufklärung angeblicher Widersprüche zwischen Ausführungen des Senats und des Gutachtens […] befassen, sondern es darf sich im Gegenteil nicht in Widerspruch zur gerichtlichen Entscheidung setzen.« Klartext: Nicht die Gutachter, sondern die Richter treffen das Urteil.

Zudem, so kritisieren die Richter, sei die Anstalt ja selbst zuvor von der Ungefährlichkeit des Mannes überzeugt gewesen, da »sie Ausführungen zu einem anderen Zweck bereits genehmigt hat«. Die Therapie muss schließlich doch gewährt werden. Der Mandant von Sebastian Scharmer hätte zu diesem Zeitpunkt allerdings seit zwei Jahren eine Therapie machen können, doch die Anstalt weigerte sich. Im Gefängnis hat Zeit eine andere Bedeutung.

Ohne Anwalt hätte der Mann vielleicht nie eine Chance auf Behandlung bekommen. Das ist für Gefangene eher die Regel, denn viele besitzen nach Jahren im Gefängnis kein Geld, im Gegenteil, sie sitzen auf einem Berg Schulden. Zudem sind die Streitwerte – nach denen sich die Honorare der Anwälte richten – in Vollzugssachen äußerst niedrig angesetzt, daher will kaum ein Anwalt das machen. Gefangene haben damit weniger Chancen auf eine solide Rechtsvertretung. Eine Ungleichheit vor dem Gesetz, findet der Anwalt. »Das ist auch System. Eigentlich müsste es doch so sein, dass diejenigen, die am meisten von Restriktionen betroffen sind, die besten Verteidigungsrechte haben. Bei diesen Menschen ist ja die Gefahr am größten, dass sie Opfer von Missbrauch werden. Im Grunde aber bin ich ein Luxusartikel im Knast«, kritisiert er.

Ohne Anwälte wie Sebastian Scharmer, der in einigen Fällen bis vor das Bundesverfassungsgericht klagt, würden die meisten Täter in Sicherungsverwahrung wohl vergammeln. Dem Rechtsstaat wäre damit jedoch nicht geholfen, auch wenn viele dieser Täter schreckliches Leid verursacht haben und die Allgemeinheit vor einigen vermutlich für immer geschützt werden muss.

Perspektiven

26 Private Knäste: Ein Modell für Deutschland?

Im November 2008 gibt das Geldinstitut Credit Suisse seinen Anlegern die Empfehlung für ein lukratives Investment. Die Schweizer Finanzprofis werben in einem Anlegermagazin für Investoren: »Nach unserer Auffassung ist keine Branche rezessionsbeständiger als der Sektor des privaten Vollzugs.« Im Gegenteil sei sogar gerade in diesen Zeiten besonders viel Profit zu erwarten, da »ein schwächeres Wirtschaftsumfeld in der Regel höhere Verbrechensraten [...] nach sich zieht«. Das erfolgreichste amerikanische Unternehmen in diesem Marktsegment ist die amerikanische *Corrections Corporation of America (CCA)*. 2007 bescherte der Anbieter privater Gefängnisse in den USA seinen Aktionären eine Rendite von 15 Prozent. Innerhalb eines Jahres war der Kurs der Aktie um 86 Prozent nach oben geschnellt. Es gab kaum ein Spitzenunternehmen an der New Yorker Börse, das diese Werte erreichen konnte.

Wenn Marktgesetze auch im Strafvollzug gelten, dann sind nur gefüllte Knäste lukrative Knäste. In den USA ist das Gefängniswesen heute nicht zufällig eine blühende Industrie. Seit 1972 wächst dort die Zahl der Menschen hinter Gittern unaufhörlich. Bis 2009 stieg die Anzahl der Häftlinge nach Daten des unabhängigen PEW-Zentrums um astronomische 708 Prozent. Rund 2,3 Millionen Amerikaner sitzen mittlerweile im Gefängnis. Werden Bewährungsstrafen und Strafaussetzung dazugerechnet, erhöht sich die Zahl auf rund sieben Millionen Menschen. Das heißt mit anderen Worten: Einer von 31 US-Amerikanern ist nach Berechnungen des PEW-Zentrums unter der Kontrolle amerikanischer Gefängnisse. Kein Staat der Erde inhaftiert mehr seiner Bürger als das Land der unbegrenzten Freiheit. Die Ausgaben für das Gefängniswesen wachsen nach denen für das Gesundheitswesen am schnellsten. Sie haben sich in den letzten 20 Jahren vervierfacht. Auch die Zahl der Strafanstalten wuchert tumorhaft und liegt bei etwa 4800 (Deutschland: 195) und hat sich damit in den letzten 30 Jahren fast verdreifacht.

Der Soziologe Loïc Wacquant schreibt: »Tatsächlich hat noch keine demokratische Nation jemals eine solche Gefängnisbulimie erlebt – nicht einmal in Zeiten akuter gesellschaftlicher Krisen oder militärischer Verwicklungen. Die US-amerikanische Inhaftierungsrate ist sechs bis zwölf Mal so hoch wie die der Mitglieder der Europäischen Union, während sie vor nur 30 Jahren noch beim Ein- bis Dreifachen lag. Zu Beginn des neuen Jahrhunderts brachte die USA sieben Mal mehr Menschen hinter Gitter als Frankreich, Italien oder Deutschland, und zehn Mal mehr als Schweden oder Dänemark, obwohl diese Länder ähnliche Verbrechensraten (ohne Tötungsdelikte) aufweisen wie die USA.«[77]

In den USA kommen rund 730 Gefangene auf 100 000 Menschen, im benachbarten Kanada sind es gerade 110 Gefangene. Diese beiden Länder, obwohl sie sowohl geografisch als auch kulturell nicht weit voneinander entfernt liegen, trennen in der Kriminalpolitik Welten. Das war nicht immer so. In der Nachkriegszeit sanken die Gefangenenraten auch in den USA.

Steigende Raten passen jedoch bestens in die Geschäftsphilosophie des amerikanischen Branchenprimus CCA. In ihrem Geschäftsbericht für das Jahr 2010 hebt das Unternehmen hervor, dass zwischen 2009 und 2010 die Zahl der »Betten« des Gefängniskonzerns um etwa zwei Prozent auf eine Kapazität von rund 86 000 angestiegen ist. Die Auslastung in den Privatknästen, die von der CCA betrieben werden, stieg um ein Prozent auf nun 90 Prozent. CCA bewirtschaftet 65 Gefängnisse, 44 gehören dem Unternehmen selbst. Das Wirtschaftsmagazin *Forbes* zählt den

Knastbetreiber 2007 zu den 400 wichtigsten Unternehmen der amerikanischen Wirtschaft.

»Wir sind überzeugt, dass wir unsere Beziehungen zu unseren Kunden weiter ausbauen und unsere noch freien Betten belegen können«, heißt es im Geschäftsbericht. »Kunden« sind zum Beispiel die Politik, die mit ihren Gesetzen und der harten Gangart den Sektor der privaten Knäste am Leben hält. Es seien mit einzelnen Staaten bereits neue Verträge geschlossen worden, um weitere Haftplätze zu privatisieren, heißt es im CCA-Geschäftsbericht. »Unsere Dienste werden gebraucht und das politische Klima für weitere Privatisierungen ist gegeben.« Positiv vermerkt der Bericht noch ein durchschnittliches Wachstum der Gefangenenrate um jährlich 1,8 Prozent. Das Unternehmen erwirtschaftete im ersten Quartal 2010 rund 415 Millionen Dollar. 2009 macht die CCA einen Nettogewinn von 155 Millionen Dollar bei einem Umsatz von 1,584 Milliarden Dollar. Seit 1994 ist der Knastbetreiber an der New Yorker Börse gelistet.

Um Rendite zu erwirtschaften, muss das Klima für ein schnelles Einsperren aufrechterhalten bleiben. Je mehr kriminalisiert wird, desto mehr erwirtschaften die privaten Gefängnisbetreiber. Die Lobbyisten der Knäste stoßen in der amerikanischen Politik und Gesellschaft seit Jahren auf offene Ohren. Der Kongress in Washington verdoppelte beispielsweise 2009 die Mittel für die Internierung von Immigranten. Ein gutes Geschäft. Die Rezession füllt also tatsächlich die Knäste, so wie es Credit Suisse 2008 prognostizierte. In den neunziger Jahren waren Immigranten noch als günstige Arbeitskräfte willkommen. Mit dem Einbruch der Wirtschaft sind sie nun überflüssig und werden abgeschoben oder eingesperrt. Jeder inhaftierte Immigrant bringt Gefängnisfirmen wie CCA etwa 100 Dollar pro Tag.

Insgesamt sind in den USA etwa 120 000 Menschen in privaten Gefängnissen eingesperrt. Die Konzerne bauen schneller und können die Kosten senken, weil sie keine Beamten beschäftigen. Kommt auch diese Entwicklung über den großen Teich zu uns herüber? Oder ist Deutschland vor dieser Tendenz zur Knastprivatisierung gefeit?

Bei uns verschlingt das Justizwesen 12,5 Milliarden Euro (Angaben von 2005). Jeder Bundesbürger muss demnach 152 Euro pro Jahr zahlen. Für den laufenden Betrieb der Justizvollzugsanstalten wurden 2,3 Milliarden Euro ausgegeben, die Einnahmen der Anstalten aus ihren Betrieben betrugen 167 Millionen Euro. Jeder Gefangene in Deutschland kostet den Staat demnach 29 000 Euro pro Jahr. Das müsste doch billiger gehen, dachte als erster der damalige Ministerpräsident von Hessen.

Im Jahr 2005 erarbeiten die Mitarbeiter von Roland Kochs Justizministerium eine PowerPoint-Präsentation, es geht um die JVA Hünfeld. »Überbelegung« prangt über einem Balkendiagramm. »Bis zu 1200 Haftplätze fehlten zeitweise im geschlossenen Vollzug«, steht da. Ein dicker Pfeil resümiert: »Neubau einer JVA erforderlich.« Das Ziel: »schnellstmögliche kostenoptimierte Realisierung«. Die Hessen erweisen sich als progressiv, denn bislang ist in Deutschland der Vollzug in den Händen des Staates. »Warum privatisieren?«, heißt es dementsprechend in der Präsentation, und die Antwort lautet: »Leidvolle Erfahrungen bei der Umsetzung derartiger Projekte in der Vergangenheit, Erfahrungen aus dem europäischen Ausland (insb. Frankreich und England), Situation der öffentlichen Haushalte«. Eine »Privatisierung *im* Strafvollzug« sei möglich, lediglich eine »Privatisierung *des* Strafvollzuges« verfassungsrechtlich unzulässig. Die Behördenmitarbeiter gehen daraufhin 110 Posten und Aufgaben durch. Rechtlich möglich ist die Privatisierung beim Personal des Gebäudemanagements, des Versorgungsmanagements (Küche, Reinigung der Wäsche, Gesundheit), des Betreuungsmanagements (Arbeit, Ausbildung, Freizeitgestaltung, Beratung, soziale Betreuung) sowie bei Teilen des Bewachungsmanagements (Kontrolle von technischen, mechanischen Sicherheitssystemen, Monitordienst).

Roland Koch verspricht 15 Prozent Einsparungen bei einer »Verbesserung der Service-Qualität«. Es bestehe ein »reges Interesse anderer Landesjustizverwaltungen, anderer Länder bis hin nach Japan«. Die JVA Hünfeld wird in Deutschland schließlich zum Pilotprojekt für den teilprivatisierten Strafvollzug.

Bei der Eröffnung 2006 schreiben die Architekten des Gebäudes in ihrem Grußwort: »Die Magistrale als ›halböffentlicher‹ identitätsstiftender Raum innerhalb des Gefängnisses wurde als Ort der Kommunikation ausgebildet und gestaltet.« Ministerpräsident Koch sagt: »Wir werden hier erproben, was wir mit den Mitteln privater Wirtschaft besser lösen können.« Denn staatliches Handeln unterläge zu vielen Restriktionen. Von nun an übernimmt die Firma Serco etwa 45 Prozent der Betriebsleistungen der JVA Hünfeld. In einem Bericht des Unternehmens steht: »Durch die Partnerschaft mit Serco erzielt die hessische Landesregierung für die JVA Hünfeld eine deutliche Verbesserung der Wirtschaftlichkeit im Vergleich zu anderen Haftanstalten.« 114 Mitarbeiter im Knast arbeiten noch für den Staat, 97 stehen auf dem Lohnzettel von Serco. Das britische Unternehmen mit rund 47 000 Mitarbeitern ist auf die Privatisierung von öffentlichen Dienstleistungen spezialisiert und betreibt auch in Großbritannien Gefängnisse.

Nach Hessen entschließt sich auch Baden-Württemberg für den Bau eines teilprivatisierten Gefängnisses für rund 500 Inhaftierte. Es entsteht in Offenburg. Hier kommen auf 120 staatliche Beschäftigte rund 100 private. Betreiber ist die Firma Kötter Security. In ihrem Sicherheitsbrief »Exklusive Informationen für Entscheider« schreibt Kötter: »Trotz der beeindruckenden Zahlen hat Deutschland im Vergleich speziell zu angelsächsischen Ländern noch viel Entwicklungspotenzial.«[78]

Im Sommer 2009 eröffnet Sachsen-Anhalt die teilprivatisierte JVA Burg. Kötter und der Baukonzern Bilfinger Berger übernehmen das Projekt – erstmals in Gesamtverantwortung. Der Geschäftsführer der Firma Kötter, Klaus Wedekind, schwärmt: »Im Falle der JVA Burg wurde zum ersten Mal die Umsetzung komplett – d.h. von der Planung über den Bau und die Finanzierung bis zum Teilbetrieb – an ein privates Konsortium vergeben.«

Die teilprivatisierte JVA in Bremervörde soll 2012 für 300 Gefangene eröffnet werden. Der ehemalige CDU-Vorsitzende der Landtagsfraktion und heutige Ministerpräsident von Niedersachsen, David McAllister, schreibt in einer Pressemitteilung im Frühjahr 2009: »Hier werden in wenigen Jahren 130 Arbeitsplätze entstehen. Insofern ist der zu erwartende Gewinn für den Elbe-Weser-Raum eindeutig. Wie man dagegen argumentieren kann, ist nicht nachvollziehbar.« Die Haftanstalt soll 270 Millionen Euro kosten.

In der JVA Tonna in Thüringen sind die ärztliche und die zahnärztliche Versorgung der Gefangenen bereits privatisiert. Sitzungen beim Therapeuten oder in der Sucht- und Drogenberatung erfolgen bei privatwirtschaftlichen Mitarbeitern. Die Gefangenen arbeiten in privaten Produktionsfirmen im Knast. Wartungsarbeiten am Gebäude und den sicherheitstechnischen Anlagen übernehmen ebenfalls private Dienste. »Die Übertragung hoheitlicher Aufgaben an Private ist im Justizvollzug des Freistaats Thüringen auch zukünftig nicht vorgesehen«, heißt es in der Pressestelle des Justizministeriums.

Das Wegschließen übernehmen Beamte. Das ist geltendes Recht, denn der Freiheitsentzug ist der drastischste Eingriff in die Rechte eines Menschen, das Gewaltmonopol liegt beim Staat. In Deutschland gibt es deswegen für den Strafvollzug eine Grenze der Privatisierung, die in Artikel 33 im Grundgesetz fest verankert ist: »Die Ausübung hoheitlicher Befugnisse ist in der Regel Angehörigen des öffentlichen Dienstes zu übertragen, die in einem öffentlich-rechtlichen Dienst- und Treueverhältnis stehen.« Private dürfen im direkten Umgang mit Gefangenen daher keinerlei Zwang einsetzen. Doch welche Rolle soll diese Grenze spielen, wenn die Situation ein Durchgreifen erfordert? Wie genau lässt sich diese Trennung privater und staatlicher Aufgaben in der Realität einhalten?

In den teilprivatisierten Gefängnissen in Deutschland liegt die Resozialisierung schon in den Händen privater Firmen. So werden beispielsweise einige der Mitarbeiter der Sozialdienste nicht mehr vom Staat bezahlt. Sie aber entscheiden mit ihren

Beurteilungen mit, wie lange ein Täter gefährlich ist und wann eine Lockerung erwogen werden kann. Bei der JVA Offenburg muss der Justizminister im Sommer 2010 einräumen, dass das private Personal vor allem für Sicherheitsbelange »nicht ausreichend sensibilisiert und auch nicht ausreichend motiviert« sei und nachgeschult werden müsse. Türen sollen offen geblieben, Gefangene sollen ihrer Bewachung entgangen sein, die Werkzeugausgabe sei zu lax gehandhabt worden.[79] Mehrfach habe man den Betreiber darauf hinweisen müssen, dass nicht wirtschaftliche Gesichtspunkte im Vordergrund der anstaltsinternen Produktion liegen würden, sondern die Sicherheit. Beim Richtfest zwei Jahre zuvor hatte Justizminister Ulrich Goll (CDU) noch betont: »Der Bau dieser großen Anstalt stellt einen zukunftsweisenden Schritt in der Fortentwicklung des baden-württembergischen Justizvollzugs dar.«

Auch die von Roland Koch als bundesweites Pilotprojekt gepriesene JVA Hünfeld erweist sich als Rohrkrepierer. Bereits zwei Jahre nach dem Bau ergibt eine Aufstellung aus dem hessischen Justizministerium, dass ein Haftplatz in der teilprivatisierten JVA Hünfeld 83,18 Euro pro Tag kostet, in der staatlichen JVA Darmstadt dagegen 79,28 Euro. Anstatt der versprochenen Einsparungen von 660 000 Euro pro Jahr ergeben sich demnach Mehrkosten von 700 000 Euro.

Der Bau der teilprivatisierten JVA Heidering in Großbeeren bei Berlin ist auch ein Beispiel für die Fragwürdigkeit solcher Vorhaben. Ursprünglich sollte der Bau, der 2012 nach etlichen Verzögerungen fertig sein soll, 87 Millionen Euro kosten. Jüngste Schätzungen gehen von knapp 120 Millionen aus. Ein Gutachten der Universität Potsdam hält den Neubau ohnehin für überflüssig.[80] Der geplante Bau der teilprivatisierten bayerischen JVA Gablingen wurde im letzten Moment durch den Haushaltsausschuss gestoppt: Die Politiker erkannten, dass das Vorhaben zu unwirtschaftlich wäre.

Gegen die Privatisierung in deutschen Gefängnissen spricht nach bisherigen Erfahrungen also allein schon die mangelnde

Wirtschaftlichkeit. Vor allem nach dem Crash der Finanzmärkte und den Milliardenverlusten bei der Privatisierung kommunaler Infrastruktur ist die Skepsis gegenüber den so genannten PPP (Public Private Partnership) eher gewachsen.

27 Zeit der Unsicherheit: Sehnsucht nach Sühne

Unweit von Oslo befindet sich in einem norwegischen Fjord die Insel Bastoy. Hier sind rund 120 Mörder, Diebe und Sexualstraftäter »eingesperrt«. Das stimmt nicht ganz, denn sie dürfen sich frei bewegen. Bastoy ist eine Gefangeneninsel, die liberalste der Welt. Die Gefangenen haben sogar 18 Tage Urlaub im Jahr, können schwimmen, reiten und durch den Wald spazieren. Bewacht werden sie von fünf Wärtern. Der freundliche Umgang verfolgt ein Ziel: Die Täter sollen als bessere Menschen aus dem Gefängnis kommen, nicht als schlechtere. Das ist die Idee, die hinter dem progressiven Projekt steckt. Norwegen ist so klein, dass fast jeder dort Straftäter kennt. Sie sind keine fernen Monster, die Gesellschaft muss sich mit ihnen auseinandersetzen und sperrt sie nicht nur weg.

In Deutschland ist die Situation eine andere. Wir leben zwar in einem der sichersten Länder und die Kriminalitätsrate sinkt seit Jahren. Trotzdem fürchten sich manche Menschen, als lebten sie in Ciudad Juárez, der wohl bedrohlichsten Stadt der Erde, die der Schriftsteller Roberto Bolaño mit seinem Roman *2666* exzessiv ausgeleuchtet hat. Politiker – mit freundlicher Unterstützung der Medien – heizen diese Furcht hierzulande an und verschärfen seit über einem Jahrzehnt das Strafrecht, als gebe es kein Morgen. Man könnte den Eindruck gewinnen, Triebtäter und Pädophile überwucherten die Gesellschaft wie ein Geschwür. All dies lässt sich widerlegen, doch das interessiert bislang kaum jemanden. Ebenso wenig die Tatsache, dass unzählige Studien belegen, dass Menschen im Gefängnis nicht besser werden. Ganz im Gegenteil, mit den Jahren im Knast wächst auch die Rückfallgefahr – Inhaftierte, die irgendwann wieder in Freiheit kommen, sind eher noch gefährlicher als zuvor. »Tatsächlich hat das Gefängnis über die Jahrhunderte hinweg niemals seinen rehabilitierenden Zielsetzungen entsprechend funktioniert: Das Gefängnis konnte zu keiner Zeit Menschen in einen funktionstüchtigen Zustand versetzen«, schreibt der norwegische Rechtssoziologe Thomas Mathiesen 1989.[81]

Je mehr Menschen eingesperrt werden, desto bedrohlicher ist dies für die Allgemeinheit. Der beste Schutz hingegen ist es, viele Täter so schnell wie möglich aus dem Gefängnis zu lassen. Das gilt nicht für alle Verbrecher, aber für einen sehr großen Teil. Warum sperrt sich die Gesellschaft so gegen diese Tatsachen? Warum regieren Furcht und die Gier nach Strafe anstatt Rationalität? Weil die Unsicherheit viele Menschen beherrscht, daher sind sie anfällig für Sicherheitsversprechen, auch wenn sie nicht erfüllbar sind. Gewissheiten schwinden in allen Bereichen, fast alles hat ein Verfallsdatum. Früher war das Leben von Geburt an festgelegt. Abweichungen waren kaum möglich, die Biografie ließ sich vom ersten bis zum letzten Tag vorhersagen. Der Soziologe Max Weber schrieb: »Der Bauer konnte ›lebenssatt‹ sterben wie Abraham. Der feudale Grundherr und Kriegsheld auch. Denn beide erfüllten einen Kreislauf ihres Seins, über den sie nicht hinausgriffen.«[82]

Heute aber sind Traditionen oder gültige Vorstellungen davon, wie ein richtiges Leben auszusehen habe, verschwunden. Selbst wertkonservative CDU-Politiker wie Christian Wulff können sich nach Jahren von ihrer Frau scheiden lassen und es trotzdem als Bundespräsident zu höchstem Ansehen schaffen. Es ist viel mehr möglich, aber auch viel mehr unsicherer als früher. Unsicherheit ist ein Kennzeichen unserer Zeit. Niemals gab es in Deutschland so viele befristete Arbeitsverträge wie im Jahr 2010, jeder elfte Bundesbürger muss mit der Ungewissheit einer möglichen Kündigung klarkommen. Innerhalb von nicht einmal rund zwölf Jahren ist die Zahl der Teilzeitbeschäftigten zwischen 1996 und 2008 um 53 Prozent auf 4,9 Millionen Menschen gewachsen, die der befristet Beschäftigten um 50 Prozent auf 2,7 Millionen, die der geringfügig Beschäftigten um 136 Prozent auf 2,6 Millionen, die der Zeitarbeiter um 200 Prozent auf 600 000 an. Die Hälfte der Jobs bei Neueinstellung ist befristet.[83]

Die Zukunft ist immer stärker abhängig von riskanten Entscheidungen, die auf niemanden mehr abgewälzt werden können. Der Soziologe Günter Voß nennt uns »Arbeitskraftunternehmer«[84]: Wir verstehen uns selbst immer mehr wie ein Unternehmer seinen Betrieb und organisieren unsere Lebensführung und Arbeit dementsprechend. Stichwort: Ich-AG. Voß erkennt in diesem Modell ein neues Leitbild des Kapitalismus.

Wenn heute der Einzelne für immer mehr selbst verantwortlich ist – warum soll das nicht auch für den Gefangenen gelten? Auch er hatte doch die freie Wahl. Hätte er seine Tat nicht begangen, wäre ihm das Gefängnis erspart geblieben. So ist es doch nur gerecht, dass er büßt, wo doch auch wir Anständigen uns täglich zusammenreißen und mit immer neuen Widrigkeiten fertig werden müssen. So könnte man denken. Jeder ist seines Glückes Schmied. Doch das wäre ein naives Verständnis vom gesellschaftlichen Konstrukt der Kriminalität. Denn was kriminalisiert wird, ist eine Frage der Konvention, dazu gleich mehr.

In den Vereinigten Staaten von Amerika spielt Resozialisierung im Strafvollzug so gut wie keine Rolle mehr. Hier dominiert der Gedanke, dass der Verbrecher für sein Verhalten ausschließlich selbst Verantwortung trägt. Dem liegt das Verständnis von Kriminalität zugrunde, dass eine Tat die Konsequenz einer Abwägung sei. Der Täter prüft Handlungsalternativen und Risiken, macht eine Art Kosten-Nutzen-Rechnung und kommt zu dem Schluss, dass sein Verbrechen für ihn einen ökonomischen Mehrwert hat. Der Verbrecher als krimineller Unternehmer.

Die Tat als rationale Entscheidung – würde dies immer stimmen, dann müssten hohe Haftstrafen oder gar die Todesstrafe Verbrecher abschrecken, in den USA gäbe es kaum oder keine

Kriminalität mehr. Das ist nicht der Fall. Die kriminologische Forschung in Amerika hat sich zunehmend auf die kriminelle Persönlichkeit konzentriert. »Das Kriminalitätsproblem wurde zu einem Kriminellenproblem«, so der amerikanische Soziologe David Garland.[85] Die Konzentration auf den einzelnen Täter »beendete tendenziell jede Beschäftigung mit nahe liegenden oder unmittelbaren Ereignissen«. Dieses Denken ist kein Wunder, wenn man überlegt, welche Rolle die Ökonomie heute spielt.

Überspitzt wird diese alleinige Verantwortlichkeit des Täters in biologischen Erklärungsmodellen dargestellt. Die Ursache liegt demnach nicht nur in den bewussten Entscheidungen des einzelnen Täters, sie liegt in den anatomischen Gegebenheiten seines Gehirns. In diesem Modell existieren kaum noch äußere Faktoren; keine gesellschaftlichen Gründe, soziale oder gar wirtschaftliche Begebenheiten. Als für das Verbrechen alleinverantwortlich gelten bei manchen Vertretern der Neurologie nur noch bestimmte Nervenzellen. So finden Neurologen in den Hirnwindungen der Täter die Bestätigung der neoliberalen Vorstellung, der sie vielleicht selbst aufsitzen.

Gerade für die USA ist der *Glaube*, dass nur der Täter selbst für seine Tat verantwortlich ist, erstaunlich. Denn die Knastbevölkerung ist aufschlussreich zusammengesetzt: einer von elf schwarzen US-Amerikanern sitzt, einer von 27 Lateinamerikanern und nur einer von 45 weißen Amerikanern. Manche Kritiker behaupten daher, im Gefängniswesen setze sich die Sklaverei bis heute fort. Rund die Hälfte der Insassen hatte bei ihrer Verhaftung keine Arbeit, die Hälfte keinen Schulabschluss. 40 Prozent der Insassen in amerikanischen Gefängnissen wuchsen laut Loïc Wacquant ohne Eltern auf, 14 Prozent im Waisenhaus. Der Sozialwissenschaftler hat nachgezeichnet, wie US-Fürsorgeprogramme abgebaut und parallel dazu die Zahl der Inhaftierten in den USA sprunghaft angestiegen ist, wie prekäre Verhältnisse kriminalisiert werden und sich die Klientel von Sozialbehörde und Knast ausgetauscht haben. Loïc Wacquant schreibt: »Die rasante Zunahme und begeisterte Verherrlichung des Strafverfolgungsapparats in den USA seit Mitte der 1970er Jahre [...] lassen sich so lange nicht erklären, wie man daran festhält, sie von der Häufigkeit und dem Charakter der Gesetzesverstöße abzuleiten. Denn die Entfaltung des Strafrechtstaates nach dem Höhepunkt der Bürgerrechtsbewegung ist eine Reaktion nicht auf die Zunahme der kriminalitätsbedingten Unsicherheit, sondern auf die Welle der sozialen Unsicherheit, die über die unteren Ränge der Klassenstruktur hereingebrochen ist.«[86] In den USA diene das Wegsperren der mittellosen schwarzen Bevölkerung einerseits dazu, eine offene Rebellion zu verhindern, und andererseits, die absteigenden und unsicheren Schichten zu disziplinieren. Das Gefängnis sperre daher nicht nur Verbrecher weg, es sei vor allem eine »zentrale politische Institution«.

Strafen ist damit auch eine Form des Regierens, eine Art, mit sozialen Unsicherheiten und wachsender Armut umzugehen, bestimmte Bevölkerungsschichten zu lenken und deren Gefährdungspotenzial zu entschärfen. Der Staat reagiert außerdem in diesem Bereich so hart, weil er in anderen längst von wirtschaftlichen Prinzipien dominiert und zurückgedrängt wird. Die Macht der Wirtschaft hat die Bürger desillusioniert und demokratiemüde gemacht. Sie glauben den Politikern nicht mehr und sprechen dem Staat die Steuerungsfähigkeit ab. Doch über ein Monopol kann sich der Staat noch behaupten: das Gewaltmonopol. Darüber kann er sich rechtfertigen und Macht demonstrieren. Wenn der Staat definiert, was kriminell ist, sagt er zugleich, warum er selbst wichtig ist. Der renommierte Sozialphilosoph Zygmunt Bauman umschreibt die Funktionen des Staats in der modernen Welt wie folgt: »In einer Welt globaler Finanzen wird den Regierungen wenig mehr als die Rolle etwas zu groß geratener Polizeibezirke zugewiesen. [...] In diesem Sinne übernimmt die Einsperrung eine privilegierte, wenn nicht gar die führende Rolle.«[87]

Zur Mitte des letzten Jahrzehnts ließ sich in deutschen Gefängnissen ein Rekordhöchststand messen. In einer Zeit, in der nur die Ungewissheit gewiss ist und die Zahl sozialer Brandherde zunimmt, verhärten bei den Verteilungskämpfen auch die Menschen. Wo es wieder Schichten gibt, die zwar dem gleichen Staat angehören, aber sonst auf verschiedenen Planeten leben, da wird der Drang nach Abgrenzung größer. So wird ein Klima begünstigt, das in harten Strafen eine plausible Strategie der Problemlösung erkennt.

Die Menschen, die in den Knast kommen, gehören zumeist zu denjenigen, die der Sozialstaat bereits aufgegeben hat. Es ist kein Zufall und schon gar kein Zeichen moralischer Verfehlung, wenn diejenigen, die sich im Gefängnis »treffen«, bereits vorher zu den Verlierern der Gesellschaft gehörten. Drogen zu kriminalisieren, betrifft vor allem diese Klientel. Während in der Bundesrepublik die Zahl der meisten Delikte stabil bleibt oder sinkt, steigt der Anteil der Drogendelikte von praktisch null im Jahr 1970 auf etwa 15 Prozent bundesweit im Jahr 2009 (rund 20 Prozent in den westlichen Bundesländern). Wenn Migranten und Ausländer überproportional auch in Deutschland im Gefängnis zu finden sind, dann hängt das mit sozialen Gegebenheiten zusammen: mit schlechteren Einkommen, miesen Wohnvierteln, hoher Arbeitslosigkeitsquote, niedrigem Bildungsgrad und einem höheren Armutsrisiko.

Risiken verteilen sich nach Einkommen und Herkunft. Das bedeutet auch, dass viel mehr Menschen kriminell sind, als tatsächlich im Gefängnis landen. Dazu ein paar Zahlen: Schätzungen gehen davon aus, dass 2,5 Millionen Bürger ihre Versicherungen betrügen. Die Wirtschaftskriminalität verursachte 2008 einen Schaden von rund 3,4 Milliarden Euro. Die Steuergewerkschaft rechnet mit einem Umsatz der Schattenwirtschaft von 16 Prozent des Bruttoinlandsproduktes, also rund 380 Millionen Euro. Steuerhinterziehung ist Volkssport und ein lukrativer Wirtschaftszweig für Berater. Heinrich Popitz hat schon 1968 festgestellt: »Etwas, das beinahe jedem reihum passiert, gilt nicht mehr als diskriminierend. Auch die Strafe kann sich verbrauchen. Wenn die Norm nicht mehr oder zu selten sanktioniert wird, verliert sie ihre Zähne – muß sie dauernd zubeißen, werden die Zähne stumpf.«[88] Will heißen: Wenn alle Steuern hinterziehen, wird das zur Norm und nicht zum Verstoß.

Die Zahnlosigkeit des deutschen Strafrechts ist deliktspezifisch. Verantwortliche der Finanzkrise sucht man vergeblich im Gefängnis. Als erster deutscher Spitzenbanker bekommt der ehemalige Chef der Mittelstandsbank IKB, Stefan Ortseifen, für sein Fehlverhalten in der Finanzkrise zehn Monate Haft wegen vorsätzlicher Marktmanipulation. Sie wird auf Bewährung ausgesetzt. Rücksichtslose Banker zu belangen ist schwieriger, als Haschischhändler in Bayern in Sicherungsverwahrung zu stecken. »Dass es keine Strafvorschrift gibt für jemanden, der im Finanzsektor systemrelevante Risiken auslöst«, so der Strafrechtsprofessor Klaus Volk, sei »wie wenn wir keine Strafnorm hätten, die den Bau von Atombomben verbietet, und stattdessen auf eine Vorschrift zum Umgang mit Feuerwerkskörpern zurückgreifen müssten.«[89]

Hingegen sitzen rund 4000 Menschen im Gefängnis, weil sie die Geldstrafe, zu der sie verurteilt wurden, nicht bezahlen konnten. Ersatzfreiheitsstrafen sind überflüssig wie ein Kropf, sagen renommierte Experten.[90] Und teuer: 80 bis 100 Euro pro Häftling und Tag. Jährlich kommen rund 10 000 Menschen für Bagatelldelikte für weniger als sechs Monate ins Gefängnis, im Jugendknast Plötzensee besteht bei rund einem Drittel der 480 Gefangenen das Verbrechen in Schwarzfahren. Experten sagen, alle Gefängnisstrafen bis zu einem Jahr könnten problemlos abgeschafft werden. Sie kommen zum Ergebnis, dass mindestens ein Drittel der Gefangenen aus dem Gefängnis einfach entlassen werden könnte, ohne dass Deutschland ins Chaos stürzen würde. Das sind 25 000 Menschen![91] Andere sagen seit Jahrzehnten: Der Knast ist überflüssig.[92]

Denn das Gefängnis ist ein Skandal. Und eine Illusion. Es ist ein Skandal, weil es seine wichtigste Funktion nicht erfüllt: »Im Vollzug der Freiheitsstrafe soll der Gefangene fähig werden, künftig in sozialer Verantwortung ein Leben ohne Straftaten zu führen (Vollzugsziel).« So lautet der erste Grundsatz im Strafvollzugsgesetz. Aber wie soll das gehen? Wie sollen Menschen im Gefängnis besser werden? Die wenigsten dort sind Mörder oder Vergewaltiger. Doch das Gefängnis suggeriert, dass von den dort Inhaftierten eine große Gefahr ausgeht. Der Vollzug gestaltet sich deswegen sinnentleert. Eigenständiges Denken und Selbständigkeit stören den reibungslosen Ablauf, mithin die über allem thronende Doktrin der absoluten Sicherheit. Im Knast aber sitzen Schwarzfahrer, Gepfändete, Drogenabhängige, Kleinkriminelle, Steuerbetrüger, Einbrecher oder Heiratsschwindler. Auch sie modern sinnentleert in ihren Zellen. Wie soll in so einem Umfeld eine Resozialisierung möglich sein? Resozialisierung bedeutet, die Menschen frühzeitig aus dem Gefängnis zu lassen, den Vollzug zu lockern, Eigenständigkeit und Selbstverantwortung zu lernen. Resozialisierung ist das Gegenteil von Gefängnis. Wie sollen Menschen in einem Umfeld, das niemand seinen Freunden zumuten würde, gebessert werden? Das ist unmöglich.

Deswegen ist das Gefängnis eine Illusionsmaschine: Es suggeriert einer verängstigten Mittelschicht das Gefühl von Sicherheit. Einem präventiven Strafrecht geht es aber in erster Linie um eine Ausweitung der staatlichen Befugnisse. Ein geschwächter Staat kann auf diese Weise Stärke demonstrieren. Mit Prävention lässt sich in unsicheren Zeiten außerdem vieles rechtfertigen, etwa militärische Erstschläge, die Liquidierung von Terroristen oder die Verbrechensbekämpfung. »Unzählige Beratungsgremien und Kommissionen sind damit beschäftigt, Gutachten zu verfassen und Empfehlungen zu geben, wie denn das Risiko der Zukunft am besten zu minimieren sei«,[93] so der Soziologe Jens Hofmann. Die Menschen wollen ihre Risiken verkleinern. Das Gefängnis ist das letzte Glied in einer ganze Kette von Sicherheits- und Risikovermeidungsillusionen. Prognosen behaupten schließlich, Gefahren auszuschalten, bevor das Böse überhaupt geschieht.

Eine weitere Illusion: Kriminelle kennen wir fast ausschließlich aus der Glotze oder der *Bild-Zeitung* – als Horrorkabinett, und in dieser Ferne erfüllen sie eine Funktion. Der norwegische Kriminologe Nils Christie schreibt über Kinder, die ihre Mütter bestehlen: »In der Regel bezeichnen wir unsere Kinder nicht als Verbrecher. Warum nicht? Weil wir das Gefühl haben, daß das ganz einfach nicht richtig wäre. Und warum nicht? Wir wissen zuviel, wir kennen unsere Kinder aus tausend anderen Situationen.«[94] Kriminelle kennen wir in der Regel nicht persönlich. Sie lassen sich über einen Kamm scheren, zu Monstern modellieren. Sie funktionieren dann wie ein Schema des Bösen an sich, denn eine Bestie lässt sich leichter verteufeln als ein Mensch. Verbrecher sind also auch Katalysator und Ventil der Unzufriedenheit zugleich. Im kollektiven Entsetzen der Bevölkerung über spektakuläre Verbrechen steckt auch die Erleichterung über die eigene Rechtschaffenheit. Je böser der Täter, desto größer die Gewissheit. Verbrecher erzeugen Gemeinschaft, weil ihre Tat schockiert, weil sich die Mehrheit von ihnen abgrenzt und im Urteil über das Böse und in der Trauer um die Opfer einig ist.

»Die Gefängnisstrafe symbolisiert Unfehlbarkeit bei den vielen anderen. […] Es hat den Anschein, als ob sich die Gesellschaft eine kleine Gruppe Gefangener hält, um ihre eigene Vortrefflichkeit zu illustrieren.«[95] Das ist das Fazit des norwegischen Kriminologen Thomas Mathiesen. Er hatte angesichts des grenzenlosen Misserfolgs der Gefängnisse nach der versteckten Funktion dieser totalen Institution gesucht. Für ihn richtet sich das Gefängnis in erster Linie an die Menschen in Freiheit.

Deswegen leben die Gefangenen wie in der Verbannung. Die Gesellschaft hat die Gefängnisse nicht durchlässig gestaltet, Resozialisierungsmaßnahmen gelten als Verschwendung von Steuergeldern und Gefängnisse als zu gemütlich. Das Gefängnis bleibt damit auch heute ein Exil. Im Mittelalter machte die öffentlich zur Schau gestellte Folter die Strafe aus, heute gibt es den Freiheitsentzug. Der Wunsch nach harten, körperlichen Strafen lebt in der Durchschnittsmeinung der Deutschen jedoch fort und der Boulevard funktioniert als Dauerwerbesendung für dieses Wunschkonzert. Der Umgang mit Verbrechern hat deshalb auch heute noch viel mit Sühne und Schmerzen zu tun, auch wenn sich der Strafvollzug offensichtlich von den körperlichen Qualen und der Dressur durch Schwerstarbeit in den Zuchthäusern unterscheidet. Es bleiben aber die Mauern und die Gitter. Das Anstaltshafte zeichnet auch moderne Gefängnisse aus. Und das soll so sein, Gefängnisse sollen ungemütlich bleiben. Die Angleichung der Lebensverhältnisse, wie sie das Gesetz vorschreibt, ist nur juristisches Lametta.

Kriminelle werden so zu Aussätzigen der Gesellschaft. Sie werden aussortiert und vom Gefängnis verwahrt und verschluckt. Die wohl drastischsten Indizien dieser Tatsache verdeutlichen Fälle wie Günther Finneisen und Peter Strüdinger. Was mit ihnen geschieht, ist ein rechtspolitischer Skandal. Doch schert das jemanden?

Der ehemalige Verfassungsrichter Winfried Hassemer hat geschrieben: »In Zeiten wie unseren, die Sicherheit über alles stellen, die zu einer gelassenen Kriminalpolitik nicht imstande sind, die Risikofurcht und Kontrollbedürfnisse vor allem mit Verschärfungen des Strafrechts bedienen, ist der Grundsatz der Verhältnismäßigkeit ein eher stiller und schwacher Widersacher; seine Botschaft, Maß zu halten, kann sich im aktuellen Konzert der Effizienzapostel nur selten Gehör verschaffen.«[96]

Gustav Heinemann nannte Gefangene »Staatsbürger hinter Gittern«. Es wäre kein Verbrechen, sie auch so zu behandeln.

Dank

Ich danke den Frauen, Männern und Jugendlichen, die im Knast sitzen und mir von ihrem Leben berichtet haben.

Einige Kriminologen und Strafrechtler haben mir als juristischem Laien wichtige Hinweise gegeben und Literatur zur Verfügung gestellt. Bei ihnen, wie allen, die für Interviews zur Verfügung standen, bedanke ich mich. Ausdrücklich hervorheben möchte ich Johannes Feest, ohne dessen praktische und juristische Ratschläge ich manches Problem nie hätte auch nur bemerken können. Dank gilt auch denjenigen Vertretern der Justiz, die mich hinter ihre Mauern blicken ließen.

Ich danke schließlich meinen Kollegen von der *taz*, die eine Beurlaubung ermöglicht und mitgetragen haben. Herzlicher Dank gilt auch dem Kollegen der traurigen Wissenschaft, Jens.

Ohne Natalie und Martin schließlich gäbe es dieses Buch nicht.

Anmerkungen

1 Johannes Feest: *In dubio pro securitate?*, Festvortrag bei den 1. Berliner Gefangenentagen, 29.5.2010. Einen Überblick über Haftlockerungen und grundsätzlich wichtige Zahlen und Daten zum Strafvollzug finden sich im GIS, dem Greifswalder Inventar zum Strafvollzug, das Frieder Dünkel betreibt: http://www.rsf.uni-greifswald.de/duenkel/gis.html

2 Arthur Kreuzer: »Das Licht ausgeknipst. Unsicherheit durch Sicherungsverwahrung: Wo bleibt die umfassende Neuregelung?«, 6.11.2008, *Frankfurter Allgemeine Zeitung*

3 Vergleiche: Frieder Dünkel, Bernd Geng, Christine Morgenstern: »Strafvollzug in Deutschland. Aktuelle rechtsstaatliche Befunde«, Zeitschrift für Strafvollzug und Straffälligenhilfe 59/2010, S. 26. Vergleiche auch: http://www.rsf.uni-greifswald.de/duenkel/gis/erwachsenenvollzug/gefangenenraten.html

4 Friedrich Nietzsche: *Werke in drei Bänden*, München 1954, Band 2, S. 806

5 Max Weber: »Die protestantische Ethik und der Geist des Kapitalismus«. In: Max Weber: *Gesammelte Aufsätze zur Religionssoziologie*, Tübingen 1986, S.17-206

6 Siehe: Helmut Ortner: *Eingesperrt. Innenansichten aus dem Gefängnis*, Berlin 1984, S. 17

7 Vergleiche die historische Darstellung des Strafvollzuges bei: Klaus Laubenthal: *Strafvollzug*, Berlin 2008, S. 50

8 Vergleiche die historische Darstellung des Strafvollzuges bei: Günther Kaiser, Heinz Schöch: *Strafvollzug*, Heidelberg 2002, S. 18

9 ebd., S. 25

10 Michel Foucault: *Überwachen und Strafen. Die Geburt des Gefängnisses*, Frankfurt am Main 1994, S. 19

11 Joachim Weber, Arne Winkelmann (Hrsg.): *Leben unter Strafe. Kritische Kriminologie von der Gefängnisarchitektur bis zum Haftalltag am Beispiel der Vollzugsanstalt Mannheim*, Aachen 2009, S. 80

12 Michel Foucault: *Überwachen und Strafen. Die Geburt des Gefängnisses*, Frankfurt am Main 1994, S. 28

13 Nils Christie: *Wieviel Kriminalität braucht die Gesellschaft?*, München 2005, S. 25

14 Dirk Baier, Michael Windzio: *Zur Entwicklung der Jugendgewalt seit 1998 in den Städten München, Stuttgart, Hannover und Schwäbisch Gmünd*, 2007, S. 9

15 Loïc Wacquant: *Bestrafen der Armen. Zur neoliberalen Regierung der sozialen Unsicherheit*, Opladen 2009, S. 55

16 Vergleiche die Polizeiliche Kriminalstatistiken (PKS) 2006, S. 148; PKS 2005, S. 152; PKS 2004, S. 152; PKS 2003, S. 152; PKS 2002, S. 150.

17 Niklas Luhmann: *Die Realität der Massenmedien*, Opladen 1996, S. 58f.

18 Christian Pfeiffer, Michael Windzio, Matthias Kleimann: *Die Medien, das Böse und wir, Monatsschrift für Kriminologie und Strafrechtsreform*, 2004, S. 417. Siehe auch: Wolfgang Heinz: »Bei der Gewaltkriminalität junger Menschen helfen nur härtere Strafen!« Fakten und Mythen in der gegenwärtigen Jugendkriminalpolitik, *Neue Kriminalpolitik 2/2008*, S. 50–59. Bei der Recherche zum Thema Jugendkriminalität erweist sich das Konstanzer Inventar als sehr hilfreich: http://www.jura.uni-konstanz.de/heinz/forschung/das-konstanzer-inventar

19 Peter-Alexis Albrecht: »Die Bedrohung der Dritten Gewalt durch Gesetz«. In: Peter-Alexis Albrecht: *Der Weg in die Sicherheitsgesellschaft. Auf der Suche nach staatskritischen Absolutheitsregeln*, Studienausgabe, Berlin 2010, S. 991

20 Vergleiche die Untersuchung: Michael Windzio, Julia Simonson, Christian Pfeiffer, Matthias Kleinmann: *Kriminalitätswahrnehmung und Punitivität in der Bevölkerung – Welche Rolle spielen die Massenmedien. Ergebnisse der Befragungen zu Kriminalitätswahrnehmung und Strafeinstellungen 2004 und 2006*, Hannover 2007. Aufschlussreich auch: Wolfgang Heinz: »Wenn junge Gewalttäter Schlagzeile machen. 15 Thesen«, Vortrag im Pädagogisch-Theologischen Zentrum der Evangelischen Landeskirche, Stuttgart, 8.12.2008. Der Text ist auch im Kriminologischen Inventar Konstanz zu finden (siehe Anmerkung 18)

21 http://www.rsf.uni-greifswald.de/fileadmin/mediapool/lehrstuehle/duenkel/Greifswalder_Appell_SV_300710.pdf

22 Harald Preusker: »Das Gefängnis als Risikounternehmen«. In: Harald Preusker, Bernd Maelicke: *Das Gefängnis als Risiko-Unternehmen*, Baden-Baden 2010, S. 23 ff.

23 Frieder Dünkel, Claudia Kestermann, Juliane Zolondek: *Internationale Studie zum Frauenstrafvollzug. Bestandsaufnahme, Bedarfsanalyse und »best practice«*, Greifswald 2005, S. 29

24 Joachim Weber, Arne Winkelmann (Hrsg.): *Leben unter Strafe. Kritische Kriminologie von der Gefängnisarchitektur bis zum Haftalltag am Beispiel der Vollzugsanstalt Mannheim*, Aachen 2009

25 ebd., S. 147

26 Franz Kafka: »Das Schloss«. In: Franz Kafka: *Romane und Erzählungen*, Köln 2002, S. 92ff.

27 Komitee für Grundrechte und Demokratie: *Haftbedingungen in der Bundesrepublik Deutschland. Dokumentation einer Öffentlichen Anhörung zu Gefängnispolitik und Knastalltag*, Bonn 2009, 104ff.

28 Uwe Schaarschmidt: *Die Beanspruchungssituation von Strafvollzugsbediensteten. Ergebnisse einer Untersuchung der Abteilung Persönlichkeits- und Differentielle Psychologie des Institutes für Psychologie der Universität Potsdam*, Potsdam 2003

29 Harald Preusker, Bernd Maelicke: *Das Gefängnis als Risiko-Unternehmen*, Baden-Baden 2010, S. 219

30 http://www.justiz.nrw.de/BS/Justizvollzug/ombudsmann_justizvollzug/index.php

31 Gabriele Klocke: »Haftbedingungen in deutschen Strafvollzugsanstalten aus sprachwissenschaftlicher Perspektive«. In: Komitee für Grundrechte und Demokratie: *Haftbedingungen in der Bundesrepublik Deutschland. Dokumentation einer Öffentlichen Anhörung zu Gefängnispolitik und Knastalltag*, Bonn 2009, S. 139

32 Johannes Feest, Wolfgang Lesting: »Contempt of Court. Zur Wiederkehr des Themas der renitenten Strafvollzugsbehörden«. In: *Festschrift für Ulrich Eisenberg zum 70. Geburtstag*, 2009; sowie Johannes Feest, Wolfgang Lesting, Peter Selling: *Totale Institution und Rechtsschutz. Eine Untersuchung zum Rechtsschutz im Strafvollzug*, Opladen 1997

33 Helmut Pollähne: »Politische, rechtliche und empirische Grundlagen – Entwicklungen in Strafrecht, Kriminalpolitik und Justizvollzug«. In: Komitee für Grundrechte und Demokratie: *Haftbedingungen in der Bundesrepublik Deutschland. Dokumentation einer Öffentlichen Anhörung zu Gefängnispolitik und Knastalltag*, Bonn 2009, S. 32

34 Sjef Teuns: »Isolation/Sensorische Deprivation: die programmierte Folter«. In: *Kursbuch 32*, S. 121

35 Niedersächsischer Landtag: *14. Wahlperiode*, Drucksache 14/1752, S. 6

36 Nach Paragraf 159 heißt es dazu im Strafvollzugsgesetz: »Zur Aufstellung und Überprüfung des Vollzugsplanes und zur Vorbereitung wichtiger Entscheidungen im Vollzug führt der Anstaltsleiter Konferenzen mit an der Behandlung maßgeblich Beteiligten durch.«

37 Moritz Liepmann: *Die Todesstrafe, Gutachten für den 31. Deutschen Juristentag*, Berlin 1912, S. 186ff.

38 Hans-Ludwig Kröber: »Psychiatrische Unterbringung im Maßregelvollzug gem. § 63 StGB: Zwischen Langzeittherapie und Dauerpflegefall«. In: Helmut Pollähne (Hrsg): *Probleme unbefristeter Freiheitsentziehungen. Lebenslange Freiheitsstrafe, psychiatrische Unterbringung, Sicherungsverwahrung*, Berlin 2010, S. 117

39 Nadine Bös: »Im Seelenleben der Verbrecher«, *Frankfurter Allgemeine Zeitung*, 22.08.2009

40 Lombroso zitiert nach: Peter Strasser: *Verbrechermenschen. Zur kriminalwissenschaftlichen Erzeugung des Bösen*, Frankfurt am Main 1984, S. 41

41 Ferri zitiert nach: Peter Strasser: *Verbrechermenschen. Zur kriminalwissenschaftlichen Erzeugung des Bösen*, Frankfurt am Main 1984, S. 16

42 Hans-Dieter Schwind: *Kriminologie. Eine praxisorientierte Einführung*, Heidelberg 2002, S. 99f.

43 »Das Manifest. Elf führende Neurowissenschaftler über Gegenwart und Zukunft der Hirnforschung«, *Gehirn & Geist 6/2004*

44 Gerhard Roth, Monika Lück und Daniel Strüber: »›Freier Wille‹ und Schuld von Gewaltstraftätern aus Sicht der Hirnforschung und Neuropsychologie«. In: *Neue Kriminalpolitik 2/2006*, S. 56ff.

45 »Neuronen sind nicht böse«, *Der Spiegel*, 30.07.2007, S. 117ff.

46 Michael Hagner: »Homo cerebralis? Der Mensch als Sklave seines Gehirns«, *Frankfurter Allgemeine Zeitung*, 22.03.2004

47 Pressemitteilung der Universität Zürich: *Gehirnaktivierung entlarvt Wortbrecher*, 10.12.2009

48 Peter Bieri: »Unser Wille ist frei«, *Der Spiegel 2/2005*, S. 125

49 »Neuronen sind nicht böse«, *Der Spiegel*, 30.07.2007, S. 117ff.

50 Vergleiche vor allem: Michael Alex: *Nachträgliche Sicherungsverwahrung – ein rechtsstaatliches und kriminalpolitisches Debakel*, Holzkirchen 2010; Michael Bock: »Das Elend der klinischen Kriminalprognosen«. In: *Beiträge zur Strafverteidigung 5/2007*; Jörg Kinzig: »Die Validität der Kriminalprognose – kriminologisch betrachtet«, Vortrag auf dem 34. Strafverteidigertag in Hamburg, 26.–28.02.2010. In sozialwissenschaftlicher und historischer Perspektive siehe auch: Alois Hahn: »Erinnerung und Prognose. Zur Vergegenwärtigung von Vergangenheit und Zukunft«, Opladen 2003; Heinrich Harmann, Jakob Vogel (Hrsg.): *Zukunftswissen. Prognosen in Wirtschaft, Politik und Gesellschaft seit 1900*, Frankfurt am Main 2010

51 Norbert Nedopil: »Forensische Psychiatrie – Position und Rolle des Faches in Psychiatrie und Gesellschaft«. In: *Die Psychiatrie 2005* (1)

52 Der Psychologe und Jurist Michael Alex schreibt: »Besonders bemerkenswert ist, dass der Stimmungsumschwung in Deutschland mit dem Fall ›Dutroux‹ in Belgien eingeleitet worden ist, also nicht einmal durch ein Ereignis in Deutschland, und dass in den übrigen Ländern der EU danach auch nicht eine annähernd vergleichbare hektische Gesetzgebungsmaschine in Gang gesetzt worden ist.« Vergleiche Michael Alex: *Nachträgliche Sicherungsverwahrung – ein rechtsstaatliches und kriminalpolitisches Debakel,* Holzkirchen 2010, S. 119f.

53 ebd., S. 9ff.

54 So heißt es in der vorangestellten Begründung zu dem 1997 verabschiedeten »Gesetz zur Bekämpfung von Sexualdelikten und anderen gefährlichen Straftaten«.

55 Vergleiche Michael Alex: *Nachträgliche Sicherungsverwahrung – ein rechtsstaatliches und kriminalpolitisches Debakel*, Holzkirchen 2010

56 ebd., S. 79

57 ebd., S. 25

58 »Sicherungsverwahrung: Was machen andere Länder?«, *Badische Zeitung*, 3.9.2010

59 Statistisches Bundesamt: »Bestand der Gefangenen und Verwahrten i.d. deutschen Justizvollzugsanstalten am 31. August 2010«

60 Die Strafverteidigervereinigung geht davon aus, dass mit dem Wegfall der nachträglichen Sicherungsverwahrung künftig die Verordnung der vorbehaltenen Sicherungsverwahrung zu einem massiven Anstieg der Fallzahlen führen wird. Bei der vorbehaltenen Sicherungsverwahrung wird diese bereits im Urteil angedroht und kann nach Verbüßen der Strafe verhängt werden. Vergleiche: »Sicher ist sicher«, Policy Paper der Strafverteidigervereinigung zur Sicherungsverwahrung, 2010. So auch Christian Rath: »Kultur des Wegschließens«. In: *die tageszeitung*, 2.12.2010. Er schreibt: »Künftig dürfte die Verwahrung bei schweren Gewalt- und Sexualstraftaten im Urteil fast schon routinemäßig vorbehalten werden – es ist ja noch keine endgültige Entscheidung ... Wenn dann aber nach Verbüßung der Haftstrafe geprüft wird, ob die Sicherungsverwahrung wirklich angeordnet wird, hängt dem Straftäter schon das Etikett des potenziellen Rückfalltäters an, das der kaum noch loswird.« Experten gehen künftig von mehr Tätern in Sicherungsverwahrung aus, weil sie auch schon bei Ersttätern verhängt werden soll und ein so genannter »Hang« nicht mehr nachgewiesen werden muss.

61 Norbert Nedopil: »Forensische Psychiatrie – Position und Rolle des Faches in Psychiatrie und Gesellschaft«. In: *Die Psychiatrie 2005* (1)

62 Presseerklärung des Staatsministers der Justiz Sachsen, Geert Mackenroth (CDU), nachdem Mario M. auf das Anstaltsdach der JVA Dresden geklettert war, 15.11.2006

63 Harald Preusker, Bernd Maelicke: *Das Gefängnis als Risiko-Unternehmen*, Baden-Baden, 2010

64 Michael Alex: *Nachträgliche Sicherungsverwahrung – ein rechtsstaatliches und kriminalpolitisches Debakel*, Holzkirchen 2010

65 ebd., S.70

66 Vergleiche Jörg Kinzig: *Die Legalbewährung gefährlicher Rückfalltäter, Schriftenreihe des Max-Planck-Instituts für ausländisches und internationales Strafrecht*, 2008

67 Alois Hahn: *Erinnerung und Prognose. Zur Vergegenwärtigung von Vergangenheit und Zukunft*, Opladen 2003, S. 32

68 Jörg Kinzig: »Die Validität der Kriminalprognose – kriminologisch betrachtet«, 2010, S. 13

69 Während Prognosegutachten früher nur vor der Entlassung aus lebenslanger Freiheitsstrafe gesetzlich vorgeschrieben waren, hat sich das mittlerweile geändert. Der Kriminologe Johannes Feest schreibt: »Heute ist dies in §454 Abs.2 StPO für Strafen von mehr als zwei Jahren vorgesehen, wenn eine der Katalogtaten des §66 Abs. 3 Satz 1 StGB vorliegt. Zusätzlich verlangen die Landesjustizverwaltungen neuerdings vor Lockerungen ›besonders gründliche Prüfung‹ soweit der Antragsteller einer bestimmten Täterkategorie angehört. In der Regel müssen hier Gutachten über die Lockerungsprognose eingeholt werden. Diese Begutachtungszwänge haben dazu geführt, dass auch unerfahrene und ungeeignete Gutachter herangezogen werden müssen und dass es zu erheblichen Verzögerungen bei der Bearbeitung von Lockerungsanträgen und damit auch von Entlassungen kommt.« Johannes Feest: »In dubio pro securitate?«, Festvortrag bei den 1. Berliner Gefangenentagen, 29.5.2010

70 Peter-Alexis Albrecht: *Der Weg in die Sicherheitsgesellschaft. Auf der Suche nach staatskritischen Absolutheitsregeln*, Studienausgabe, Berlin 2010

71 Im Verfahren Reinhard M. gegen Deutschland urteilte die 5. Kammer des Europäischen Gerichtshofes für Menschenrechte (EGMR) und ihre sieben Richter einstimmig, dass die im Jahr 1998 erfolgte rückwirkende Aufhebung der zehnjährigen Höchstdauer erstmaliger Sicherungsverwahrung in Deutschland gegen die Europäische Menschenrechtskonvention verstößt. M. befand sich seit seinem 15. Lebensjahr fast ununterbrochen in Haft. Verurteilt wurde er wegen schwerer Diebstahlsdelikte und einiger Fluchten aus dem Gefängnis. Nur eine Woche nach seiner Entlassung aus einer zehnmo-

natigen Jugendstrafe wurde er erneut rückfällig und 1977 unter anderem wegen versuchten Mordes zu einer Jugendstrafe von sechs Jahren verurteilt. Noch im Vollzug wurde er gegen Beamte und Mitinsassen übergriffig. Deswegen kam er in den Maßregelvollzug in einem psychiatrischen Krankenhaus (§ 63 StGB). Weil er ein Jahr später, 1985, eine Vollzugshelferin während eines Ausgangs überfiel, wurde nun die Sicherungsverwahrung verhängt. Das Urteil aus dem Jahr 1986 lautete fünf Jahre Haft auf versuchten Mord mit Tateinheit Raub. Nach dieser Haft trat er im August 1991 die Sicherungsverwahrung an. Zu diesem Zeitpunkt galt noch § 67d I1 StGB a. F., der besagte, dass die Sicherungsverwahrung nicht länger als zehn Jahre dauern dürfte. Deswegen hätte M. am 8. September 2001 entlassen werden müssen. Das Oberlandesgericht Frankfurt entschied, dass aufgrund der geänderten Gesetzeslage – dem Wegfall der Zehnjahresgrenze im Jahr 1998 – M. weiter in Sicherungsverwahrung bleiben dürfe. Dies haben nun nach Jahren die Richter des Europäischen Gerichtshofes für Menschenrechte anders beurteilt. Verstoßen wurde gegen Art. 7 EMRK, dem Rechtsprinzip »Keine Straftat ohne Gesetz«. Entgegen dem Bundesverfassungsgericht in ihrem Urteil 2004 zum gleichen Fall, beurteilen die Richter des EGMR die Sicherungsverwahrung nicht als Maßregel, sondern als Strafe. Begründet wurde dies unter anderem damit, dass sich die Vollstreckung der Sicherungsverwahrung kaum von der einer gewöhnlichen Haftstrafe unterscheidet. Nach dieser Argumentation ist eine nachträgliche Sicherungsverwahrung menschenrechtswidrig, weil sie verhängt wird, ohne dass eine neue Straftat vom Inhaftierten begangen wurde. (Vergleiche ausführlich hierzu: Jörg Kinzig: »Das Recht der Sicherungsverwahrung nach dem Urteil des EGMR in Sachen M. gegen Deutschland«. In: *Neue Zeitschrift für Strafrecht, Heft 5, 30. Jahrgang*, 15. Mai 2010.) Durch das Urteil ist die Bundesregierung also gezwungen, einerseits die sogenannten Altfälle (rund 100) wie Reinhard M. zu regeln. Das ist durch das Therapieunterbringungsgesetz (siehe Anmerkung 74) geschehen, die Täter werden also künftig behandelt wie psychisch Kranke. Zudem wird die nachträgliche Sicherungsverwahrung abgeschafft und durch eine Stärkung der vorbehaltenen Sicherungsverwahrung abgelöst werden. Die nachträgliche Sicherungsverwahrung besagte, dass bei bestimmten Delikten noch während der Haft die Sicherungsverwahrung nachträglich angeordnet werden kann, wenn bestimmte Anzeichen während der Haft auf eine Gefährlichkeit hindeuteten. Bei der vorbehaltenen Sicherungsverwahrung wird diese im Urteil bereits angedroht. Nach Ansicht der Strafverteidigervereinigung wird das dazu führen, dass für entsprechende Gefangene wichtige Maßnahmen der Resozialisierung (Haftverschonung, Freigang) ausbleiben und die vorbehaltene Sicherungsverwahrung sich massiv ausweiten wird. Vergleiche hierzu: Policy Paper der Strafverteidigervereinigung zur Sicherungsverwahrung: *Sicher ist sicher*, Berlin 2010.

72 Ferdinand von Schirach: »Vergessene Gummistiefel«, *Der Spiegel*, 5.7.2010, S. 109

73 Über die Jahre verändern sich die Formen des Wegsperrens. 1933: Die Nazis führen die Sicherungsverwahrung (SV) für »gefährliche Gewohnheitsverbrecher« ein; 1942: Für Gewohnheitsverbrecher wird die Todesstrafe eingeführt; 1945: Die Alliierten heben die Todesstrafe für Gewohnheitsverbrecher auf, lassen die SV aber bestehen; 1952: Das Oberste Gericht der DDR stuft die SV als »inhaltlich faschistisch« ein. Sie wurde nun nur noch in der BRD angewandt; 1969: Die SV wird auf zehn Jahre begrenzt; 1990: Bei der Wiedervereinigung verzichtet Ostdeutschland auf die SV; 1994: Jetzt will der Osten doch die SV und bekommt sie; 1998: Die Begrenzung der SV auf zehn Jahre wird gestrichen, auch für Altfälle; 2001: Kanzler Gerhard Schröder (SPD) fordert für Sexualtäter (in der *Bild-Zeitung*): »Wegschließen – und zwar für immer«; 2001: Baden-Württemberg führt ein Landesgesetz zur nachträglichen Anordnung der SV an, andere Länder folgen; 2002: Im Bund wird die vorbehaltene SV eingeführt; 2004: Das Bundesverfassungsgericht akzeptiert die rückwirkende Verlängerung der SV für Altfälle; 2004: Der Bundestag führt die nachträgliche SV bundesweit ein; 2007: SV für DDR-Altfälle wird eingeführt; 2007: SV wird auch für Taten ermöglicht, die unter das Jugendrecht fallen; 2009: Der Europäische Gerichtshof für Menschenrechte erklärt die 1998 beschlossene rückwirkende Verlängerung der SV für unzulässig. Vergleiche hierzu: Christian Rath: »Kriminelle künftig krank«, in: *die tageszeitung*, 3.12.2010

74 Das so genannte Therapieunterbringungsgesetz (ThUG) sieht vor, so Johannes Feest, »dass ›psychisch gestörte‹ Täter weiterhin in Haft gehalten werden dürfen, wenn ein Zivilgericht, nach Anhörung von zwei Gutachtern sie für ›gefährlich‹ erklärt. Wo sie letztlich untergebracht werden sollen, ist im ThUG nicht geregelt und muss von jedem einzelnen Bundesland festgelegt werden. In jedem Fall soll die Unterbringung sich vom Strafvollzug unterscheiden, um nicht erneut einen Verstoß gegen die EMRK zu riskieren.« Vergleiche: http://www.strafvollzugsarchiv.de

75 Johannes Feest: »In dubio pro securitate?«, Festvortrag bei den 1. Berliner Gefangenentagen, 29.5.2010

76 Heribert Prantl: *Der Terrorist als Gesetzgeber. Wie man mit Angst Politik macht,* München 2008, S. 69

77 Loïc Wacquant: *Bestrafen der Armen. Zur neoliberalen Regierung der sozialen Unsicherheit*, Opladen 2009

78 Pressemitteilung: »ÖPP: Innovative Projekte sorgen für neue Impulse«, 16.09.2009

79 »Laxe Bewachung im neuen Offenburger Gefängnis«, *Badische Zeitung*, 7.6.2010

80 Vergleiche: »Public Private Prison«, *Junge Welt*, 13.3.2010

81 Thomas Mathiesen: *Gefängnislogik. Über alte und neue Rechtfertigungsversuche*, Bielefeld 1989, S. 59

82 Max Weber: »Die Wirtschaftsethik der Weltreligionen«. In: *Gesammelte Aufsätze zur Religionssoziologie I*, Tübingen, 1988, S. 569f.

83 Vergleiche: »Ära der Unsicherheit«, *Der Spiegel*, 22.3.2010, S. 84–94

84 Günter Voß, Hans J. Pongratz: »Der Arbeitskraftunternehmer. Eine neue Grundform der Ware Arbeitskraft?« In: *Kölner Zeitschrift für Soziologie und Sozialpsychologie*, H. 1, 1998, S. 131–158

85 David Garland: *Kultur der Kontrolle. Verbrechensbekämpfung und soziale Ordnung in der Gegenwart*, Frankfurt am Main 2008

86 Loïc Wacquant: *Bestrafen der Armen. Zur neoliberalen Regierung der sozialen Unsicherheit*, Opladen 2009, S. 291

87 Zygmunt Bauman: »Vom gesellschaftlichen Nutzen von Law and Order«. In: *Widersprüche 18*, 1998, S. 17

88 Heinrich Popitz: »Über die Präventivwirkung des Nichtwissens. Dunkelziffer, Norm und Strafe«. In: Popitz, Heinrich: *Soziale Normen*, Frankfurt am Main 2006, S. 167

89 »Viel Raum für Details«, *Der Spiegel*, 8.12.2008

90 Frieder Dünkel, Christoph Flügge, Manfred Lösch, Anke Pörksen stellvertretend für eine ganze Liste von Unterzeichnern des »Plädoyer für eine verantwortungsbewusste und rationale Kriminalpolitik. Thesen des Ziethener Kreises zu Reformfragen des strafrechtlichen Sanktionensystems«.

91 Vergleiche: Frieder Dünkel et al: *Plädoyer für eine verantwortungsbewusste und rationale Kriminalpolitik. Thesen des Ziethener Kreises zu Reformfragen des strafrechtlichen Sanktionensystems*. Ebenso: Frieder Dünkel: *Das Gefängnis: ein absurdes System? Wie die Gefängniskapazitäten in Deutschland um 25.000 Haftplätze reduziert werden könnten!*, Greifswald 2005

92 Vor allem Nils Christie und Thomas Mathiesen konnten der Bewegung des Abolitionismus, die sich für die Abschaffung von Gefängnissen einsetzt, von Skandinavien aus eine bedeutsame Stimme geben. Vergleiche Nils Christie: *Wieviel Kriminalität braucht die Gesellschaft?*, München 2005; Thomas Mathiesen: *Gefängnislogik. Über alte und neue Rechtfertigungsversuche*, Bielefeld 1989

93 Jens Hofmann: *Reziprozität – Ein sozialintegrativer Mechanismus der Gesellschaft? Darstellung des Wandels historischer Ordnungsvorstellungen am Beispiel des Bettlers*, Luzern 2010

94 Nils Christie: *Wieviel Kriminalität braucht die Gesellschaft?*, München 2005, S. 18

95 Thomas Mathiesen: *Gefängnislogik. Über alte und neue Rechtfertigungsversuche*, Bielefeld 1989, S. 158

96 Winfried Hassemer: »Vom Sinn des Strafens«. In: *Aus Politik und Zeitgeschichte*, 7/2010, S. 6

Literatur

Albrecht, Peter-Alexis: *Der Weg in die Sicherheitsgesellschaft. Auf der Suche nach staatskritischen Absolutheitsregeln*, Studienausgabe, Berlin 2010

Alex, Michael: *Nachträgliche Sicherungsverwahrung – ein rechtsstaatliches und kriminalpolitisches Debakel*, Holzkirchen 2010

Bauman, Zygmunt: »Vom gesellschaftlichen Nutzen von Law and Order«. In: *Widersprüche 18*, 1998

Becker, Hubertus: *Ritual Knast*, Leipzig 2008

Bieri, Peter: »Unser Wille ist frei«, *Der Spiegel 2/2005*, S. 124–125

Bock, Michael: »Das Elend der klinischen Kriminalprognosen«. In: *Beiträge zur Strafverteidigung 5/2007*

Bommarius, Christian: *Wir kriminellen Deutschen*, Berlin 2004

Bös, Nadine: »Im Seelenleben der Verbrecher«, *Frankfurter Allgemeine Zeitung*, 22.08.2009

Britz, Guido: »Strafe und Schmerz – eine Annäherung«. In: Heike Jung, Guido Britz (Hrsg.): *Grundfragen staatlichen Strafens, Festschrift für Heinz Müller-Dietz zum 70. Geburtstag*, München 2001

Bröckling, Ulrich: »Vorbeugen ist besser ... Zur Soziologie der Prävention«. In: *Behemoth. A Journal on Civilisation*, 1. Jg. (2008), H. 1, S. 38–48

Bröckling, Ulrich: »Menschenökonomie, Humankapital«. In: *Mittelweg 36*, 1/2003

Christie, Nils: *Wieviel Kriminalität braucht die Gesellschaft?*, München 2005

Die Empfehlungen des Europarates. Freiheitsentzug: Europäische Strafvollzugsgrundsätze 2006, Mönchengladbach 2007

Darnstädt, Thomas / Lakotta, Beate: »Von Menschen und Monstern«, *Der Spiegel 19/2008*, S. 64–74

Drenkhahn, Kristin: *Langstrafenvollzug und Menschenrechte. Erste Ergebnisse eines internationalen Forschungsprojekts*, Greifswald 2009

Dreyer, Michaela: *Die Vorhersage von Gewaltdelikten. Welche Schwierigkeiten*

ergeben sich bei der Prognosestellung von schweren Gewalttaten?, Universität Greifswald
Dünkel, Frieder / Geng, Bernd / Morgenstern, Christine: »Strafvollzug in Deutschland. Akutelle rechtsstaatliche Befunde«. In: *Zeitschrift für Strafvollzug und Straffälligenhilfe 59/2010*, S. 22–34
Dünkel, Frieder: »Strafvollzug in Deutschland – rechtstatsächliche Befunde«. In: *Aus Politik und Zeitgeschichte 7/2010*, S. 7–14
Dünkel, Frieder / Kestermann, Claudia / Zolondek, Juliane: *Internationale Studie zum Frauenstrafvollzug. Bestandsaufnahme, Bedarfsanalyse und »best practice«*, Greifswald 2005
Dünkel, Frieder: *Das Gefängnis: ein absurdes System? Wie die Gefängniskapazitäten in Deutschland um 25.000 Haftplätze reduziert werden könnten!*, Greifswald 2005
Dünkel, Frieder et al.: »Plädoyer für eine verantwortungsbewusste und rationale Kriminalpolitik. Thesen des Ziethener Kreises zu Reformfragen des strafrechtlichen Sanktionensystems«
Feest, Johannes / Lesting, Wolfgang: «Contempt of Court. Zur Wiederkehr des Themas der renitenten Strafvollzugsbehörden«. In: *Festschrift für Ulrich Eisenberg zum 70. Geburtstag*, 2009
Feest, Johannes / Lesting, Wolfgang / Selling, Peter: *Totale Institution und Rechtsschutz. Eine Untersuchung zum Rechtsschutz im Strafvollzug*, Opladen 1997
Feest, Johannes: »In dubio pro securitate?«, Festvortrag bei den 1. Berliner Gefangenentagen, 29.5.2010
Foucault, Michel: *Überwachen und Strafen. Die Geburt des Gefängnisses*, Frankfurt am Main 1994
Garland, David: *Kultur der Kontrolle. Verbrechensbekämpfung und soziale Ordnung in der Gegenwart*, Frankfurt am Main 2008
Goffman, Erving: *Asyle. Über die soziale Situation psychiatrischer Patienten und anderer Insassen*, Frankfurt am Main 1973
Hagner, Michael: »Homo cerebralis? Der Mensch als Sklave seines Gehirns«, *Frankfurter Allgemeine Zeitung*, 22.03.2004
Hahn, Alois: *Erinnerung und Prognose. Zur Vergegenwärtigung von Vergangenheit und Zukunft*, Opladen 2003
Harmann, Heinrich / Vogel, Jakob (Hrsg.): *Zukunftswissen. Prognosen in Wirtschaft, Politik und Gesellschaft seit 1900*, Frankfurt am Main 2010
Hassemer, Winfried: *Warum Strafe sein muss. Ein Plädoyer*, Berlin 2009
Hassemer, Winfried: »Vom Sinn des Strafens«. In: *Aus Politik und Zeitgeschichte*, 7/2010, S. 3–6

Heinz, Wolfgang: »›Bei der Gewaltkriminalität junger Menschen helfen nur härtere Strafen!‹ Fakten und Mythen in der gegenwärtigen Jugendkriminalpolitik«, *Neue Kriminalpolitik 2/2008*, S. 50–59.

Heinz, Wolfgang: »Wenn junge Gewalttäter Schlagzeile machen. 15 Thesen«, Vortrag im Pädagogisch-Theologischen Zentrum der Evangelischen Landeskirche, Stuttgart, 8.12.2008

Hofmann, Jens: *Reziprozität – Ein sozialintegrativer Mechanismus der Gesellschaft? Darstellung des Wandels historischer Ordnungsvorstellungen am Beispiel des Bettlers*, Luzern 2010

Husmann, Nils: »Für immer eingesperrt«, *Chrismon 4/2010*, S. 12–19

Kafka, Franz: *Romane und Erzählungen*, Köln 2002

Kaiser, Günther / Schöch, Heinz: *Strafvollzug*, Heidelberg 2002

Karstedt, Susanne / Oberwittler, Dietrich: »Soziologie der Kriminalität«. In: *Kölner Zeitschrift für Soziologie und Sozialpsychologie*, Sonderheft 43/2003

Kinzig, Jörg: »Das Recht der Sicherungsverwahrung nach dem Urteil des EGMR in Sachen M. gegen Deutschland«. In: *Neue Zeitschrift für Strafrecht*, Heft 5, 30. Jahrgang, 15. Mai 2010

Kinzig, Jörg: »Lebenslange Freiheitsstrafe: Zwischen Mindestverbüßungsdauer und Dauerverwahrung«. In: Pollähne, H./Rode, I.: *Probleme unbefristeter Freiheitsentziehungen. Lebenslange Freiheitsstrafe, psychiatrische Unterbringung, Sicherungsverwahrung*, Berlin 2010, S. 43–66.

Kinzig, Jörg: »Spuren des Bösen im Strafrecht und Kriminologie«, Vortrag anlässlich der 2. Tagung der Oxford-Bonn Projektgruppe: The Rhetoric of the Evil/Die Rhetorik *des Bösen* vom 18.–20.3.2010 in Bonn

Kinzig, Jörg: »Die Validität der Kriminalprognose – kriminologisch betrachtet«, Vortrag auf dem 34. Strafverteidigertag in Hamburg, 26.–28.02.2010

Kinzig, Jörg: *Die Legalbewährung gefährlicher Rückfalltäter, Schriftenreihe des Max-Planck-Instituts für ausländisches und internationales Strafrecht*, 2008

Komitee für Grundrechte und Demokratie: *Haftbedingungen in der Bundesrepublik Deutschland. Dokumentation einer Öffentlichen Anhörung zu Gefängnispolitik und Knastalltag*, Bonn 2009

Kröber, Hans-Ludwig: »Psychiatrische Unterbringung im Maßregelvollzug gem. § 63 StGB: Zwischen Langzeittherapie und Dauerpflegefall«. In: Helmut Pollähne (Hrsg): *Probleme unbefristeter Freiheitsentziehungen. Lebenslange Freiheitsstrafe, psychiatrische Unterbringung, Sicherungsverwahrung*, Berlin 2010

Kursbuch 32: »Folter in der BRD. Zur Situation der Politischen Gefangenen«, 1973

Laubenthal, Klaus: *Strafvollzug*, Berlin 2008

Liepmann, Moritz: *Die Todesstrafe, Gutachten für den 31. Deutschen Juristentag*, Berlin 1912
Luhmann, Niklas: *Rechtssoziologie 1*, Hamburg 1972
Luhmann, Niklas: *Zur Soziologie des Risikos*, Berlin 1991
Luhmann, Niklas: *Die Realität der Massenmedien*, Opladen 1996
Maelicke, Bernd: »Überbelegung = Fehlbelegung. Plädoyer für grundlegende Systemverbesserungen im deutschen Strafvollzug«. In: *Neue Kriminalpolitik 4/2003*
Mathiesen, Thomas: *Gefängnislogik. Über alte und neue Rechtfertigungsversuche*, Bielefeld 1989
Nedopil, Norbert: »Forensische Psychiatrie – Position und Rolle des Faches in Psychiatrie und Gesellschaft«. In: *Die Psychiatrie 2005* (1)
Neubauer, Hans-Joachim: *Einschluss. Bericht aus einem Gefängnis*, Berlin 2001
Nietzsche, Friedrich: *Werke in drei Bänden*, München 1954
Ortner, Helmut: *Eingesperrt. Innenansichten aus dem Gefängnis*, Berlin 1984
Pfeiffer, Christian / Windzio, Michael / Kleimann, Matthias: »Die Medien, das Böse und wir«, *Monatsschrift für Kriminologie und Strafrechtsreform 2004*
Pfeiffer, Christian: »Die Dämonisierung des Bösen«, *Frankfurter Allgemeine Zeitung*, 5.3.2004
Policy Paper der Strafverteidigervereinigung zur Sicherungsverwahrung: »Sicher ist sicher«, Berlin 2010
Pollähne, Helmut (Hrsg): *Probleme unbefristeter Freiheitsentziehungen. Lebenslange Freiheitsstrafe, psychiatrische Unterbringung, Sicherungsverwahrung*, Berlin 2010
Pollähne, Helmut: »Unbefristete Freiheitsentziehung – prozudurale und materielle Rechtssicherheit im Sicherheitsrecht«. In: ders., 2010: S. 85–106
Pollähne, Helmut: »Politische, rechtliche und empirische Grundlagen – Entwicklungen in Strafrecht, Kriminalpolitik und Justizvollzug«. In: *Komitee für Grundrechte und Demokratie: Haftbedingungen in der Bundesrepublik Deutschland.* Dokumentation einer Öffentlichen Anhörung zu Gefängnispolitik und Knastalltag, Bonn 2009
Popitz, Heinrich: »Über die Präventivwirkung des Nichtwissens. Dunkelziffer, Norm und Strafe«. In: Popitz, Heinrich: *Soziale Normen*, Frankfurt am Main 2006, S. 158–174.
Prantl, Heribert: *Der Terrorist als Gesetzgeber. Wie man mit Angst Politik macht*, München 2008
Preusker, Harald / Maelicke, Bernd: *Das Gefängnis als Risiko-Unternehmen*, Baden-Baden 2010
Roth, Gerhard / Lück, Monika / Strüber, Daniel: »›Freier Wille‹ und Schuld

von Gewaltstraftätern aus Sicht der Hirnforschung und Neuropsychologie«. In: *Neue Kriminalpolitik 2/2006*

Rückert, Sabine: »Wird er es wieder tun?«, *Die Zeit*, 31.7.2003

Rückert, Sabine: »Ab in den Knast«, *Die Zeit*, 23.5.2006

Rückert, Sabine: »Der Gutachter«, *Die Zeit*, 21.9.2007

Schaarschmidt, Uwe: *Die Beanspruchungssituation von Strafvollzugsbediensteten. Ergebnisse einer Untersuchung der Abteilung Persönlichkeits- und Differentielle Psychologie des Institutes für Psychologie der Universität Potsdam*, Potsdam 2003

Schirach, Ferdinand von: »Vergessene Gummistiefel«, *Der Spiegel*, 5.7.2010

Schwind, Hans-Dieter: *Kriminologie. Eine praxisorientierte Einführung*, Heidelberg 2002

Simonson, Julia: »Punitivität: Methodische und konzeptionelle Überlegungen zu einem viel verwendeten Begriff«. In: *Zeitschrift für Jugendkriminalrecht und Jugendhilfe*, Heft 1, 2009

»Strafvollzug«, Sonderheft *Aus Politik und Zeitgeschichte*, 7/2010

Strasser, Peter: *Verbrechermenschen. Zur kriminalwissenschaftlichen Erzeugung des Bösen*, Frankfurt am Main 1984

Strehl, Regina: *Die Welt hinter Gittern. Meine Jahre als Knastärztin*, München 2009

Teuns, Sjef: »Isolation/Sensorische Deprivation: die programmierte Folter«. In: *Kursbuch 32*, S. 121ff.

Thadeusz, Frank: »Programmiert auf Unheil«, *Der Spiegel 16/2010*, S. 134–137

Voß, G. / Pongratz, Hans J.: »Der Arbeitskraftunternehmer. Eine neue Grundform der Ware Arbeitskraft?« In: *Kölner Zeitschrift für Soziologie und Sozialpsychologie*, H. 1, 1998, S. 131–158

Wacquant, Loïc: *Bestrafen der Armen. Zur neoliberalen Regierung der sozialen Unsicherheit*, Opladen 2009

Walter, Michael: »Neue Präventionsbewegung und Probleme der Privatisierung«. In: *Neue Kriminalpolitik* 4/2003

Walter, Michael: »Medien als Kriminalpolitiker«. In: Irmgard Rode/Matthias Leipert (Hrsg.): *Das moderne Strafrecht in der Mediengesellschaft. Einfluss der Medien auf Gesetzgebung, Rechtsprechung und Forensik*, Berlin 2009, S. 27–42

Weber, Joachim / Winkelmann, Arne (Hrsg.): *Leben unter Strafe. Kritische Kriminologie von der Gefängnisarchitektur bis zum Haftalltag am Beispiel der Vollzugsanstalt Mannheim*, Aachen 2009

Weber, Max: »Die protestantische Ethik und der Geist des Kapitalismus«. In: ders.: *Gesammelte Aufsätze zur Religionssoziologie*. Tübingen 1986, S.17–206.

Windzio, Michael / Simonson, Julia / Pfeiffer, Christian / Kleinmann, Matthias: *Kriminalitätswahrnehmung und Punitivität in der Bevölkerung – Welche Rolle spielen die Massenmedien. Ergebnisse der Befragungen zu Kriminalitätswahrnehmung und Strafeinstellungen 2004 und 2006*, Hannover 2007

Internetquellen

Eine der wichtigsten Seiten zum Thema Strafvollzug:
http://www.strafvollzugsarchiv.de

Zahlen, Daten, Fakten:
http://www.rsf.uni-greifswald.de/duenkel/gis.html
http://www.ki.uni-konstanz.de/
http://www.krimz.de/

Zahlreiche Artikel:
http://www.kfn.de

Statistisches Bundesamt zur Rechtspflege:
https://www-ec.destatis.de/csp/shop/sfg/bpm.html.cms.cBroker.cls?cmspath=struktur,vollanzeige.csp&ID=1026634

Literaturrecherche in der KrimDok:
http://avanti.jura.uni-tuebingen.de/~avanti-x/cgi-bin/acwww25/krimdok.htm

Gewerkschaft der Strafvollzugsbediensteten:
http://www.bsbd.de

Strafvollzugsgesetz::
http://www.gesetze-im-internet.de/bundesrecht/stvollzg/gesamt.pdf

Polizeiliche Kriminalstatistiken:
http://www.bka.de/pks

Überblickswissen – Wikipedia für Kriminologie:
http://www.kriminologie.uni-hamburg.de/wiki/index.php/Hauptseite